媒介管理

The Management of Media Organizations

2nd Edition

●作者─陳萬達

二版序

《媒介管理》初版發行時是2004年，距今已有九年時間，大家常用「時光如箭，歲月如梭」來描述時光飛逝，但都無法形容這些年來媒體界變化的快速。在這短短的幾年間，不論是傳播科技上、傳播法規上、傳媒組織上，都有很大的變化與進展，因此，《媒介管理》必須再版更新，以符合現在的主流情況。這次更新的部分包含了現今媒介組織的變革、更替，包含了媒介環境的update，這些變化雖然在持續中，但仍應該在今時今刻做下記錄。

想要撰寫這本《媒介管理》的念頭已在心中盤旋許多年，一方面是自己在媒體工作，親身體認到媒介組織管理的重要性，二方面是在學校兼任教職，深刻地體認到理論與實務之間的那條鴻溝，當然在工作之餘的時間實在少得可憐，只能當作是發願，希望能有一本與實務比較接近的教科書，能讓同學在學校中可以更務實地接近工作的場域氛圍，因此，我將本書概分為四大篇和附錄，這四大篇分別從媒介組織的定義與特殊性著手，並把媒介管理的理論演進一併介紹，第二部分是將國內媒體的沿革發展與現況做一說明，本篇最大的目的是我在教學中發現，同學對於媒體界的生態與實況並不瞭解，在這種一知半解的狀況，如何奢談媒體管理，因此，我將國內平面與電子媒體的現況加以整理，提供老師與同學參考，其次是談到傳播媒介的經營策略與管理分析，是比較偏重管理與策略層面，也是將平面媒體、電子媒體和網路媒體分別闡明，最後則是探討媒體營運的重點，分別從預算、組織衰敗與因應，甚至加上知識管理與法律問題，希望能讓同學在學習時可以有全方位的思考與認

識。

在媒體管理的專業領域中，傑出的前輩與先進極多，因此在附錄部分，我親身專訪了國內六大平面與電子媒體的CEO，將市場的問題與發展，透過他們提供了發人深省的答案，我很榮幸地說，經過與他們面對面的專訪，連我自己都獲益良多，這也是我要鄭重推薦給同學參考的重點項目。當然，倉促之間總是覺得有所不足，只是希望能就自己能力所及，儘量貢獻出來提供大家參考，眼大胃小，能包容在書中的內容遠不及我想陳述的，尚祈各界先進不吝指教與批評。

再版的完成，仍要感謝身邊的亦師亦友的先進和夥伴，感謝許多老師採用本書教學，更惕勵我要把內容儘速修訂，謝謝各位無形的督促與鼓勵，讓再版的內容更貼近實際，更符合現狀。當然，時代的巨輪不停地轉動，本書仍有不足之處，也企盼同業、師長給予指導。

謹以此書獻給在天上團圓的爸爸和媽媽！

陳萬達 謹誌
於2013年9月10日

目　錄

二版序　i

　第一篇　導　論　1

第一章　媒介管理的定義　3

　　第一節　什麼是管理　4
　　第二節　經營與管理　5
　　第三節　什麼是媒介管理　6
　　第四節　媒介管理發展歷程　8

第二章　媒介管理的特殊性　11

　　第一節　媒介管理面臨挑戰　12
　　第二節　媒介管理在現代化經營的角色扮演　16
　　第三節　管理人才的訓練與發展　22

第三章　媒介管理實務發展與理論演進　33

　　第一節　媒介管理實務發展　34
　　第二節　管理思想的演進　35
　　第三節　理論學派的各種研究路線　45

媒介管理
The Management of Media Organizations

第二篇　國內媒體發展沿革與現況　51

第四章　台灣媒體環境之論述　53

第一節　報紙產業　54
第二節　雜誌出版　55
第三節　廣播產業　56
第四節　無線電視　57
第五節　有線電視　58
第六節　網路與電信　60

第五章　台灣傳播媒體發展緣起　63

第一節　報紙產業　64
第二節　雜誌媒體出版業　69
第三節　廣播媒體產業　77
第四節　無線電視產業　79
第五節　有線電視產業　81
第六節　網路與電信業　83

第三篇　台灣傳播媒介經營策略與管理　89

第六章　報業經營策略與經營危機　91

第一節　報紙媒體經營的困境　92

第二節　傳統報業廣告市場的五力分析模式　93

第三節　國內報業市場經營危機問題　97

第四節　報業未來之經營趨勢與挑戰　99

第七章　數位時代雜誌出版業之經營管理　107

第一節　雜誌出版業的因應之道　108

第二節　雜誌和網際網路的未來　110

第三節　雜誌出版國際化與本土化　111

第八章　廣播媒體的經營競爭與結構發展　113

第一節　廣播產業經營管理策略分析　114

第二節　廣播媒體經營問題分析　119

第九章　無線電視產業市場競爭與經營　123

第一節　無線電視之競爭態勢　124

第二節　寬頻多媒體時代我國無線電視產業SWOT分析　125

第三節　無線電視產業現況之經營問題　130

媒介管理
The Management of Media Organizations

第十章　有線電視經營管理及其關鍵成功因素　133

　　第一節　系統業者之經營分析　134
　　第二節　頻道業者之經營分析　138

 第四篇　媒介管理與經營實務　141

第十一章　媒體預算與控管　143

　　第一節　媒體預算分配與支出　144
　　第二節　媒體廣告購買成本　151
　　第三節　各媒體效益分析與限制性　154
　　第四節　用於競爭的媒體支出　171
　　第五節　利潤的產生與成本的考量　176

第十二章　領導與決策　181

　　第一節　何謂領導　182
　　第二節　媒體的有效領導　187
　　第三節　決策的過程與方法　195

第十三章　媒體領導者的新課題　203

　　第一節　人性需求理論之再檢視　204
　　第二節　領導者的新課題之一：願景觀　208
　　第三節　領導者的新課題之二：系統思考觀　215

目 錄

第十四章　組織衰退、變革與因應　221

　　第一節　產業循環　222
　　第二節　衰退的理論與成因　226
　　第三節　管理衰退與對抗策略　230
　　第四節　組織變革的原因與類型　236
　　第五節　組織變革的抗拒　239
　　第六節　降低變革抗拒的管理策略　244

第十五章　知識管理與內容管理　249

　　第一節　重估媒體組織的資產價值　250
　　第二節　媒體組織的知識管理觀　252
　　第三節　媒體組織的內容管理　256

第十六章　媒體的危機管理　263

　　第一節　危機的定義及預測方式　264
　　第二節　發言人制度　272
　　第三節　企業危機處理要領　274
　　第四節　個案討論：媒體危機處理實例　275

第十七章　媒體應注意的法律問題　283

　　第一節　對著作權的認識　285
　　第二節　誹謗罪對媒體的影響　286
　　第三節　媒體的查證　288
　　第四節　對於人格權具體的保護、救濟的方法與程序　294

第五節　行政法規相關規定　298

第六節　刑事法規對名譽的保護　301

第七節　新興電子媒體衍生之法律問題　305

附　錄　307

附錄一　六大媒體前CEO談經營管理　308

一、從媒體生態學看傳播環境／黃肇松　310

二、改變產品力，提升銷售力／何飛鵬　318

三、數位化電視帶領無線電視台突圍／鄭優　326

四、4C時代──有線電視的決戰時刻／趙怡　333

五、活動力、影響力、消費力／梁序倫　344

六、整合行銷開創網路未來／姚頌伯　353

附錄二　廣電三法合併修正案　361

附錄三　通訊傳播基本法　366

參考書目　369

第一篇

導　論

第一章

媒介管理的定義

- 什麼是管理
- 經營與管理
- 什麼是媒介管理
- 媒介管理發展歷程

🔊 第一節　什麼是管理

　　對於管理的本質，可說是眾說紛紜。從字源來看，根據管理 "management" 的字源 "maneggiare"（義大利文），是指騎士駕馭馬匹奔向既定目標的過程；管理，在文字上的定義為：「管」是對人、事、物等的約束；「理」是處理並使得有條理，也就是說主其事者為「管」、治其事者為「理」。現代化的企業組織必須透過良好的管理方法，以達成其營運的目標。所以說凡是處理事務及對人的指導，使其循序進行，以達到預期之目的者，統稱之為管理。

　　一般的看法基本上將管理界定為：「管理乃是設定目標，整合人力、物力，以達到目標的過程。」就這個定義來看，管理的一個重要本質是透過他人來完成事情，而且為了透過他人來完成工作，管理者必須同時扮演規劃者、溝通者、協調者、領導者和控制者等多重角色。另外，亦有許多學者對「管理」一詞下定義：

1. 許士軍：「管理是一種人類在社會中的活動。」具有一些特定的意義和性質。其目的為藉由群體合作來達到某種共同的任務和目標，亦即是群策群力，以竟事功。
2. 孔茲（Koontz）：透過別人來完成事情（getting things done through people）。
3. 哈格斯（Hodgetts）：管理是一種程序，包括目標的制訂、組織各項資源以達成此目標，最後衡量成果並作為訂定未來行動的依據。
4. 羅賓斯（Robbins）：管理者有效地透過他人完成事務的功能程序，這些功能有一套通俗的說法，即規劃、組織、領導與

控制。

5. 郭崑謨：「管理是運用規則、組織、協調、指導、控制等基本
活動，以期有效利用組織內的人員、金錢、物料、機器方法等
產銷資源，促使相互配合，順利達成組織特定任務的目標。」
他還指出，管理是一種科學，也是一種藝術。管理藝術是創
造性的追求，它一方面要研究人類行為與工作之間所產生的
相互影響，探求影響工作動機、工作情緒和生產力之主要因
素，期使管理人性化。另一方面，它必須有效促使經營理念
之成形，便於協調各部門的活動朝向共同目標，提供決策制
度的參考架構與一致的規範，提升決策品質和應變能力。

🔊 第二節　經營與管理

一、經營的定義

何謂經營？經營其實是一種行動，必須透過人們有意義的行為
來完成工作（蔡念中等，1996），而意義最終則是指向於目的性的
結果，所以經營就是具有意義之行動力的展現。其行動力展現的最
主要關鍵，除了必須確立有效的決策方向之外，還必須倚賴經費資
源的充分與否，才能支持整個架構的運作，而我們可以採下列方式
作為支撐經費運作的最佳手段：(1)增加財源；(2)降低成本支出；(3)
運用充分資源；(4)擴大影響力。

環境無時無刻不斷地遞變，這是1990年代發展下的特色，也
使得世界的樣貌與人類生活隨之不停地轉變，同時也在更替現實生
活中競爭的規則。對於媒體運作而言，必須時刻都有新的企業經營

理念取代舊有的模式，要不斷地觀察環境生存規則的變動，積極地尋求機會與克服危機，如此才能使企業獲得生存的可能。而如何經營，也就成為媒體組織運作時最為重要的課題了。

墨守成規與維持現狀不僅會喪失開創新事業的機會，並且有可能被新興企業所取代，因此作為一個現代企業，必須要能掌握成功經營的要領，透過新的思維來刺激企業本身的價值、管理模式、發展潛力與改革進行等，作為新秩序的建立與轉換，才不至於在變遷中失去生存的本能，也才能達到企業發展的持續運作。

二、經營與管理的異同

多數學者以「管理」一詞來涵蓋「經營」一詞，但也有人認為"management" 準確的意思是一種「經營術」，而「管理」只不過是其中的一部分職能。由上述對經營的定義可知，經營為：(1)籌劃；(2)組織；(3)管理。由此可見，經營不只是「管理」，還包含高一層、廣泛一些的「組織」工作，以及更高一層的有自主權的策劃。

◀)) 第三節　什麼是媒介管理

近年來，傳播科技的發展和國際社會環境的變化，促使傳播媒體業產生巨大的市場變化，而最直接的影響，除了消費者（即觀眾、受眾）的消費產品（所謂的傳播訊息內容）受到牽動，另一方面就是對傳播媒體管理的挑戰；傳播媒體市場上的現況和因應之道，成為所有傳播媒體管理者應當瞭解的首要關鍵。至1995年11月28日以來，行政院為推動台灣成為亞太營運中心之一的媒體中心，

特宣布將傳播媒體事業納入促進產業升級條例獎勵範圍，並開放外資經營廣播、電視、衛星和有線電視，允許跨媒體經營，以及准許有線電視兼營電信業務等措施。政府的上述政策，使得台灣的資訊傳播媒體環境門戶洞開，朝向全面自由化的發展。綜觀目前國際間資訊傳播媒體業的跨媒體、跨產業和跨國際的產業特質，也實現了自由化、商業化和全球化的生態環境，台灣要推動亞太媒體中心，必然要順應「傳播媒體無疆界」的全球化趨勢。因此，跨國企業挾持著強大的政經資源，進入台灣傳播媒體市場，是必然的現象，也是無法逃避的市場挑戰。

　　一般來說，傳播媒體依其性質可將之分為電子傳播媒介與印刷傳播媒介；前者包括廣播、電視、有線電視、衛星電視、錄影帶等，而後者包括報紙、雜誌期刊、書籍等。而這些傳播媒介在目前社會裡，也如同一般的企業組織，都須有生產管理、行銷管理、人力資源管理、研發管理以及財務管理等管理活動，才能順利發展。所以，運用媒介組織的人力、物力、財力等資源，以期有效地達成媒介組織所設定的目標，即是「媒介組織管理」。

　　簡單地說，媒介組織管理是透過一系列的活動，經由管理者與人來操作完成的。具體而言，媒介管理是一個媒體企業的管理者，透過良好的策略、健全的組織架構和適當的人員配置，以正確的領導方式、有效的內部協調，充分地運用媒體企業的資源，達成組織所要求的任務。

第四節　媒介管理發展歷程

　　媒介組織的發展在1990年代，電腦網路在質與量相對的優勢之下，產生了巨大的改變。從1980年代開始，電腦的運用與發展進步神速，從原先的大量運算功能的計算機，變成了與人們生活息息相關且密不可分的親密伴侶，人們的辦公器材，甚至是日常用品都已經被電腦所操控。舉例來說，我們現在在辦公室甚或學校幾乎人手一台電腦，在家庭中的許多電器化設備，也都是裝設了電腦晶片來方便操作與使用，因此，隨著電腦科技的飛速蓬勃，我們幾乎無時無刻都與電腦為伍，而由於網路科技的日新月異，電腦設備透過網路的傳遞，更是達到瞬息之間無遠弗屆的地步。

　　在過去，記者在派遣赴外地採訪的時候，與國內聯絡最重要的工具，除了電話之外，就要算是傳真機了。雖然傳真機的體積稱不上龐大，但要隨身攜帶也非易事，因為要帶電源線，如果想要接收來自於國內的資訊，還得要攜帶紙張，更別提在國外採訪時所使用的電話號碼。因此，如果要發收傳真，最好的方式就是待在一處定點，例如飯店、採訪現場的新聞中心（press center），但是諸多不便都因為網際網路（Internet）的發達迎刃而解。透過網際網路，新聞工作人員不但可以快速的接收與發送文稿和信件，更可以透過網路直接會商或交談，不但可以大量節省時間，也為自己的媒介組織省下了巨額的電話費帳單，所以網路所帶來的便利性與效率，是過去不曾有過的。

　　肇因於此，才會在1985年以後在媒體產生了匯流的狀況，媒體已經不再是過去大家所習以為常的媒體。以往，不論是否因為法令的限制或是專業領域關係使然，經營報紙就是經營報紙，經營電

視就是經營電視，經營廣播電台就是經營廣播電台，可是在資訊匯流的狀況產生了以後，媒體經營者的經營內容發生了許多顯著的變化。例如，經營電視的業者，可能會隨著電波之便，同時經營廣播電台，而經營報紙的業者，由於擁有大量的資訊流，因此也開始經營網路媒體，以國內的例子來說，中時旺旺媒體集團在旗下擁有中國時報、工商時報、旺報等印刷媒體和中視、中天等無線與有線電視台，另有中時電子報等，就是一個媒體匯流的例子。

　　現代企業組織龐大，相關部門和分支機構林立，因此員工眾多。以媒體來說，新聞部門、技術部門、生產部門、發行部門、行銷部門、廣告部門都擁有相當多的員工，當然少不了傳統的行政管理部門、財務部門和人事部門，從以上觀之，一個媒體組織結構就已經相當繁雜，再加上新聞部門或技術部門的特殊專業性，相形之下，以現代管理方式來對媒體組織進行經營和管理的規劃，並超越以往傳統思維的管理方式，就非常重要，因此，如何以現代化企業管理理念去對媒介組織，尤其是新聞部門進行管理使之產生效能，便應該是媒介組織管理者一個重要的新時代課題了。

第二章

媒介管理的特殊性

- 媒介管理面臨挑戰
- 媒介管理在現代化經營的角色扮演
- 管理人才的訓練與發展

第一節　媒介管理面臨挑戰

　　就「媒介管理」來說，理論上它是個跨領域的學門，但也因為這樣，使得傳播學門必須藉由不同面向的學術取經，才能更深刻理解傳播問題；而在未來實務工作上，無論是新聞的報導與評析，或傳播事物的規劃與運籌，多元豐富的學識基礎及通曉世事的解釋能力，絕對是媒介組織管理人最重要的資產，因此，在學習過程中勢必會接觸到包括：政治、心理、社會、經濟、歷史、文化、人類學等各種不同的學術領域，知識必然因此而豐富，再加上傳播現象瞬息萬變，所面臨到的學術挑戰，也會因環境而有所改變。

　　傳播媒體一定會存在，而且未來絕對是個傳播的世代，其內涵包羅萬象，觸角極廣，不管是無線廣播、無線電視、衛星電視、有線電視、電影、電腦網路、雜誌、報紙等媒體，或者公關、行銷、廣告等行業，都和傳播脫離不了關係，而大部分的傳播工作多具有非常態性的特色，因此兼具挑戰性和刺激性，再加上隨時得面對外在環境的快速變化，因此身為傳播管理階層者，必須考量到全球化社會的來臨，對未來傳播工作環境的強大影響。近年來，歐、美、香港等跨國傳媒企業紛紛進駐台灣，不同以往的傳媒組織文化、企業目標，顛覆了台灣的傳媒體系，也使得傳播工作者必須適應新的職場環境、學習與外國上司夥伴溝通，而外語能力的提升也是未來站穩傳播領域的籌碼。

一、傳播產業的生態

　　就媒體產業裡的平面媒體來談，可略分為報紙與雜誌兩類。

雖說網路新聞的發展，首當其衝的無疑是報紙媒體，不過，憑藉著報紙的媒體特性，雖然不會在這波網路戰役中被淹沒，所受到的衝擊與影響也是相當巨大的，因為在一般人的心目中，報紙仍是最值得信賴的媒體，可以提供較完整、深度、公正的報導，讀者並可以採取隨時隨機的閱讀方式，在閱讀的順序、速度與資訊內容上都可自行選定。此外，在傳播通道的取得上，報紙對於讀者閱讀的易得性和低廉的售價，都是報紙得以繼續生存下去的利基點；同樣的，以同屬平面媒體的雜誌而言，讓傳播管理者在媒介市場的激烈競爭下，幫助雜誌媒體在經營上逐漸走向國際化、集團化，在內容上以實用性、消費性內容為主，並且重視市場行銷，不以削價競爭作為銷售策略，加上雜誌原本就具有明顯的分眾訴求、市場區隔的資訊取向，相信雜誌媒體仍有其市場空間。

　　隨著科技的發展，傳播事業的本質與形態勢必會受到相當程度的衝擊，平面媒體已不能再以平面自居，面對網路化的巨大變革已是不可避免的趨勢。在數位時代中，硬體其實是次要的，最重要的應該是傳播媒介所提供的軟體是否能夠滿足受眾，禁得起讀者的挑戰，如何持續性地充實己身的知識，相信是數位時代中的傳播管理者所應思考的焦點；目前網路新聞對平面媒體最大的衝擊，莫過於其挾帶著強大的無屏障性；時間無屏障使得網路新聞可以立即提供即時新聞，打破過去傳統印刷媒體的速度限制，省略了許多傳播訊息的中介過程，達到即時性、立即性的傳輸功能；而空間無屏障則使得網路新聞的範圍達到跨區、跨國的傳播，在網路世界當中，並沒有距離的區別，正如同麥克魯漢（H. M. McLuhan）所言的地球村。資訊無屏障使得網路新聞能以多媒體的方式呈現，不只限於平面的文字圖片，還可包括動畫、聲音等立體化的資訊內容，並能透過超鏈結的使用，建立龐大的訊息資料庫供使用者查詢與儲存之用。

二、首要整合媒介組織

　　媒介組織管理者在此首要的工作，即是使媒體邁向一個整合性的資訊組織；首先，傳統的平面媒體應以整合性的資訊組織自居，將旗下刊物、出版品，或是經由媒體間的融合，透過數位化科技提供超文本（hypertext）的資訊內容，原本的新聞將會有新的面貌，屆時由於對新聞本質界定的演變以及社會對資訊需要的多樣化和專門化的趨勢，新聞報導的標準化範圍將不復存在。由此可知，媒介管理對於整合行銷與分眾訴求的重要性。其次，平面媒體在營運上應該脫離傳統的包袱，要有超競爭的觀念，體認網路化、數位化已是數位化經濟時代中的必然趨勢，而行銷人員參與編輯決策也似乎已成定局。要邁向一個成功的整合性資訊組織，平面媒體應重新思考經營觀念，從過去的大眾傳播轉變成個人傳播的思考模式，並且加強研究分析報導的能力，提供多樣化與專門化的資訊內容，而傳播管理者在此的重要性不言可喻（相關論述見本書附錄一之一）。

　　再來談電視近年來在台灣的發展，例如有線電視算是世界少有的奇蹟，台灣有線電視非法的時期就有六成左右的普及率，真的令世界各國瞠乎其後；但目前台灣有線電視仍不能成功的國際化，原因在於：系統業者投資了過多的資產在網路及整合上，所以不能把資金挹注在真正有需要的地方；另一方面，相關法令的不夠完備也使得市場交易秩序大亂，統購聯賣、財團整合以及跨媒體經營在法律的邊緣遊走。電視的競爭力主要在於產品、節目內容及經營策略，因為目前最重要的就是傳播內容，也就是軟體的部分，所以誰擁有內容，誰就能掌握媒體。而在經營方面也需要採差異化的策略來面對市場上眾多的競爭者。在全球化的浪潮之下，跨國媒體集團挾其龐大資金、組織結構、節目資料庫與全球行銷網絡的絕對優

勢，席捲世界主要市場，而以台灣為基地的本土影視業者，卻必須面對產業發展基礎薄弱以及國內腹地狹小、競爭激烈、法令嚴苛等等限制；且國內衛星電視經營的困難，還有節目通路開發不足，節目週期只局限在台灣本島，太過短暫的缺點。在節目成本無法有效回收的情形下，自然使頻道的經營格外辛苦。例如美國的電影通常有戲院、錄影帶、有線電視、付費電視、地方電視台等多方的利潤窗口，而國內的衛星頻道只有系統和廣告收入，競爭規模顯然太小。所以未來應朝製作國際市場口味的節目和開發節目對外通路兩大目標努力，如此國內的衛星電視頻道才能在華人市場中占得一席之地（相關論述見本書附錄一之三）。

　　而之前討論得沸沸揚揚的數位電視，則比傳統類比電視有較好的影音品質，且每家電視台可多出不少頻道播放節目，因此可能吸引更多的廠商願提供商業廣告而獲得利益。更進一步以互動式的電視傳播來看，在增加的許多數位電視頻道中，可作為付費電視的經營模式，這可能是有線數位電視願意積極投入資源的誘因。但數位電視的頻道增多，是否有足夠的優良節目可供播放，也是大家關切的議題，例如，有線電視台的電視頻道由現有的一百個增加到六百個，多出的五百個頻道節目內容從何而來？以目前電視台製作節目的規模，要大幅擴充來製作五、六倍的節目以應付增加的頻道，並不是最好的方式。數位電視的啟動，不論在電視系統業界，數位電視硬體業界，及數位視訊內容業界均可能創造極大的商機，台灣應有效掌握此契機，而這些也都是目前傳播管理者需要急於應用所學來解決的難題。

))) 第二節　媒介管理在現代化經營的角色扮演

自從彼得‧杜拉克（Peter Drucker）在1993年著作《後資本主義社會》（*Post-Capitalist Society*）裡，視「知識」為企業競爭優勢的唯一來源後，「知識管理」（knowledge management）遂成為企業管理界的重要議題（相關論述見本書第十五章）。

另外，彼得‧聖吉（Peter M. Senge）在《第五項修練》一書更是倡導每個組織都應該是「學習型組織」（learning organization）的概念，強調企業若要歷久彌新，則必須不斷地學習，吸收新知識，以期達到永續經營與成長的重要機制。

在全世界都在倡導「知識經濟」的年代，創造力已經比生產力來得更為人所重視，加上知識工作者所想要的是挑戰性較高的工作，所以喜歡在成功的團體中工作。今日，許多由知識型工作者組成的「知識型團隊」紛紛出現，一個案子的成功往往不再只是憑藉一人力量即可完成，而是集結眾人之力。而傳播產業的本質完全符合上述幾點趨勢，因為傳播產業正是一種以知識型團隊為生產主力的行業，因此「知識的管理」也就格外重要。

一、建立有效管理知識機制

傳播產業和其他產業不同的地方在於它是一種知識產業、是一種文化工業。在過去，傳統傳播產業是以「人」為產製的重心，而非死板的機器；「創意發想」和「靈感」都占有極大的分量，經驗與知識的傳承也多採取「師徒制」。只不過，這套傳統師徒制的傳承法則，卻有許多問題存在：第一，媒介組織內部的資訊流通緩

慢；第二，組織之核心知識不易被組織內他人所取得。因此，為了提升媒介組織內部資訊的流通與知識的傳衍，勢必就得有一套有效管理知識的機制，而這就是媒介組織管理所必須處理的核心問題之一。

　　一個媒介組織首應解決的問題是「如何有效地管理知識」，而傳播管理就是提出解決問題的辦法。知識管理所提出「知識分享」的核心概念，雖然在其他企業早已行之多年，更有許多成功的案例；不過，在媒介組織中成功的案例卻仍然非常稀少。彼得‧聖吉所提出的學習型組織強調「學習」的重要性，如果員工只是一味地學習而沒有把知識分享給其他工作者，整個組織就不可能達到學習的效果。若以這個觀點來審視媒介組織，這些以「創意」為生的媒體工作者是否願意接受知識管理的新觀念，將腦海裡所潛藏的知識分享出來？還是為了保有自身優勢的心理因素而不願分享出個人所擁有的 "idea" ？就成為未來媒介組織存續的關鍵因素之一。在強調競爭力的時代裡，媒體組織若欲改革，就必須尋求一套有效的管理知識的方法。

二、網路科技進入媒介組織

　　隨著全球化和網路化的到來，資訊科技正以銳不可當的氣勢滲透各行各業，企業界為了適應新形勢，都不得不進行一系列的革新，像是網際網路的應用，使得資訊的取得與流通突破時空的限制，讓企業在最短時間內做出最正確的決策。所以在數位時代裡，電子商務與網路媒體等新形態媒介，將顛覆企業傳統的經營形態，「學習行為」和「電子化」兩者之結合將是現今企業生存的趨勢。當「e化」和「m化」等名詞已經成為各行各業積極轉型的首要目標時，媒介組織當然也得不落人後，努力將企業體改造成為「e-媒

體」。當然如此一來，傳播產業過去以「創意」、「靈感」爲本位主義及傳統「師徒制」的傳承法則，也將受到極大的挑戰、抗拒。不過，這些組織內部的問題都可透過媒介管理有效地排除並獲得解決。

像是利用「科際整合」與「技術轉移」的方式，有效地將知識管理推行至傳播產業當中，就是目前媒介組織管理解決問題的辦法之一。隨著網際網路的興起，電腦輔助群體工作進步，關於辦公室自動化研究，也已經由增加個人生產力之面向提升到群體工作目標之面向。所以，媒介組織必須借鑑其他產業成功的案例，將「網路技術」轉移到組織內部知識管理的推動上〔建構內部網路（Intranet）整合系統〕，如此一來不但可以使得「知識流」與「資訊流」便於流通與儲存，更可透過如「電子化知識學習系統」的建立，開啓線上學習機制（e-learning），藉此不但可以方便員工的再訓練，更可克服學習上的時間、空間障礙，進而加速組織知識資本的累積，提升傳播產製的效率和效能。

三、形成雙向互動的「資訊流」

媒介管理除了在媒介組織之知識管理推動方面占有重要地位外，未來透過管理技術的運用及3C的整合，對於「傳播產品的產製流程」勢必也能帶來開創性的新思維。一般來說，傳統傳播產品（像是報紙、電視劇等）的產製過程都具有下列幾個特性：(1)有特定目標；(2)有限的時間；(3)有限的資源；(4)編組臨時性；(5)作業系統化。由這幾個特性，我們可以發現一個傳播產品的誕生過程通常是有許多限制的。學者Eliyahu Moshe Goldratt（1999）曾經提出「限制理論」，其基本精神是認爲任何組織皆有其「限制」存在，而所謂限制就是指妨礙組織達到更高績效或目標的關鍵因素，一般

可分爲兩種：一類爲實體限制，例如資源、市場、供應商等；另一類則是政策限制，如制度、管理者思維等。因此，管理一個組織功能的運作，首要的就是管理限制。

媒體產製過程中可能遭遇的限制因素大概有下列三者：

1.以「人」爲主的活動鏈結構，產製過程溝通協調太過頻繁。
2.媒體產品製作小組，彈性大、靈活度高，常因現實需要調整產製過程，例如配合收視率更改劇情、發生突發新聞更改報紙內容等。
3.媒體產品成敗常繫於一人，例如製作人可掌握大權。

爲了管理這些限制因素，媒介管理就必須引進新的管理方法，或是仰賴新科技的協助；像是提倡企業e化，以企業內部網路爲基礎，架設一個媒介組織內的「資訊溝通平台」，以實行各團隊工作同步化；如此一來，產製過程中各個關鍵工作，像是溝通、企劃、製作、編輯、剪輯，以及資料傳送的過程，就可被壓縮在一個統一的平台上處理，每個關鍵步驟的工作者將可在自己方便的時間點，將進度、訊息資料傳送到數位平台上，形成雙向互動的「資訊流」。

像這樣透過企業網路的方式作業，有下列幾點好處：

1.資訊的分享：有效做好知識管理，朝向學習型組織邁進。
2.昂貴設備的分享：組織員工皆配有高級的電腦設備（例如手機、PDA、筆記型電腦），進而逼迫員工學習e知識。
3.降低網路成本：人人使用網路、不造成網路資源的浪費。
4.產製場所遷移的自由：無論在哪，只要有電腦和網路即可作業。
5.節省時間、經費：透過線上會議，免去集會、開會的奔波。

綜合上述，媒介管理最主要的中心思想，即是「如何將理論化的管理思維在媒介組織中實際化」。當前媒介組織之所以需要比過去更強而有力的管理工具，原因在於媒介在本質上原本就不同於其他產業，第一，媒體是創意產業，員工大都不願將知識分享出來，造成組織學習能力不足。第二，媒體工業的生產系統是開放的，外來技術的引進，都將直接影響傳播的產製，因此更需要一套有效的計畫管制方法來監督掌控。

在未來幾年裡，媒介管理的發展依舊會朝向「新科技整合」的方向發展，利用電腦管理輔助工具，「網路及平台」的概念將持續發燒。到時，無論電視節目的製播、報社新聞的產製、電影製作的完成、大眾書籍的出版等媒體產品，都將有效利用企業內部網路、網際網路，以及企業資料庫（database）等數位設備；不僅可將組織內部結成一張「資訊網」和「知識網」，並可和外界直接進行雙向溝通。如此一來，媒體組織將可逐步走向彼得・聖吉所言之學習型組織，並透過網際網路無遠弗屆的特性，利用電子商務市場開拓新的商機。

四、媒介組織管理三向整合

媒介組織管理在未來的發展趨勢可以分別從水平整合、垂直整合與跨業整合三方面來說：

(一)水平整合

在初期經濟發展階段，傳播企業數目眾多，但因不具規模經濟，並且缺乏永續經營的品質保證，故須透過傳播企業間相互併購、合作之水平整合，以達成多系統經營體系之目標，在新事業規

劃、採購、工程規劃、財務管理、網路經營、人力調度、品牌資產
與定價等經營上，發揮標準化與統一化的效用，因此具有協助旗下
企業建立專業化的傳播經營管理制度的功能。另外，多系統經營體
系，亦具有整合企業體系彼此間資源共享之功能，使有線電視產業
在科技、管理及經濟效益上充分結合，發揮最大綜效的經營模式。

(二)垂直整合

　　垂直整合就是傳播上中下游產業的整合，這種整合方式是以價
值共享的方法來強化本身競爭力。經由垂直整合，從專業技術到資
源均可發揮最大效能。垂直整合可以刺激創新、降低交易成本，還
能享受經濟規模之利，增進企業營運的效率。而我國傳播企業之垂
直整合管理模式，即是為將來跨業經營做準備。

(三)跨業整合

　　跨業整合的定義為兩個或三個以上不同產業之業者，結合在單
一所有權或控制權下。傳播企業發展到最後，受到科技、法規、全
球化及社會需求等因素的影響，將隨之跨行相關產業。透過科技的
進步，目前在不同領域之企業均希望以現有之資源、設備做更高價
值的利用，而形成不同行業的整合，可預見的未來，各行業間的跨
業服務將成為必然的趨勢，各類傳統的傳播企業亦將匯流整合為數
位傳播服務（趙寧，2002）。

))) 第三節　管理人才的訓練與發展

一、訓練與發展的目的

訓練與發展（Training and Development, T&D）是指主管有計畫、持續地提升員工的能力層次和組織效能的過程。訓練與發展的目的可分為以下三點：

1. 使組織的個人、部門乃至於整個組織更有效率、更有生產力。
2. 防止組織裡每個層級在技術上造成退步。
3. 根據組織需要或是員工意願或利益來提升員工技能，使他們有能力獲取組織裡較高的職務；訓練與發展經費算是人力資源的投資。

組織發展（Organization Development, OD）是指大型的訓練與發展計畫，此是為了組織長遠發展而設，重點在於改革組織內的環境，以協助組織人員在工作上發展出更大的生產力。訓練與發展包含生涯規劃與發展，以及工作考核，分述如下：

1. 生涯規劃與發展：設定個人目標及達成目標的手段與過程；個人及組織的生涯是息息相關的，組織應協助員工進行生涯規劃。
2. 工作考核：評估員工的工作表現，而所發現的缺失，則可透過有效的訓練與發展計畫來加以改進。

二、影響訓練與發展的因素

　　員工訓練和發展的主要目的在於增進員工的知識、技術和能力，改變員工的態度和信念，進而提高員工的績效水準。而員工的訓練通常偏重在短期的技術傳授或知識灌輸，而員工的發展則偏向長期個人潛力的培養發揮與價值觀念的改變。企業對於員工的訓練和發展的需要，一般而言是從員工的績效不足著眼，但如果從長期效果來看，員工的個人觀念和企業文化能否互相配合才是最重要的，而也只有企業文化和員工的信念一致，整個團體的績效才會發生，企業的競爭力也才得以發揮。而影響訓練與發展的因素可以分為如下幾個方向（李銓，1993）：

1. 高層主管支持計畫：他們實際上提供計畫發展必需的資源。如果自己也參與訓練，是支持計畫的最佳表現；最大的好處是，主管的參與可以使員工相信訓練與發展計畫的重要性。
2. 組織內部專家的投入：最好所有主管都加入訓練發展的過程，尤其是人事經理。
3. 科技的發展：網路時代的來臨與高科技的快速發展，改變了勞動市場與人力資源的結構，在這高度國際化、全球化、網路化的二十一世紀裡，唯有將組織目標與人力資源管理系統相結合，且加強自我訓練，才能因應新科技的衝擊，並維持組織的競爭優勢。
4. 組織的複雜性：高度分工的情況下，組織人員相互依賴、相互影響的程度愈深；而人力資源管理的工作範圍也愈加擴大。
5. 行為科學的知識：管理者必須注意並善用這些新知，並使組

織成員瞭解這種發展。

6.學習的原則：訓練的目的乃是使員工改變其行為，但他們改變的前提是先學習到資訊；所以訓練與發展專家必須瞭解某些重要的學習原則。

7.人力資源其他功能的績效：使同仁能夠藉此機會來學習或認識其他部門同仁的工作內容與技巧，以為將來升遷預做準備。

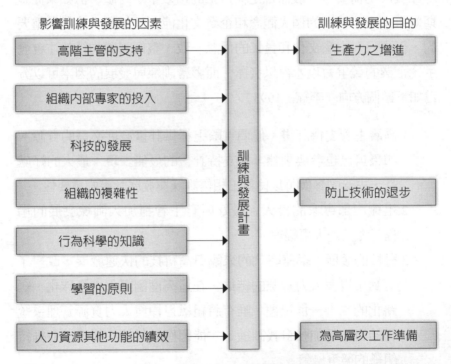

影響訓練與發展的因素　　　　　　　　訓練與發展的目的

- 高階主管的支持 → 生產力之增進
- 組織內部專家的投入
- 科技的發展
- 組織的複雜性 → 訓練與發展計畫 → 防止技術的退步
- 行為科學的知識
- 學習的原則
- 人力資源其他功能的績效 → 為高層次工作準備

圖2-1　影響訓練與發展的因素

資料來源：李銓（1993）。

三、訓練與發展的過程

(一)決定訓練與發展的需要

1. 組織分析：研究組織目標與計畫，以及人力資源的規劃。
2. 運作分析：以工作分析結果為依據；依工作說明書，明白表示對員工工作能力的需要，訓練者也可依職掌來考查團隊的表現，進而決定訓練的需要。
3. 個人的分析：把個別員工實際上的工作表現，拿來與工作標準做比較。

(二)建立訓練發展的目標

在訓練開展前必須先確立目標（預期的最終結果；評估成果的依據）；若沒有目標便無法訂定訓練與發展計畫，也不可能評估計畫實施的成效。

(三)選擇適當的方法

在與員工在訓練的過程當中，主管可以經由詳細的資料、和諧的溝通、坦誠的討論，讓員工可以更清楚訓練的目的，這樣可以讓訓練更加順暢。

(四)選擇適當的媒介

媒介指的是「訓練和發展中傳送觀念和概念的特定方法」。如果能夠選擇適當或正確的媒介，則對組織和員工之間的訓練互動會

有更具效率的收穫。

(五)落實計畫

訓練與發展計畫常會遭遇一些困難：

1.意願問題：應事前溝通，凝聚共識。
2.訓練人才不多：應有長期培訓計畫。

(六)結果評估

其評估方法有三：

1.調查受訓者意見：最常使用；可依意見改善訓練內容。
2.驗收成果：同一套測驗，驗證是否能得到較高成績。

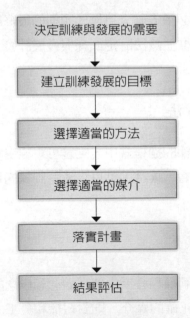

圖2-2　訓練發展的過程

3.行為改變：針對管理者，評估是否能將理論應用於實務。

四、訓練與發展的方法

在綜合前述的訓練與發展的過程中，我們會發現組織對員工訓練與發展的重要性，透過決定訓練與發展的需要，建立訓練與發展的目標，選擇適當的媒介，並且加以落實計畫和評估效果，當然，這其中最重要的就是方法，詳細地說，訓練與發展的方法可歸納為十五種，但有些較適用於管理者及新進的專業人員，有些較適用於操作層次的人員（operative employees）（李銓、盧俊成、蔡家文，2002）。

(一)指導法（coaching）

指導法的本質是以一對一訓練的方式，讓受訓人接受另一個管理者的單獨訓練。有些公司的助理制度即是為此而設。助理的工作，不但讓受訓人有機會觀察，而且也常被賦予一定範圍的決策權。

(二)商業競賽（business game）

管理者以實在的商業情境加以模擬，大都是模擬兩個假設組織在某個市場相互的競爭情況。在訓練中，受訓者假扮組織的總裁、行銷經理，就產品的產量、定價、存貨問題下決策。而決策達成後，隨即輸入電腦做分析，使受訓者曉得其決策對組織的影響。

(三)個案研究（case study）

訓練的操作者把組織內現存的問題交給受訓者來研究。接到問

題後，要先分析判斷與問題有關的資訊，並依據研判結果提出解決之道。

(四)研討法（conference/discussion）

把組織內與受訓者有共同或相似工作範圍的人齊集一起，共同研究並解決某些問題。

(五)行為典範（behaviour）

利用事前準備好的錄影帶，指出管理者在各類情境中，該如何表現，該如何發展人際溝通的技巧。受訓者觀察錄影帶中模範者的表現，將其處理狀況的手法與技巧運用到自己的工作上。

(六)公文籃演練（in-basket training）

這是一種運用模擬的方式，受訓者將會接觸一大堆管理者桌上常見的文件，諸如備忘錄、報告、電話留言，並要整理這堆雜亂無章的文件，區分出哪些要儘快處理，哪些只以例行方式處理。受訓練者要根據這些文件傳達的訊息，判斷工作的輕重緩急。

(七)實習（internships）

多為大學訓練學生的一種方法。當學生研究課程到一定的階段後，利用一段時間為某些組織工作，來印證所學的理論。從雇主的觀點來看，實習的好處，在於他能過濾出新進員工中，誰適合長期僱用。再者，實習可讓雇主更瞭解新進員工，其提供的資訊，遠較面試來得豐富。至於受訓者，也可以在實習期間更瞭解組織，把工作做得更好。

(八)角色扮演（role playing）

讓受訓人面對涉及人際關係的一些實存或設想的問題，要他設想他是某個關係人，並依該關係人的角色來行動。

(九)職務輪調（job rotation）

透過職務的輪調，可讓員工對工作流程的整體性有更深刻的認知，可提高員工的參與感和員工滿意度，也能讓員工更設身處地瞭解同伴工作的特性與難度。

(十)程式化教學（Programmed Instruction, PI）

把要傳授的資訊分爲多個小的程式，受訓人依序閱讀這些程式，並依序回答問題，若答案正確，繼續閱讀下去，反之，則重新閱讀，以至答案正確爲止。

(十一)電腦輔助教學（Computer-Assisted Instruction, CAI）

程式化教學的延伸，特質在充分利用電腦在速度、資料運算能力和記憶能力上的可塑性。程式化教學、電腦輔助教學的最大好處，是大幅減低訓練資料出現的時間，也可使整個訓練不用人來做現場指導，但是設計教材的成本過高。

(十二)課堂授課訓練法

管理者利用課堂授課，與受訓學員面對面的講授與溝通，這種方法的好處是可以直接瞭解學員領悟及學習的狀況，並可以因人施教。

(十三)在職訓練（On-Job-Training, OJT）

受訓者以實際執行工作的方式，來學習工作的內容。

(十四)師徒式訓練（apprenticeship training）

融合了課堂授課訓練法和在職訓練法。是由傳統手工技巧師徒傳承而來。訓練是由一個對工作通透瞭解的師父，隨機指導受訓者來學習相關的技術。

(十五)模型

一種訓練設備，其構造及複雜度與實在世界相似，包括了單純的紙上機械的模擬到整個環境之電腦模擬。

媒介應用實例

關於訓練工作，在媒體常見的只有指導法、師徒式以及實習，其中指導法與師徒式雖名稱有別，但意涵其實是一樣的，都是由一個熟練的前輩教導新進人員，因此在此只舉師徒式訓練與實習兩個例子。

一、師徒式／指導法

人才、資訊情報、智識（know-how）、客戶及組織文化是奧美認為最重要的五大資源。其中以人最為重要，擁有好的員工，人事效率的提升才能使組織運作成本降低。相當值得注意的是以奧美廣告公司培育人才的過程為例，每年奧美用於訓練上的經費約三百五十到四百五十萬元之間，奧美認為訓練不局限於新人，因此將培育人才分為以下數種：

(一)一般訓練

以一般訓練來說則分為新人訓練、定期辦公室訓練、密集訓練、海外訓練、不定期訓練等等。

(二)師父學徒跟班制

進入公司後的新人，都有一個直屬學長，負責帶領他們認識公司及熟悉公司作業流程。

(三)辦公室員工交流

此項是國際間各奧美分公司的員工進行交換計畫，但此項計畫由於語言問題，台灣奧美多以其他華語地區的奧美分公司為交換目的地，但目前因世界不景氣的緣故，暫緩執行。

(四)自我成長

奧美創辦人大衛・奧格威認為，員工的自我驅策才是成長的主要關鍵。因此，他希望管理者以身作則，不斷地進行自我成長的學習工作，俾能上行下效，帶動公司的學習氣氛。

即使做了上述許多人才培育與訓練，但奧美仍脫不開廣告界共有的人才問題，人才易流失、流動性大。但就相對程度來說，比起其他廣告公司，奧美所流失的人力大都屬於自然流失，如結婚、轉業等，而且在這種師徒式的訓練下，也培育了相當多的廣告人才，如莊淑芬、孫大偉等。

廣告業的工作時數長，往往因業務壓力與創意而埋頭苦思，需要大量的時間投入，也因此工作量繁重，壓力相當大，付出許多辛勞，卻可能因為比稿的失敗而盡付流水，因此，在人的問題上，廣告界仍有相當空間需要改善。

二、實習

如前所述，實習多為大學訓練學生的方法，在媒體中，銘傳大學就以媒體實習聞名，例如銘傳之聲、《銘報》等都是良好的實習環境。能讓學生在實習環境中學到如何操作媒體，提前熟悉以後工作流程及環境。

第三章

媒介管理實務發展與理論演進

- 媒介管理實務發展
- 管理思想的演進
- 理論學派的各種研究路線

🔊)) 第一節　媒介管理實務發展

　　網路媒體在1985年加入了媒體世界之後，讓全世界的媒體產業產生了相當大的改變，這樣的改變不只是在媒體產業遇到了前所未見的對手，更重要的是，當網路蔚爲氣候之後，不僅影響到了一般的傳統媒體，連電子媒體也受到了相當大的波及。換言之，網路媒體的興起，已經根本性的影響到了所有已存在的媒體。

　　我們可以這麼說，網路改變了所有媒體的思考方式和產業結構的發展模式。本章就從客觀上的傳播媒體產業形式匯流、媒體競爭形態的整合，到主觀上由於昔日媒體經營管理經驗已不符時代的需要，因而媒體管理的跨學科領域的產生。

　　由於時代的進步與科技發展的一日千里，使得媒體產業的組織形態也紛紛朝向企業化的模式發展，試圖以大規模的營運方式，創造出更專業化的服務，以更好的獲利和更好的品質回饋給閱聽大眾。但是在媒體產業朝向組織化、企業化的同時，媒體產業與一般工商業的差異性，也使得媒體產業的管理面臨前所未有的困境，那就是：媒體組織應該如何管理？應該交由什麼樣的人來管理？這樣的人應該具備什麼資格，才能夠勝任媒體組織管理的工作？但是在我們面臨這樣的問題之前，所有的媒體管理者，不論是現任或是將任者，都應該捫心自問：我瞭解這個媒體組織的特性嗎？我具有這個組織中成員的專業知識或常識嗎？從以往的經驗看來，目前在媒體組織中的管理者，大多數是原先媒體組織中的成員，其中因爲表現優秀或領導有方而被拔擢爲主管，進而成爲媒體的管理者或經理人，但是我們比較懷疑的是，即使在媒體中的新聞專業在組織中無人能出其右，擺在管理的領域中是否能夠適任，則是有待觀察。

　　我們要強調的是，在以往的環境中可以勝任愉快者，在面對現代化的科技競爭，或是在電信、資訊與傳播領域匯流的情況下，如果沒有專業的管理背景，則勢必會面臨嚴峻的考驗，在如是的環境中，媒體組織的負責人就必須考慮到，個人是否勝任的問題事小，而媒體組織的商機或競爭優勢的損失，才是比較嚴肅的問題。

　　如前所述，媒體管理是近十多年才發展出來的一門理論，在發展的過程中，許多學者專家將管理學的諸多理論與實務操作，加入媒體組織之中運作，但這其中便容易碰到一項弔詭的問題，那就是，由於媒體的組織特性與人員特質，甚至是業務的操作方式，都與一般企業有著極大的差異，是否能將一般企業管理法則完全移植，是一個值得探討的問題。不論如何，有了管理學的理論，對於媒體經營走向現代化、企業化的貢獻，則是應予肯定的。只是，在日漸成熟的媒介管理中，由於業者與管理者的通力合作，則是為媒介管理走出了一條自己的道路，而且愈趨成熟。

第二節　管理思想的演進

一、傳統理論時期（十九世紀工業革命之後）

　　古典管理觀點是指1890年代至1930年代中期的管理思想，它有兩個主要發展，即科學管理和行政管理理論，前者以組織內的員工為研討焦點，力圖找出增進人員生產力之最佳方法；後者以整個組織為探討對象，目的在發現如何使組織有效率而又有效能。科學管理主要的代表人物有泰勒（Frederick W. Taylor）等人；行政管理理論的代表人物則包括費堯（Henri Fayol）、烏瑞克（Lyndall

Urwick）、韋伯（Max Weber）等人。總體來說，古典管理理論的主要貢獻，是爲管理理論後期發展奠定基礎，其首倡的管理過程或管理功能說，到今天仍受到肯定，也讓管理成爲一個眾所肯定的研究主題。

(一)泰勒

如果我們要爲現代管理理論的起源定出一個明確的年份，應該算是1911年，當年，科學管理名家泰勒出版《科學管理之原則》。在書中，泰勒提出一些基本觀念，終而演變爲科學管理思想。本質上，科學管理的精神是使用科學方法找出完成工作「唯一最好的方法」（one best way），在《科學管理之原則》裡，泰勒試圖扭轉工人與管理者的心態，並勾畫出提高生產力的要點，其中揭櫫了四項科學管理的基本原則：

1. 針對每個人的工作細節所發展的一門科學，以取代純粹靠實務經驗的工作方法。
2. 以科學的方法來甄選、訓練和教育每個員工。
3. 與員工密切合作，以確保每項工作都依照科學管理的原則完成。
4. 管理者應清楚的劃分管理者和工人的職責。前者的責任在研究工作並決定工作如何完成；後者的責任則在實際完成工作。

(二)費堯

基本上，費堯認爲，對所有組織（不論其規模大小、公營或私有）的管理，都涉及相同的管理程序或普遍原則的運用。這種想

法，基本上有兩個前提：(1)不同的組織雖然有不同的目的（諸如教育、商業，宗教目的等），但管理這些組織都涉及相同的管理程序；(2)普遍通行的管理程序，可歸結為一組不同而又相關的功能和原則。總之，正如費堯所說：

> 不論是在商業、工業、政治、宗教、戰爭或慈善事業裡，都必須有管理任務的執行，而要執行管理任務，又必須要有「普遍」的原則，即是說，要有執行任務所依據之公認為已被證明的真理。

費堯並非第一個研究管理行為的人，但卻是第一個將行為管理系統化的學者，在其古典名著《工業管理與一般管理》（*Industrial and General Administration*）中，費堯把他廣博的管理實務經驗歸納為一組通用於所有組織的原則，並將管理過程劃分為數個功能性的領域，即規劃、組織、領導、協調和控制五大功能，並將這五者視為成功管理的重要因素。

(三)韋伯

韋伯對於管理思想的貢獻很晚才受到管理學界的重視。韋伯認為，西方社會自工業革命以後，新形態的社會組織對管理者及整個社會都有深遠的意涵。韋伯認為組織若能依照某些原則來建構，即可成為產生效率的工具。韋伯也提出科層組織（bureaucracy）的觀念，科層組織是指以一組理性的建構原則，在最有效率的方式下建構組織，這些原則包括：

◆層級結構

所謂層級結構，是指組織裡的權威層級（hierarchy of authority）。要管理組織成員，其權威層級必須有明確的界定，而

在層級制中，層級愈高則職權就愈大，這種說法與費堯的指揮路線相似。

◆分工

在科層組織裡，工作分得愈細愈好。理性的分工方式，是達成效率的最佳途徑。所謂理性的分工，是將複雜的工作程序打散為數個分離的部分，而其效率之所以宏大，是因為組織成員很容易習得細部工作的專長，且新進員工也容易進入工作狀況。

◆規範

科層形式組織的必備要件是決策和人群關係都有相關規範的約束，而規範之穩定性，朝令不能夕改，又是維持組織秩序，促進組織目標的不二法門。尤其規範對管理者之決策有所約束，使他們在決策上不能任意假公濟私。

◆專技能力

理性組織裡的管理者應唯才是用，職位之人選完全以專技能力為考慮因素，不講私情、不計個人喜好。用人不唯才的組織，工作人員的能力不能合乎職位要求，往往會降低組織的效率。

◆經營權與所有權之分離

韋伯認為，所有權人往往是組織效率的阻礙者，因為他們的決策只著眼於利潤的獲取，而不在於增加生產效率。把組織成員與所有權分開，組織決策較不會偏私，一切皆以達成整體目標為主。

◆職位權

組織的權力和權威，若能定於職位，而非定於在職者身上，則組織就能表現其理性面；反之，若權力與權威是因人而設，則他們很可能把權力與權威用於其個人的目標，而將組織目標拋在腦後。

如果把權力與權威定在職位而非人，就不會有濫權的情形出現，因為，若管理者不適任，即可將其職務撤除。

◆紀錄保存

理想上說，理性的組織比其成員活得長久。因此，保存組織成員的工作紀錄有其必要，舉凡會議紀錄、重要文件、財務報表等，全都是未來決策運用的重要資訊。

二、修正理論時期（二十世紀）——行爲管理學派

與古典管理理論不同的是，行爲管理學派認爲「人」才是組織活動的焦點，個人的態度、行爲及團體的互動模式，都是該研究的主題。成功的管理，取決於管理者對不同背景、不同需要的人員，都有適度的理解，並與他們和諧合作。行爲管理學派認爲管理者應重視員工行爲表現，照顧員工需求、滿足員工期望，並以激發動機，完成員工與組織所設立的目標。而行爲管理學派興起的原因則可簡單分爲三點：(1)組織取代家庭成爲社會滿足的來源；(2)社會價值觀改變，愈來愈重視個人；(3)心理學、社會學與統計學等學科的輔助。

(一)霍桑研究

就像其他管理學派一樣，行爲管理學派也是一步步發展出來的思想。管理思想第二個階段的發展，大約是在1930年至1960年這段時間，但管理學脫離古典階段，可從1920年末，美國西方電力公司的霍桑研究（the Hawthorne Studies）算起。霍桑研究是由梅奧（George E. Mayo）、羅斯里柏格（Fritz J. Roethlisberger）、懷海德（T. N. Whitehead）、迪克森（William J. Dickson）等人主持，

其研究目的是探討受控制的工作環境，對工作者的生產力到底有何影響。該研究的對象是裝配線的工人，第一組的工作環境如燈光、休息時間不受控制，另一組則在受控制的環境裡工作，而第二組在不同變化環境的工作結果，在做成紀錄後，會與第一組的紀錄相比較。

首先試驗的環境變化，是燈光的亮度，研究者發現，光線愈充足，工作的產出也愈大；然而，讓研究人員訝異的是，即使燈光愈來愈暗（甚至只有月光那麼亮），工人的生產力仍再次提升；此外，第一組的工作環境沒有變化，但其生產力也同時提高，即令工作時間延長、休息時間縮短，亦復如是。

最後，梅奧和其他研究者得出類似的結論：關懷工人並尊重其身分等社會因素，比薪資更能影響其工作的生產力。工人知道自己被選出來參與實驗，因而產生了團隊的榮譽感，工作上得到激勵，工作績效也隨之提高。總之，霍桑研究發現到，團體可影響個人的行為，較諸金錢等因素，團體的標準、情感和安全感，更能影響個人的工作產出。

(二)馬斯洛的需求層級理論

馬斯洛（Abraham Harold Maslow）於1954年提出需求層級理論（Need-hierarchy Theory）。其中心論點認為：要激發組織成員的行為，就是要使他們能適當地滿足一些內在的需要，且其需求有層級的概念。他提出兩項基本的假設：

第一，人的行為會受到各種需求的控制，然而，只有尚未滿足的需求才能影響行為，已滿足的需求不能作為激勵因子。因此，若想要達到激勵的目的，則必須瞭解目前尚未滿足的需求何在，然後設法滿足該層級的需求。

　　第二，人的需求是依重要性的層級順序排列，他將人的需求分為五個層級，由低層級的基本需求到高層級的需求分別是：生理需求（physiologica1 needs）、安全需求（safety needs）、社會需求（social needs）、自尊需求（esteem needs）及自我實現需求（self-actualization needs），如圖3-1所示。

　　此理論被廣泛地運用在組織之中，根據其理論，組織必須使用許多不同的激勵因素來激發不同需求層級員工的行為與績效。而雖然馬斯洛的需求層級理論被廣泛應用，但仍面對一些限制與批評：

1. 每一層級的需求應是獲得「相當滿足」而非「完全滿足」時，才會追求更高層級的需求。
2. 需求層級愈高，則其階層關係愈不明顯。
3. 各種需求之間常有彼此重疊的情形出現，而非剛性結構。
4. 不同類型的人，其需求階層可能不同。
5. 相同的行為，未必來自於相同的需求層級。

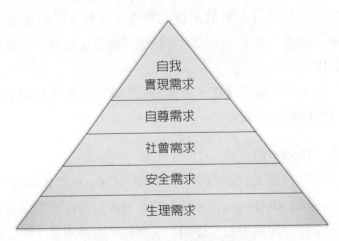

圖3-1　馬斯洛的需求層級理論

(三)X理論、Y理論與Z理論

◆X理論（Theory X）

　　此一理論以傳統的科學管理學派為激勵理論代表，包括英國的歐文（Robert Owen）、吉文斯（William S. Jerons）、法國的費堯、美國的泰勒等代表人物，倡導以科學管理為基礎，增進工作效率為中心，謀求組織的合理化、方法科學化、效益最大化，認為人必須經由經濟誘因來刺激才會努力學習或工作，組織必須有效的掌握經濟誘因，以誘導成員朝著高效率的組織目標邁進，此種激勵理論認為人性是厭惡工作且想逃避工作的，強調懲罰及組織的嚴密控制。人們不會主動地與管理者合作，以追求最大利益，故管理者應採用懲罰的手段，此與我國荀子的性惡思想相近似。

　　X理論的假設如下：

1.人類生來就不喜歡工作，總是盡可能躲避工作。
2.由於人類具有不喜歡工作的特性，多數人必須用強迫、管制、命令、威脅等手段，才能驅使他們產生效力，達成工作目標。
3.一般人只是規避責任，毫無雄心大志，只圖工作得到保障，而寧願被人驅策。

◆Y理論（Theory Y）

　　此一理論代表人物為梅奧、巴納德（Chester I. Barnard）、葛瑞格（Douglas McGregor），其研究取向係以行為科學為基礎，以促進員工工作意願為中心，透過民主參與、需要滿足、觀念溝通、人群關係等理論與方法，提高員工的工作效率，達成組織目標。葛瑞格所倡導的Y理論內容：人並非天生厭惡工作、鼓勵比懲罰更重

要、報酬並不僅限於物質、人會自動的去工作且是有想像力的。

　　Y理論的假設如下：

1. 人類並非不喜歡工作，工作是生活的一部分，亦如遊玩與休息般自然。

2. 外在的制約、懲罰和威脅，並非促使組織達成目標的唯一方法。人在受命進行某一目標時，常會自我控制的完成所賦予的責任。

3. 一般人對達成目標的投入程度，是與達成目標的獎勵成正比。

4. 一般人在某種適當條件的配合下，不僅會承擔責任，甚至會主動尋求職責。

5. 員工都有解決組織問題的想像力與創造力，這些能力並非少數人的專利。

6. 一般人的知識潛能無法在近代工業生活裡得到充分的發揮。

　　很明顯的「X理論」和「Y理論」各預設了一個人性觀，前者對人性持負面的看法，後者則對人性有較爲正面的看法。

◆Z理論（Theory Z）

　　此一時期的代表人物有卡斯特（Fremont F. Kast）、羅森威（James E. Rosenzweig）及大內（William Ouchi），此一時期理論學說稱爲Z型文化，大內從社會、經濟、心理的觀點認爲：人存有極大的個別差異，對工作責任感的體會亦有所不同。一般人是爲了追求自己需要的滿足而工作，因此主管與部屬之間必須建立在人性基礎上，創造制度化與和諧的工作環境，因應成員複雜的心理需求，施以因人而異的激勵措施，並視組織爲有機體，以達成個人與組織之互相適應及融合，因此，Z理論指在組織與成員相互間存在的一

種高度責任、忠誠及關切的信念，它可以導致高度的產出並改善組織的福祉。

(四)赫茨伯格的雙因子理論（Two Factor Theory）

赫茨伯格（Herzberg）指出人類天生有兩種基本需求：一是避免痛苦的需求，另一是追求成長的需求。他認為：

1. 某些情況存在時，可以使人覺得滿足；但是若此類工作情況消失時，則並不會造成不滿足。這些工作情況包括：成就、認同、工作本身的挑戰性、責任、升遷、個人與專業的成長等。而此類情況多是較趨內向，大都與工作本身直接相關，與追求成長的需求有關，他將之稱為「激勵因子」（motivators）。

2. 另當有一些情況存在時，不會使員工感到滿足；但是若消失時，就會使員工感到不滿足。如：公司的政策與行政、上級領導、工作環境、人際關係、薪資、地位、工作保障等。這些工作情況屬於較外向的，是來自外界，且大都與工作無直接關係的環境因素，其滿足避免痛苦的需求。他將之稱為「保健因子」（hygiene factors）。

3. 導致工作滿足的激勵因子與導致工作不滿足的保健因子，是分開而且有區別的，故稱為雙因子理論。由上述說明可以得知，管理者若僅致力去消除那些導致工作不滿足的因素，則只能消除員工的不滿足而不能增進員工的滿足感，所以如果管理者想激勵員工努力工作，則必須將重點放在強調成就感、認同感及個人成長等，讓員工內在能獲得充分的滿足。

(五)行為管理學派的貢獻與限制

　　行為管理學派的主要貢獻，是質疑古典管理學派視人為生產工具的觀點，並對組織成員的激勵、群體動力和其他人際面過程，提供精闢的分析。相對地，其在管理上之應用，也特別側重成員的滿足和激勵；個人的社會性需要、團體的工作過程、屬下與上司的關係，都是管理上最為重要的因素。換言之，管理者不能再像古典管理思想，一味的把管理重要性集中在技術性技巧；相反地，他們要同時掌握管理技術面和人性面的技巧，不可偏廢。

　　然而，行為管理學派並未澈底解決激勵問題。雖然，金錢不一定是工作的主要激勵因素，但薪資的高低的確能影響工作者的生產力，尤其在薪水低的產業裡，跳槽和怠工的情形就相當嚴重，這表示說，工作者的滿意，可能不是生產力的主要動因。總之，關於組織內部之個人行為、心理及社會性的構面，行為學派的確有許多真知灼見，但也如同古典管理思想，忽略了環境的動態構面，因而只能片面說明組織的效能。

　　行為管理學派的理論大都主張，組織要把員工當作人來對待，不應把他們只看作生產的因素。然而，批評者卻認為，強調人群關係的管理理論過於強調組織中人的因素，企業組織並非社會或福利機構，而必須想辦法在競爭劇烈的環境中生存。

第三節　理論學派的各種研究路線

　　對於管理理論有關的各項概念理論及闡述，現已發展出了種種不同的路線。我們稱之為「管理理論叢林」（Management Theory Jungle）。這座叢林的樹木花草一直在改變，但我們仍可以歸納成

十類，說明如下（王士峰、王士紘，1993）：

一、經驗的或個案的路線

　　管理分析所謂的經驗路線或個案路線，係指研究有關個案的經驗而言。這路線的基礎在於：若能研究管理人於個案中的成功或失敗，及其如何解決特定問題等等，則管理實務作業人員當可推知在遇及類似情勢時的有效管理方法。

二、人際行爲的路線

　　此路線又稱爲領導或行爲科學的路線。主要係以管理人性層面爲重點。以個人、個人的激勵，及個人與他人之間的關係爲中心。

三、群體行爲的路線

　　此路線與人際行爲路線極爲類似，但其主要依據不是個人的行爲。因此，它以社會學、社會心理學爲基礎。有時此路線又稱之爲組織行爲路線。

四、合作的社會系統的路線

　　此路線強調群體合作的重要性。亦即兩人或兩人以上員工之間，有觀念、力量、欲望及思想的合作性之交感者，即形成一項社會系統。因此，此種人際之交感，正是合作系統的基礎。而學者西蒙（Herbert Simon）更對組織訂出以下之定義：「所謂組織，乃是

一種相互關聯的活動所構成的系統。系統中至少涵蓋了若干基本的群體，而其主要特性，則為群體中的成員在意識上，均表現了高度的理性行為方向，追求共同認知的目的。」近年來，西蒙和其他許多學者更已將此一概念加以擴大，應用於任何合作性的群體關係系統或群體行為系統之上，終而產生今天所知的一項極為普遍的理論，名為「組織理論」。

五、社會技術系統的路線

社會技術系統路線的思想是：社會系統和技術系統兩者必須和諧配合；倘兩者不能和諧配合，則必須做適當的修改，而通常每以修改技術系統為多。本項路線的研究，多見於有關生產的問題、辦公事務作業的問題等等，這類問題的技術系統對員工的關係較為密切。因此這路線通常以工業工程為導向。

但是這路線應用於管理作業，則是較為晚近的事，其對管理實務方面已有了相當顯著的貢獻。於某些領域，諸如運輸、產品裝配及化學製程等等，一般早已瞭解其有關的科技情況，對管理人如何組織及管理其作業的影響甚大。

六、決策線的路線

所謂決策線的路線，基本上是認為：由於管理人均必須經常有所決策，因此管理的研究也應以決策為中心。管理的理論乃以建立一套決策的理論為主，亦即是有關如何從一系列的行動方案中做最佳選擇的問題。研究決策理論的學者，主要的研究便包括對決策的研究、對有關決策的個人及決策的群體的研究，以及對決策過程的分析等等。在某些決策理論學者看來，管理者評估各項可行方案之

程序，是企業的核心業務。

七、系統的路線

近年來，許多研究管理學的學人又極為強調系統的概念，主張所謂系統的路線才是管理學思想的研究和分析應循的路線。

所謂「系統」，本質上是一系列相互關聯或相互依存的事物合併而構成一個複雜的整體。系統可以是實體的事物，也可以是各種抽象的概念、原則、理論和方法等等，合併構成管理的作業。任何系統，均必然與外在環境互相關聯，並受外在環境的影響。只是我們特別將「系統」劃定了一個界限，以便能觀察和分析得更清楚。

系統的理論經發現也能應用於管理的理論，管理人實施規劃作業，便必須顧及外在的環境變數，例如市場、科技、社會、法律以及政令等等；管理人設計一項組織制度時，也必須顧及員工從外在環境帶進其職位中的各項行為模式。

在管理作業本身的範圍之內，系統的概念也扮演相當重要的角色。因此管理作業中有規劃的系統、有組織的系統、有控制的系統。且在這些系統下，我們還能看見許多形形色色的「子系統」：例如授權的子系統、網路規劃的子系統和預算的子系統等等。

八、管理科學的路線

此一路線或稱為作業研究（operations research）的路線，基本上就是數量學派的理論，此派學者認為管理作業主要只是各項數學上的程式、概念、符號及模式等等的一種運算。他們認為，既然所謂管理作業、組織作業、規劃作業、決策作業等等，均為一種邏輯的程序，則這項程序便可以用數學符號或數學關係來表示。因此此

一路線研究重心，便是數學模式。運用數學模式，則一切有關管理的問題應均能化爲基本的關係，且只要目的是追求一定的目標，這模式便一定能指出最佳的決策。

九、權變的路線或情勢的路線

管理思想和實務還有另一種路線，是所謂的權變路線，或稱爲情勢路線。此一路線本質上係強調一項事實：管理人對於實務的情勢，尙須考量有關解決問題的方法對企業機構可能產生的行爲模式的影響，**圖3-2**表示權變路線之基本特徵。

目前有許多研究發現，在一定的工作特徵和一定的人員特徵之下，某些管理方法比別的方法來得好。有時詳細的計畫、指令式的領導、精心設計的正式組織結構，和無微不至的控制措施，會帶來高度有效的組織和高度滿意的員工的結果。有時籠統的計畫、參與式的領導、散漫的組織結構，和寥寥無幾的控制措施，也同樣帶來有效的組織和同樣滿意的員工的結果。

十、管理角色的路線

所謂管理角色的路線，也許應算管理理論最新的一條路線。此一路線係由麥基爾大學（McGill University）的明茲伯格教授

圖3-2　權變路線法

（Henry Mintzberg）所力倡。基本上，這路線是觀察管理人實際上做了些什麼，並由觀察所得，推論所謂管理業務或管理角色有些什麼。

明茲伯格氏有系統地研究不同組織的五位最高主持人的活動情況，做成一項結論說：他們的活動，並非局限於傳統的管理職能範圍——例如規劃、組織、協調及控制等。事實上，他們還從事了許多其他的活動。由他本人和其他許多學人的研究，明茲伯格教授整理出了一份結論，指出管理人扮演了十種不同的角色。這十種管理角色，包括代表人、聯絡人、領導人、監視人、傳送人、發言人、事業開創人、問題處理人、資源分配人及談判人等。

第二篇

國內媒體發展
沿革與現況

第四章

台灣媒體環境之論述

- 報紙產業
- 雜誌出版
- 廣播產業
- 無線電視
- 有線電視
- 網路與電信

　　解嚴前台灣傳播媒體產業的發展受到政治、經濟、社會等各方面的限制極大，但解嚴後隨著政經結構的開放和本土自由民主的發展，台灣的傳播媒體產業在1980年代末期開始產生巨大的變化。而在科技與技術部分，90年代後隨著網路、電信和數位科技的發展，在媒體內容和近用上也產生迅速的變化。第四章分別從報紙產業、雜誌出版、廣播產業、無線電視、有線電視、網路與電信產業等介紹其目前產業概況，其後章節再依媒體的起源與發展沿革、經營策略與管理面，和發展趨勢等三大面向進行分析。

第一節　報紙產業

　　在報紙方面，1988年解除報禁，台灣的報業得以更蓬勃發展。但我國報業近幾年面對外在環境變遷以及網際網路等新媒體的競爭與影響，經營異常艱苦，從**表4-1**可瞭解台灣報紙在訂戶數上逐年減少。部分報紙警覺到環境變遷所帶來的威脅，因此積極改造經營體質，即隨著媒體新載具，如智慧型手機、平板電腦等行動裝置的盛行，報紙媒體數位化經營模式也愈趨明朗，同時報業並打破舊有媒體的單一思維，朝向數位匯流發展，除了平面紙媒、網路新聞以及影音節目，嘗試提供讀者更不同的新聞呈現（行政院，2011）。而除了網路版或電子報是目前報業共同趨勢，亦有報紙採多角經營、運用資源朝新媒介轉型，企圖尋找新的生存空間與發展機會。

表4-1　台灣報紙消費概況

	每百戶報紙份數（份）
96年	27.9
97年	24.5
98年	22.5
99年	22.0
100年	20.0

資料來源：整理自行政院主計總處。

第二節　雜誌出版

　　根據《2011中華民國年鑑》的數據，在2009年我國雜誌出版業統計有6,007家，到2011年12月底已成長到8,675家，其中，平面媒體紛紛創建自己的電子媒體平台，如建立自己的網路頻道和社群網站，很多雜誌社粉絲或網站會員人數，甚至超過雜誌訂戶的人數（行政院，2011）。

　　過去辦雜誌是一種理想、一種興趣，雖然不少人因辦雜誌而傾家蕩產，但仍阻止不了前仆後繼的雜誌人奮勇向前，而現在辦雜誌已成一種高投資、高科技、高成本的營利事業，較少循個人的理想主義來辦雜誌，轉而是機關團體、公司行號、社團、學術方面研究單位與宗教社團為主要投資經營者。其刊期方面也以月刊、雙月刊到季刊為多。

　　雜誌經營特徵除了朝向公司化經營外，也更趨向集團化與跨業結盟。過去平面媒體與電子媒體具有明顯的分野，現在則逐漸融合為一，連帶的影響到雜誌的行銷方式，雜誌出版業不再是小本事業了，從新創刊的數本雜誌來看，其內容及印刷精美，物超所值卻配

以超低的售價，顯得不敷成本，更花費數百萬到千萬元進行廣告促銷，不可思議地改變了過去雜誌經營的方式，此一巨變，使舊有的雜誌業面臨了嚴峻的挑戰。而網際網路的發展，是結合了報紙、雜誌、電視、廣播等諸多媒體特性於一體，此一影響更是空前，雜誌業對自我的定位勢須快速調整，創新經營路線，才能發展出新的遠景與方向（行政院新聞局，2001）。

◀))) 第三節　廣播產業

解嚴之前，在反共的政治環境下，台灣廣播的性質和內容多為黨政軍宣傳，其也受政府所控制，到了民國80年解嚴之後，廣播電台的開放，出現了網路這一新興媒體以及許多的類型電台，廣播也開始走向一個新的時代（莊克仁，1998）。

莊克仁（1998）將國內廣播分成以下四個階段：

1. 1950年代的民營電台發展時期：此時期所成立的民營電台，主要是針對對岸的心戰策略所因應，採取「抵制匪波」以及「保密防諜」的防衛措施。

2. 1960年代的軍用電台蓬勃時期：此時的軍用電台則是開始主動對對岸實施心戰策略，對內則鞏固民心和軍心。

3. 1970年代至1980年代的政府電台扶植時期：此時的政府電台是指我國中央政府和直轄市、省、地方政府所成立及控制經營的廣播電台，其目的及任務在於政令宣導、公共服務等節目製作、播送，此時美軍電台AFNT也成立，也就是後來的台北國際社區廣播電台ICRT。

4. 1990年代的頻道開放時期：民國76年解嚴後，政府開放無線廣

播頻率讓民間申請，並成立廣播電台審議委員會，辦理相關開放作業，此時廣播政策已走向民主自由和商業經營的方式。

在頻道開放之後，廣播市場也開始產生重大變化，關尚仁（1996）認為，台灣的廣播事業在電波頻率開放後共產生了四種現象：其一為調頻廣播市場主要是民營的電台，其也開啟了廣播市場的主要競爭和整合場域；其二為廣播以地區和地方性為主要考量，使得廣播成為地方性再造媒體；三為類型化的電台出現，使廣播開始走向市場區隔和定頻，呈現頻道多元化的情形；最後則是廣播電台開始走向企業化經營，注重效率和效能的運作。而在網路的出現下，廣播產業也開始結合網路做播送，讓閱聽眾隨時都能收聽節目，而不再受限於傳統廣播的時間限制，而閱聽人亦可以選擇自己想要收聽的節目和段落，隨選的概念也出現於網路廣播。

換言之，我國廣播頻道已邁向多元化，可分為一般性及指定用途電台，對聽眾而言，可以有更多選擇，也方便民眾接近使用廣播媒體。截至2011年12月底止，依法營運的無線廣播事業計有171家（行政院，2011）。

第四節　無線電視

在無線電視產業方面，自從台視、中視、華視等無線三台在1962年陸續成立之後，無線電視所使用的頻率即不再開放，此後三十多年，台灣電視產業長期維持三台壟斷寡占的市場結構，直到1990年代這種壟斷局面才被打破，而改變台灣電視市場結構的主要因素，包括1993年「有線電視法」通過，傳統的「第四台」經營合法化，以及新無線電視台也就是民間企業的全民電視股份有限公司

（民視），取得第四家無線電視台的經營權並在1997年開播。

而鑑於商業電視的缺失及各界對電視節目多元化的需求，1997年5月31日「公共電視法」在立法院完成三讀，並經總統於同年6月18日公布實施。1998年7月1日，財團法人「公共電視基金會」正式成立，並在同日開播，為全民提供以人為本、多元的高品質節目，履踐公共電視服務公眾的責任。

而除了民視和公視之外，台視、中視、華視三台早期都為政府或政黨、軍隊所屬或投資之媒體，在2003年黨政軍（政府、政黨、軍隊）退出廣電媒體條款通過，即此三者不得投資或經營媒體，在此法通過的前提下，中視賣給中國時報集團，最後中時集團則轉移至旺旺集團並成立旺旺中時媒體集團；台視亦走向民營化，最後由非凡國際科技取得25.77%的股權；而華視則走向公共化，並在2006年和公視組成台灣公共廣播電視集團（Taiwan Broadcasting System，簡稱TBS、公廣集團），2007年並加入客家電視台、原住民電視台、台灣宏觀衛視。

🔊 第五節　有線電視

根據我國「有線電視法」，有線電視是指「以鋪設纜線方式傳播影像、聲音，供公眾直接收視收聽」，而無線電視則是以無線電波頻率做傳送，因此有有線、無線之稱。

台灣最早的有線電視服務（稱作「第四台」）出現在1970年代，但一直都是非法經營，其間歷經十餘年的立法過程。而自從出現俗稱「第四台」的有線播送系統之後，有線電視發展快速，1993年8月及11月「有線電視法」及「有線電視節目播送系統暫行管理辦法」相繼發布施行。1999年「有線廣播電視法」三讀通過並頒布，

而申設通過的有線電視系統也開始進入競爭激烈的時代，產生所謂的多系統經營者（Multiple System Operator, MSO）集團。

而新聞局也自1998年起即積極推動電視節目分級制度，針對有線廣播電視的分眾特性，並為保護未成年人，避免其暴露於不當收視之節目前，新聞局除依「有線廣播電視法」第41條規定，指定時段及鎖碼播送特定節目外，亦協調交通部完成定址鎖碼技術法制作業，以降低特定節目被未成年人任意視、聽之機率。2001年1月1日起，所有經由有線電視系統播出的限制級節目，都一律以定址鎖碼技術播出，平日收視限制級節目的收視戶，必須與提供視訊服務的有線電視公司接洽安裝定址解碼盒才能收看。

而為充分發揮傳播科技的創新力，有效運用有線廣播電視的高速寬頻網路，1999年2月修訂的「有線廣播電視法」，已取消有線廣播電視與電信業互跨經營限制，也開放頭端及網路得出租、出借。此外，新聞局亦積極參與交通部之固定通信網路開放規劃業務（簡稱「固網業務」），協調交通部將電路出租業務，列為第一波開放受理申請之固網項目，使運用有線廣播電視上網業務得於1999年7月正式出現於國人生活之中。其後，有線廣播電視業者仍可隨固網業務開放時程，擴大參與電信事業之投資與經營，增加有線廣播電視網路之經營利基。

國家通訊傳播委員會（NCC）於2008年制定有線電視數位化的發展策略方案，積極推動數位匯流、數位化政策，各有線電視系統也開始進入數位化時代，雖然在國外如歐美、日本等國家數位化已是趨勢，且回收類比頻道也相繼達成，但在我國由於國人對於隨選、互動科技不甚瞭解，且早已習慣有線電視長期以來的收看方式，是以數位化推動並不順利，回收類比頻道的時程目標也未順利達成，未來仍有賴政府（NCC）和業者再加強推動。

第六節　網路與電信

　　行政院2012年個人家戶數位機會調查報告，針對我國年滿十二歲以上之本國籍人口作為訪查對象，合計完成13,257份有效樣本。此次調查發現國內上網家戶（83.7%）及上網人口（73%）皆再創新高，全台十二歲以上網路使用人口目前已超過1,510萬人，其中，行動上網更是國內目前的網路趨勢，全台十二歲以上網路族曾行動上網的比率由2000年的53%、2011年的70.4%，2012年再增為77.3%，達歷年新高（行政院，2012）。

　　其中，民眾上網的主要活動項目依序為：E-mail（92%）、使用搜尋引擎（92%）、線上搜集購物資訊（78%）與線上購物（71%）等（楊璧瑜，2012）。根據資策會估計，2011年台灣線上購物市場突破新台幣4,000億元，2009年至2011年成長率維持在30.37%、15%、13.75%，而接下來，預計2013年將突破5,000億元（黃玉禎，2012）。

　　根據NCC的資料，我國的電信業，依「電信法」等法規來做規範，其主管機關為國家通訊傳播委員會（NCC），其中規定電信業分成第一類電信事業及第二類電信事業，第一類電信事業包括了固定通信網路（固網）、行動通信網路及衛星固定通信等，經營第一類電信事業業務以外的則為第二類電信事業。

　　在第一類電信事業中的行動電話業務業者名單（2G）部分包括了中華電信、台灣大哥大（已整併東信和泛亞電信）、遠傳電信（其已整併和信電信）共三家。在第三代行動通信業務（3G）業者名單中則包括中華電信、台灣大哥大、遠傳電信、亞太電信、威寶電信共五家。在數位式低功率無線電話業務（1,900兆赫）業務則

是有大眾電信，也就是個人手持式電話系統（Personal Handy-phone System, PHS）；在無線寬頻接取業務，也就是WiMAX（Worldwide Interoperability for Microwave Access，全球互通微波存取），業者名單則有大同電信、遠傳電信、威邁思電信、全球一動、威達雲端電訊、大眾電信等六家。

　　電信產業部分，傳統家用電話的時代已逐漸轉移到手機時代，從2G到3G，我國電信產業目前是三家龍頭（中華電信、遠傳、台灣大哥大）所寡占，其中又以中華電信市占最高，且產業類除電信也包括寬頻網路、MOD等。3G時代的來臨，手機除了是電話，也包括了上網、多媒體等功能，結合娛樂、通訊、業務等多種需求，而在蘋果推出iPhone後，手機的使用又達到一個高峰，iPhone以觸控螢幕的方式，結合各種軟體下載、音樂下載等，如同一台掌上的小型電腦，除了符合業務需求也符合娛樂需求。根據《2011中華民國年鑑》，在行動通訊市場方面，至2011年年底，行動電話用戶數為2,886.2萬戶（含2G、3G及PHS用戶）（行政院，2011）。是以電信業在硬體部分由蘋果的iPhone帶動其他手機大廠如NOKIA、韓國三星、HTC等手機紛紛跟進走向智慧型手機，不只是在電信業者間的競爭，硬體手機部分的競爭也更為激烈。

第五章

台灣傳播媒體發展緣起

- 報紙產業
- 雜誌媒體出版業
- 廣播媒體產業
- 無線電視產業
- 有線電視產業
- 網路與電信業

◀))) 第一節　報紙產業

　　報紙是歷史最悠久的媒體之一，台灣自1988年報禁解除以來，報業開始快速發展，且競爭愈來愈激烈，因此逐漸走向多元——內容更加充實，篇幅也大幅增加，因此報禁開放後實質上對報業經營有重大的影響（張宏源，1999）。

　　除了報業內部的競爭激烈，報業外隨著有線電視的高普及率，及無線電視、廣播、網路等電子媒體的發展，報業和其他媒體間的競爭也更為劇烈。根據《2012出版年鑑》指出，2011年整體報紙第四季的閱讀比例已跌破四成（達39.8%），僅高於廣播及雜誌，最直接的影響就是降低報紙廣告的效果，也容易造成廣告品類的高度集中，另一方面，廣告效果不佳對開發消費或服務性商品的廣告也相當不利，因為會直接反應在來電數或來客數上。此主要與電子媒體、網路的電子報、部落格等吸引了年輕讀者的眼光，資訊來源多元化，稀釋了報紙的閱報率（陳信元，2008）。

　　在廣告量部分，根據《動腦》雜誌的資料，台灣報紙總廣告量在2011年為107.6億元，2012年降到95.98億元，成長率約-10.80%（動腦編輯部，2013.03.01）。網路的出現和迅速成長為傳統報紙帶來極大的競爭壓力，由於網路資訊的快速更新，讓報紙的截稿時間不再有意義；互動與多媒體綜效的網頁設計，整批奪走報業的分類廣告市場；衍生的電子報，尚未成為報紙轉型的救贖，反而加速報紙經營的困境，而最重要的是網路訊息是新一代年輕人的重要來源，使他們更不常接觸報紙（林照真，2008）。

　　傳播學者雪曼（Barry L. Sherman, 1995）曾提出電子媒體的傳播管理模式（**圖5-1**），報業經營環境同樣面對外部力量與內部力

量的影響。外部力量包括：競爭者策略、訂戶與廣告代理商、廣告主、網路、企業結盟組織、工業團體、新聞評議委員會、公平交易委員會等變異因素。而內部力量指的是：經營所有權、預算與財務政策、組織結構、銷售策略與人力資源管理等經營因素。此外，

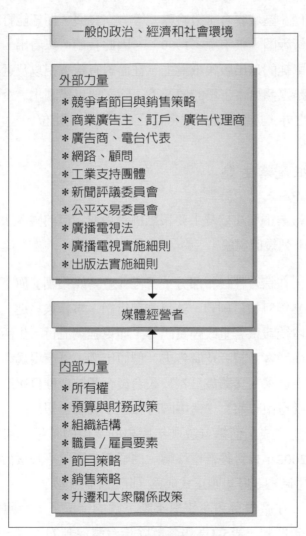

一般的政治、經濟和社會環境

外部力量
＊競爭者節目與銷售策略
＊商業廣告主、訂戶、廣告代理商
＊廣告商、電台代表
＊網路、顧問
＊工業支持團體
＊新聞評議委員會
＊公平交易委員會
＊廣播電視法
＊廣播電視實施細則
＊出版法實施細則

媒體經營者

內部力量
＊所有權
＊預算與財務政策
＊組織結構
＊職員／雇員要素
＊節目策略
＊銷售策略
＊升遷和大眾關係政策

圖5-1　電子媒體傳播管理模式

在外圍環境又有所謂的一般環境（general environment）（Robbins,
1994），亦即政治、經濟與社會等問題。

　　面對這樣的產業環境，無論是哪一種媒體的經營，都必須朝多
元化、全方位來發展；無論是哪一種媒體，不但要和同業競爭，更
要與異業媒體競爭；在面對同業、異業的挑戰下，許多媒體也開始
朝向集團化、區域聯合、策略聯盟等方向發展，期望能打開未來台
灣媒體的新版圖（張宏源，1999）。因此我們可以看出，報業不再
只是以往單純的以出版報紙爲主，在面對有線電視以及近年來蓬勃
發展的網路媒體搶占市場的情況下，除了要以集團化、企業化的方
式去經營之外，更應該重新思考自己在市場中的定位。

台灣報紙產業生態

　　針對報業市場演變及主要報紙經營情況，目前國內報業生態約
可歸納出下列幾個現象：

　　第一，在綜合性日報部分，香港「壹傳媒集團」旗下《蘋果日
報》於2003年5月2日創刊，其以強勢行銷、零售策略進入市場，其
也有異於傳統報紙著重政經資訊等，而更強調流行、生活和娛樂，
並且強調從顧客（讀者及廣告主）價值出發，以市場爲導向滿足讀
者和廣告主需求。《蘋果日報》入台後台灣綜合性日報形成《蘋果
日報》、《自由時報》、《中國時報》、《聯合報》四大報局面，
市占率高達八成。而擁有數十年歷史的《中國時報》和其中時媒
體集團在2008年11月經營權移轉，由旺旺集團董事長蔡衍明接手，
2009年，中時與旺旺集團正式成爲「旺旺中時集團」。

　　第二，在廣告量和閱報率不斷下跌的情況下，面臨危機的報
業開始紛紛停刊，**表5-1**爲報禁解除後台灣停刊的大報，其中不乏

解嚴初期具指標意義的自立報系、發行量曾超過五十萬份的《民生報》、國民黨黨營的《中央日報》；晚報市場在《中時晚報》停刊後也只剩《聯合晚報》一家。

第三，免費報從1995年誕生於瑞典，在這近十五年間影響了傳統的收費報紙，除了瓜分原有市場和廣告，也改變讀者的閱讀方式，而世界各國發行量較高的免費報都以捷運、地鐵為主要地點，其次包括校園、書店等地。在台灣最早發行的是《破報》，內容強調為非主流的青少年次文化；而聯合報系在2006年參與台北市捷運站內的報紙通路經營權競標，結果以1.4億元高價得標，從2007年3月起發行捷運免費報《Upaper》；壹傳媒集團旗下則有發行《爽報》，其認為年輕人有自己的資訊管道，可能不常、不固定花錢買報紙，所以做《爽報》，從年輕培養其喜歡看報紙，吸引年輕讀者。此外，免費報也包括許多地方、社區性報紙和校園報紙。

在免費報市場上，自2009年即形成聯合報系的《Upaper》與蘋果日報的《爽報》分庭抗禮的局面。由於競爭者較少，使這兩份免費報業績較去年成長20%～30%，免費報存在的價值在於資訊獲得容易

表5-1　報禁解除後，台灣主要報紙停刊年月

1990年代初期		2000年代初期		2000年代中期	
大華晚報	1989.1	自立早報	1999.1	中時晚報	2005.11
首都早報	1990.8	明日報	2001.2	大成報	2006.2
環球日報	1990.9	自立晚報	2001.10	中央日報	2006.6
		勁報	2002.2	台灣日報	2006.6
				星報	2006.11
				民生報	2006.12

資料來源：整理自郭良文（2009）。〈傳統報業面對網路新聞之挑戰〉，《中華民國出版年鑑》。上網日期：2010年2月8日，取自http://info.gio.gov.tw/Yearbook/98/c2.html。

後，願意花錢購買報紙的人大量減少，且免費報是以免費贈送的方式，再次將消費者從非閱報者拉回至閱報者市場（何志平，2012）。

第四，儘管傳統報紙發展的空間已日益受限，但屬聯合報系下的《經濟日報》和中時報系下的《工商時報》在閱報率和廣告量上僅次於四大報，其中《經濟日報》也是聯合報系的重要營收來源，而中時報系在產權轉移後，於2009年8月正式發行《旺報》，目標讀者訴求相關台商、有意到大陸工作、求學等各類關心大陸狀況的人，顯示傳統報紙仍未失去主流媒體的色彩，只是改為朝向專業報發展。

第五，國內具有前瞻性的報業主管，均投入網際網路的發展。迄今為止，大多數的報紙都已設置了電子報，這些報社有些只單純提供當日報紙的消息，有些則積極投入電子商務的發展。而以網路為主的網路原生報也開始出現，如《台灣醒報》，除了提供文字新聞，也提供影音新聞和相關節目等。同時，電子媒體也紛紛成立網站，發行專屬電子報。而傳媒集團運用「大編輯台」的概念，整合旗下的報紙、雜誌、廣播、電視等屬性不同的媒體，電子報也是其發行的形式之一。

第六，旺旺中時集團本身除了《中國時報》、《旺報》、《工商時報》，現也包括中天、中視兩家電視台以及雜誌、出版、網路、展演、食品等不同領域。聯合報系除了《聯合報》、《經濟日報》、《Upaper》、《聯合晚報》，在國外也有發行《紐約世界日報》、《歐洲日報》等多份報紙，旗下也包括出版、網路、廣告、展演、聯合新聞網、聯合知識庫、網路城邦、聯合文學等。《自由時報》隸屬於聯邦企業集團，除了集團本身房地產、建築、金融證券外，在報紙部分有自由電子報，及《台北時報》以英文版發行，讓更多國外讀者能認識台灣。壹傳媒有限公司在香港、台灣均有業

務，並發行報紙、刊物，在台灣報紙部分發行《蘋果日報》、《爽報》，雜誌部分則有《壹週刊》，其在香港交易所上市，行業分類為服務業——傳媒印刷，此外其亦成立壹電視，準備進入台灣的電視市場。整體來看，台灣報業市場正走向跨媒體集團化和多角化經營，透過各種策略來整合集團資源和成本，以達成1＋1＞2的綜效目標。

🔊 第二節　雜誌媒體出版業

近年來由於社會環境的快速變化以及新興科技的進步，台灣雜誌產業和其他平面媒體一樣產生許多結構性的改變，以下分別就幾個面向來探討台灣雜誌產業的現況、問題和發展可能性。

一、經濟環境不穩，廣告與讀者流失

近幾年受到金融風暴以及整體經濟環境不佳的影響，也使得民眾消費力下降，產業外移到大陸也逐漸嚴重。雜誌本身就有較多的休閒娛樂性質，在即時性上不如電視、報紙等，而網路出現後，其內容上豐富多元的優勢也容易被取代，因此民眾在消費能力有限的情況下更容易選擇不購買雜誌。而產業外移則影響雜誌的廣告來源，使廣告量也相對下降。

過去幾年受到大環境景氣的影響，雜誌廣告量曾經連續五年呈下滑走勢，但在2010年初次回穩之後，2011年便延續這股上升趨勢，根據尼爾森公司公布的雜誌廣告量分析，2011年雜誌廣告量總額為56.77億元，較2010年的55.49億元微幅成長了2.3%（洪善群，2012）。

二、媒體間競爭激烈，市場被迅速瓜分

　　台灣僅僅是個島國且人口只有2,300萬，卻擁有上百個電視和廣播頻道，以及上千家報紙和雜誌，媒體的數量不只用飽和形容，可以說是極度變形的產業環境，在這樣的環境下競爭自然更為常態，而近幾年最受打擊的莫過於是平面媒體如報紙和雜誌，除了網路的影響，報紙的競爭策略如週報、夾報的方式也瓜分了讀者市場，有些讀者寧願看報紙附送的夾報也不願花錢買雜誌，而從**表5-2**也可以看出台灣雜誌在廣告和產值部分正在逐年下降。

三、雜誌停刊頻繁且創新高

　　2008年計有八十四種雜誌停刊，包含汽機車、男性時尚、居家設計、流行時尚、財經、健康醫療、運動休閒、遊戲、電腦數位、藝術文學等，其中以流行時尚、運動休閒、電腦數位三大類停刊數最多（黃蓓伶，2009），而停刊數也創下歷年新高。

表5-2　台灣雜誌產業產值統計表　　　　　　　　　　　　　單位：億元

	2003年	2004年	2005年	2006年	2007年	2008年
廣告推估	75	78	65	64	64	60
雜誌期刊市場產值	117	143	181	160	159	161
總產值	192	221	246	224	223	221

資料來源：整理自財政部統計月報。

四、週刊銷售仍排名最前，女性時尚雜誌廣告量最佳

週刊由於符合時事，時效性佳，且運用雜誌深度的優勢，在市場上表現仍有一定水準，根據萊爾富雜誌銷售量數據來看，其銷售第一名為《壹週刊》，再來為《商業周刊》、《時報周刊》，而銷售量前十名也有一半以上是週刊類的雜誌，其中也包括《今周刊》、《TVBS周刊》，而其中也多為流行時尚和財經類。在廣告量部分，女性時尚雜誌在2007、2008兩年都是廣告量最大的雜誌類，其次為行銷管理類和影視娛樂類（黃蓓伶，2009）。

五、多元且全方位服務成趨勢，雜誌紛紛舉辦各類活動

雜誌提供豐富的內容給讀者，也同時讓廣告主能夠藉由雜誌接觸到讀者民眾，在服務一體化和整合行銷的概念下，雜誌舉辦相關活動和展覽並搭配媒體策略、公關宣傳等也成為多元的服務項目之一（黃蓓伶，2009）。以電影雜誌《iLOOK》來說，每年均會舉辦校園影展，除了將片商的電影在校園中加以宣傳，一方面也向學生宣導正版的概念，此外藉由校園活動舉辦來和贊助廠商配合進入校園宣傳、贈送禮品等，可以說是達到各方面的需求和利益，讓廣告商、片商能宣傳、讓雜誌知名度和銷售提升、讓正版的理念更加推廣，符合雜誌形象。

六、數位出版與電子雜誌

數位媒體和電子紙的出現不只為書本、報紙帶來了衝擊和影響，在雜誌部分也有所變化，如網站、電子雜誌、電子書、手機閱

讀等多種閱讀方式與載具都成為新的局面。而雜誌由於分眾和定位較明確，較能掌握讀者的動向，同時內容更新速度快，所以比電子書更需要數位出版的方式來呈現。但雜誌業要投入電子雜誌或數位出版，則必須考慮到版權、定位的問題，版權牽涉到法律問題，而定位則是指雜誌定位自身是平台（專門付費取得版權取得內容）或是本身就成為內容提供者（王逸麟、鄧雅文，2009）。

七、各類雜誌未來建議

雜誌產業在面對現今的環境和衝擊下，該如何做出準備和因應，《動腦雜誌》發行人吳進生（2009）提出了幾點建議如下：

1. 政經管理類雜誌：可舉辦相關專案活動，和廣告主、政府合作加以宣傳行銷。
2. 女性流行時尚類雜誌：可結合相關資源如服飾、保養品化妝品等，舉辦各式各樣的活動，把消費者帶到廣告客戶前，體驗產品如何使用，創造更大商機。
3. 生活休閒類雜誌：可和異業結盟，例如前述所提的《iLOOK》雜誌和片商結盟舉辦活動，或休閒旅遊雜誌和各地旅遊景點的住宿、餐廳等合作結盟，提供讀者更多優惠和折扣，吸引讀者購買雜誌以及前往消費。
4. 電腦電玩類雜誌：活用網路與通路的特色和優勢，為廣告客戶舉辦活動，拉近廣告主與消費者的距離，增加電腦軟硬體商品的曝光機會。
5. 男性時尚類雜誌：女性時尚雖然是主流，但近幾年則吹起許多型男、質男的時尚流行風，男性也開始學習穿著、裝扮，甚至是保養化妝，也因此提供這類資訊的雜誌更可能成為未

來的重點。

6.總結：單靠廣告收入風險高，需要有多元的收入來源和多角
的經營方式。

八、創新的內容生產方式

過去雜誌內容的生產方式都是雜誌經營者或雜誌內部員工、記
者來完成，亦有透過邀稿等方式來提供內容，但撰稿者多為名人或相
關的專家（葉耀琦，2009）。但網路流通之後，開始出現所謂的部落
客、達人或者是各類的討論區、論壇，這些資訊對民眾，尤其是年輕
人或網路使用者來說更具有可信度和權威性，因此雜誌內容也開始
走向從相關網路上找資訊或請網友、部落客來提供資訊內容。

九、跨業經營

媒體和科技的發展使得資訊更為快速流通，也帶來了更多跨業
經營的機會，如TVBS的知名節目《食尚玩家》，固定會推出雜誌來
介紹節目中去過的地方及吃過的美食，是電視節目和雜誌合作的例
子之一。因此各類型、專業的雜誌可以和其相關的產業來合作，提
供讀者更多資訊和完整的服務，購買雜誌或看雜誌不只是單純獲得
資訊，而能夠有更多用處和服務。

十、便利商店行銷

根據行政院公平交易委員會的資料顯示，目前台灣便利商店
總家數已超過九千家，而擁有大量據點的便利商店也成為雜誌在

書店之外最重要的銷售通路和平台，也因此爭取便利商店的上架策略更爲重要，以《壹週刊》爲例，其並不以雜誌架爲平台，而是轉移到櫃台，因爲進到便利商店的民衆已確定自己要買的東西，會拿了立即到櫃台結帳，因此眞正能吸引讀者的地點在櫃台（王鳳英，2008）。不論如何便利商店已是和民衆接觸最密切的地點，其勢必需要開放更多機會和位置來提供雜誌上架，讓雜誌有更多機會接觸到一般民衆。

十一、民衆對本土雜誌之相關調查

民衆對本土雜誌之相關調查資料見**表5-3**至**表5-11**（世新大學，2012）。

表5-3　2012年民衆最常閱讀之雜誌

排名	雜誌
1	壹週刊
2	商業週刊
3	ViVi唯你時尚
4	女人我最大
5	今週刊

表5-4　最能提供科學／教育／文化資訊雜誌

排名	雜誌
1	商業週刊
2	科學人
3	天下
4	壹週刊
5	牛頓科學雜誌

表5-5　最能供理財／投資／財經資訊雜誌

排名	雜誌
1	商業週刊
2	今週刊
3	理財週刊
4	壹週刊
5	財訊

表5-6　最能提供生活／消費及娛樂／休閒資訊雜誌

排名	雜誌
1	壹週刊
2	商業週刊
3	時報週刊
4	女人我最大
5	TVBS週刊

表5-7　最能提供新聞資訊雜誌

排名	雜誌
1	壹週刊
2	商業週刊
3	TVBS週刊
4	時報週刊
5	非凡新聞e週刊

表5-8　最能提供工作／就業機會資訊雜誌

排名	雜誌
1	商業週刊
2	Career職場情報誌
3	遠見
4	壹週刊
5	Cheers雜誌

表5-9　最能提供家庭／婚姻／性別資訊雜誌

排名	雜誌
1	壹週刊
2	親子天下
3	商業週刊
4	康健
5	時報週刊

表5-10　最好、最優質之雜誌

排名	雜誌
1	商業週刊
2	壹週刊
3	天下
4	遠見
5	慈濟月刊

表5-11　最值得信任之雜誌

排名	雜誌
1	商業週刊
2	天下
3	壹週刊
4	遠見
5	TVBS週刊

第三節　廣播媒體產業

台灣廣播史見**表5-12**所述。

表5-12　台灣廣播史表

時間	事件	備註
1949年（民國38年）	國民政府遷移來台，將中廣、空軍、民本等電台遷移來台。	民本是唯一一家民營電台。
1959年（民國48年）	行政院以電波干擾為理由，禁止民營電台的申設。	
1968年（民國57年）	台灣第一座調頻電台中廣台北調頻台成立，台灣進入調頻廣播時代。	頻率只核發給公營電台。
1976年（民國65年）	廣播電視法頒布施行。	
1988年（民國76年）	解除戒嚴。	
1993年（民國82年）	公告開放調頻廣播頻率供民間各界申請，同時政府聘請第一屆廣播電台審議委員，開始辦理開放頻道作業。	此次開放均為中小功率的電台。此後一共開放十梯次的頻率申請，目前正規劃第十一梯次的頻率開放。
1996年（民國85年）	廣播電台開始架設網站。	
1998年（民國87年）	第一家原生網路電台銀河網路電台成立。	
2000年（民國89年）	交通部電信總局核准試播數位廣播（DAB）。	
2004年（民國93年）	無線廣播頻譜重整作業。	

資料來源：整理自黃雅琴（2005）、張玉山（2005）、莊克仁（1998）、關尚仁（1996）。

　　開放民間申設廣播電台後，也造成了聯播網的出現、策略聯盟式的競爭，各類的現場節目的增加，在政治民主自由下，call-in節目也開始盛行。綜合而言，廣播電台在頻率的開放申請之後，廣播市場即將從低度競爭的特許行業走入高度競爭的市場（關尚仁，1996）。至於在網際網路出現後，閱聽人可以利用網路收聽，甚至收看廣播，資訊更加豐富多元，因此市場競爭情勢又比之前變得更加劇烈（蔡念中等，2008）。

　　網路廣播電台（**表5-13**）是透過網路的方式播放聲音的節目內容，特色是非同步、互動性、可重複播放、資料庫豐富等（黃雅琴，2005）。目前台灣以網路作爲廣播平台的有兩種方式，一爲傳統實體廣播的延伸或附屬，另一爲只在網路上播送節目的原生廣播（許佩雯，2001）。而網路廣播的形式又可以分爲即時播音與隨選播音，前者與目前傳統廣播方式相同，後者則是將節目存放於網站讓聽眾可以隨選隨聽（鄭嫻慧，1997）。

表5-13　台灣傳統電台可線上收聽一覽

中國廣播公司	台北之音
警察廣播電台	HIT FM聯播網
漢聲廣播電台	ET FM聯播網
教育廣播電台	飛碟聯播網
ICRT	NEWS 98新聞網
TOUCH廣播電台	亞洲聯播網 Asia FM
台北愛樂電台e-classical	GOLD FM健康聯播網
財團法人中央廣播電台	港都聯播網
希望之聲／佳音廣播電台	小太陽廣播電台
寰宇廣播電台	雲嘉廣播電台
IC之音	世新廣播電台
大千廣播電台	KISS RADIO聯播網
全國廣播公司台中調頻台	政大之聲廣播電台
台中調頻廣播電台	銘傳之聲廣播電台

資料來源：整理自黃雅琴（2005）。

表5-14　台灣原生網路播音電台

銀河網路電台
i電台iRadio（中廣的網路電台）
清華電台
中山大學西灣放送網
義守之聲網路電台

資料來源：整理自黃雅琴（2005）。

　　從目前的市場狀況來看，網路廣播尚不能取代傳統的廣播電台，而在家數上或是在規模上，網路廣播也大都是傳播廣播的轉投資或增設而成立的，但不論是原生的網路廣播（**表5-14**）或是有母台的網路廣播，也都尚未有效利用網路的特性和優勢，未來需要更個人化以及更有效的定位來和傳統廣播做區隔（陳冠鳴，2001）。

))) 第四節　無線電視產業

　　近年來，傳播科技日新月異，快速發展，主要乃肇因於幾個重要技術的研發與應用，包括資訊的數位化處理技術、訊號壓縮技術、電腦的發展，以及大眾傳播媒介、電腦與電信工具三者的合流（鍾蔚文等，1998）。而目前電視的技術正朝向數位化發展，其節目訊號採用數位影音訊號壓縮技術（digital video/ audio compression），透過數位編碼（digital coding）與數位調變（digital modulation）來傳輸，並具有結合其他數位資料一起廣播之能力，使無線電視邁入全數位廣播時代。傳統一般家庭電視則是稱為類比電視（analog TV），畫面信號是屬於連續性變化，而數位電視的成功，主因是視訊壓縮技術之進步。目前國際統一的壓縮標準是MPEG-2，在傳統無線電視台6 MHz頻寬的電視頻道中，可

傳送1,080條水平掃描線的高畫質電視（High-Definition TV，簡稱HDTV），其畫面更細膩且逼真，也具備較好的音效。

而我國目前採用的無線數位電視傳輸標準是歐規DVB-T COFDM（6 MHz），好處是可以做行動接收，並可以建立單頻網路（SFN），解決收視不良問題，改善轉播站之頻譜分配，室內接收能力也較佳，以前電波碰到牆壁會反射，並產生干擾波，對主要訊號造成干擾，所以會無法收看，但現在干擾波可當主訊號使用，只要加裝室內天線即可接收，而其抗多路徑（multipath）干擾能力強；與衛星、有線系統相容性佳，也是大多數國家所採用的技術。

鄭自隆等人（2008）針對台灣電視產業所做的研究，在2007年無線電視台共五家十三個頻道（包括數位頻道），其相關資料見**表5-15**；節目製播部分以新聞類為主，其次是戲劇和綜藝節目，目前我國無線電視發展上，數位頻道雖都相繼開播，但缺乏收視調查，廣告機制也難以建立，此外各台的數位頻道並不受必載的保障，在進入有線電視系統時有其難度。而數位頻道在推廣上也並不盡理想，包括機上盒的費用、轉換數位的成本、民眾對數位的瞭解不夠，也因此無線電視數位化雖然正在推動，但成效仍然不足。

表5-15　台灣無線電視一覽表

事業名稱	負責人	資本額	實收資本額
台灣電視事業股份有限公司	黃崧	28億578萬1,150元	28億578萬1,150元
中國電視事業股份有限公司	林聖芬	36億4,187萬9,010元	13億2,724萬5,830元
民間全民電視股份有限公司	田再庭	60億元	40億2,433萬5,000元
中華電視股份有限公司	鄭同僚	19億7,748萬元	16億9,064萬6,280元
財團法人公共電視文化事業基金會	鄭同僚	51億7,508萬194元	51億7,508萬194元

資料來源：行政院新聞局（2013）。

第五節　有線電視產業

　　台灣有線電視的發展，最初源於改善收視不良的社區共同天線，後來發展成為第四台，歷經交通部與新聞局強力取締，一直到政府確定發展有線電視產業後，才將第四台改稱為「有線電視節目播送系統」。

　　表5-16為我國目前有線電視產業的現況，值得注意的是普及率部分為六成多，但這個數字並不包括為數眾多的私接戶，因此根據許多學者推測，我國有線電視普及率應該已超過八成，而在經營上，一區一家系統約三十五區，而約有十二個區是一區兩家以上的經營者，部分經營區內名義上雖有兩家以上，不過可能只是有兩張經營執照，其實係已遭併購或換股，還是屬同一集團所擁有。

　　表5-17為我國近幾年衛星頻道數的變化，境內衛星如三立、中天等，境外如HBO，是現今有線電視系統的頻道節目主要來源，除了五家無線電視有必載之規定，頻道在系統上架播送都有其利益來往，有可能是系統業者購買頻道，也有可能是頻道付費給系統業者

表5-16　台灣有線電視系統現況

	數量	備註
有線系統	62（包含3家播送系統）	
總訂戶數	4,979,774戶	截至2013/03之統計
普及率	60.70%	以全國總戶數8,203,875做計算
經營區	51（其中金門縣、連江縣及台東縣成功區、關山區暫時劃離經營區，故目前僅47區擁有有線電視系統）	

資料來源：NCC（2013）。

表5-17 台灣衛星電視頻道數

類別	2002/12	2006/12	2008/12	2009/12
境內衛星電視	87頻道 （56家業者）	114頻道 （60家業者）	136頻道 （72家業者）	153頻道 （80家業者，包括境內、外兼營業者共9家）
境外衛星電視	36頻道 （19家業者）	47頻道 （17家業者）	52頻道 （22家業者）	80頻道 （29家業者）
總頻道數	123頻道	161頻道	188頻道	233頻道

資料來源：陳炳宏（2012）。

要求上架，而一來一往之間也有許多利益交換，而現行法規在這一環是較為不足的，其中龐大的台面下利益也時有所聞。而另一個值得注意的是台灣現有近兩百多個頻道，但目前可以看到的頻道約一百多個，是以有許多的頻道訊號是在空中並未落地播放，也成為一個獨特的現象。

而除了無線電視推動數位化，有線電視也是我國推動數位化的重點部分，數位有線電視是將電視台發送出來的節目訊號由目前所使用的「類比訊號」轉換成「數位訊號」，然後以「數位訊號」方式傳送至觀眾家中的接收設備。我國業者是採用歐洲的DVB（Digital Video Broadcasting）傳輸標準。

數位有線電視的優點在於可提供較佳畫質及音質，此外，因為其採用數位化的方式處理訊號，因此可以在訊號中加入其他資訊，強化節目的內容或提供其他新的服務，例如提供不同視野角度的螢幕畫面、演員的相關簡介資訊、比賽的統計資料等，而最重要的是其可以傳送資訊、互動內容等，強調互動和雙向溝通，也因此可以讓使用者線上購物、隨選自己要的內容，頻道數上也可大量增加，增加使用效益。

　　但和無線電視數位化一樣，有線電視在數位化上的推廣也並不順利，除了機上盒、電視轉換的成本，國人對於數位和隨選的概念也未建立，傳統有線電視月繳吃到飽已經成為習慣，所以也不願再多花費去增加其他節目，而網路的存在也使得電視的互動功能無所發揮。

))) 第六節　網路與電信業

　　根據台北市網際網路廣告暨媒體經營協會（IAMA）統計，2009年台灣整體網路廣告市場約69.89億元，比前一年成長16.95%，其中網站廣告部分為41.07億，成長了5.46%，並占整體網路廣告市場58.77%；付費關鍵字廣告則成長15.22%，約23.99億元，占整體網路廣告市場34.33%；最後網路社群行銷口碑廣告約4.82億，占整體的6.9%。

　　根據IAMA預測2012年台灣整體網路廣告市場規模預期將可維持兩2位數的成長，將達到新台幣117.11億元，成長14.64%。這兩年智慧型手機及平板電腦快速普及的狀態下，行動媒體的發展更是值得關注，上述14.64%的預估成長數字未包含行動廣告，未來在數位媒體的相互激盪下，可預見有更多的行銷可能性出現。

　　在寬頻網路的接取帳號數部分，根據NCC的統計資料，寬頻上網總用戶數從2001年的120萬戶，2005年突破400萬戶達到430萬戶後，2008年底更超過710萬戶，原因在於除了有線的網路用戶，用手機或無線網路上網的人數也在2008年底達210萬戶。

　　而網路除了通訊、資訊、娛樂、社群等多種功能，其也被開始運用在政治上，在2008年行政院對數位落差的相關調查中，網路作為公民議題傳播場域的影響力逐漸成形，合計有43.9%網路使用者會

瀏覽其他網友對於政治、社會事件或公共政策的評論，不過，網友閱讀的評論意見，來源非常侷限，因為只有6.1%網路族曾抒發個人意見，分析顯示，高學歷、民意代表、高階經理主管和專業人士透過網路抒發個人對於公民議題看法的比率仍明顯較高。

另外電子化政府使用率部分，有80.4%網路族知道政府機關設有網站，35%過去一年曾透過網路查詢政府政策或公告事項，25.9%曾透過網站從事線上申請。而美國總統歐巴馬在競選時也以網路作為其宣傳管道，包括上傳相關影片以及和網友在網路上互動，而我國的政治人物也紛紛利用網路如Plurk、Facebook等和網友、民眾做溝通互動，而發起網路串聯的活動如野草莓，也充分利用網路來做社會運動、抗爭。

在網路使用人數不斷增加的狀況下，負面的影響也隨之而來，其中國家資訊基本建設產業發展協進會（NII）在2007年底對台灣網路安全信心調查，結果只有34%民眾對網路安全有信心，進一步分析顯示，民眾對業者保護個人資料的能力最沒信心，高達63.1%都不相信業者能確實保護個資。其中對政府的信任度也不高，有45.2%民眾並不信任政府的保護措施，相關數據比起歐美各國都較低。另外資料顯示，29.8%受訪民眾認為，提升網路安全最有效的方式為「嚴懲不法行為」，而認為應強化全民網路安全教育的民眾則占24.9%。

在2008年行政院對數位落差的相關調查中，網路族的使用壓力並不少，78.4%擔心個人資料外流、77.6%怕電腦病毒入侵，73.6%對於電子郵件常收到垃圾、廣告信件感到困擾等，皆是民眾在使用網路上所碰到的困擾。

綜合上述來看，網路相關產業雖然在應用範圍上相當多元且廣泛，但風險也相當高，主要的應用如入口網站、網路拍賣、購物等都已被如Google、Yahoo等大企業所占據，且在大者恆大的市場效應下，使用者也多半習慣使用某些網站或工具，是以新進市場者不僅

表5-18　102年4月2G行動電話業務概況表

公司	用戶數（戶）	去話分鐘數（分）		營業收入（千元）	
		本月	本年累計數	本月	本年累計數
中華電信	3,311,602	230,685,853	933,771,430	974,843	3,892,540
台灣大哥大	1,112,957	57,685,002	254,983,759	307,633	1,309,995
遠傳電信	1,069,444	112,474,501	468,725,958	314,007	1,271,877
總計	5,494,033	400,845,356	1,657,481,147	1,569,483	6,474,412

資料來源：NCC（2013）。

表5-19　102年4月3G行動電話業務概況表

特許執照數	用戶數（戶）	去話分鐘數（分）		營業收入（千元）	
		本月	本年累計數	本月	本年累計數
6	23,199,939	2,839,088,248	11,413,585,185	16,246,644	64,393,401

資料來源：NCC（2013）。

難和市場上的第一、第二名競爭，連生存的機會都相當難。但網路的特性就是機會和潛力相當大，仍有許多方式或應用尚未被發現，例如Facebook就在社群的概念中找到自己的利基，YouTube則在影音部分做出自己的品牌，是以未來的方向將不是如何考量如何進入市場，而是如何在網路上開創全新的市場。

根據NCC的統計，我國2001年行動通信業務總營收額約1,714億元，並逐步上升到2005年2,187億元的高峰，此後呈現成長趨緩的情形，並開始略為下滑，至2008年底為2,159億元，經與2006年和2007年比較，總營收下降20多億。我國自實施電信自由化政策後，行動通信營收占整體電信服務的比例逐年增加，2001年占54.62%，2002年占55.24%，2005年為58.43%，2006年為58.99%，2008年達到59.2%，約占整體電信服務營收六成。行動通信語音服務營收，從2001年開始逐步成長後，市場的競爭也越趨激烈，各業者也陸續推出優惠的費率，除了維持原本客戶，也企圖吸引更多新客戶，在費

率調降和大環境影響，行動通信總營收及語音服務營收的數字近三年已經無法突破2005年的高點。2001年每人行動通信語音服務方面的支出為7,787元，到2004年增為8,668元，從2006年開始，每人行動通信語音的支出即開始下滑，至2008年已減少至7,937元。

　　行動通信語音服務的營收，並沒有隨著話務量增加而提升，主要是因為通話費率調降，因此行動通信業者，想藉由推廣數據服務來彌補語音服務營收的短缺。在2001年行動通信數據服務用戶數的比例，只有整體行動通信用戶的1.31%，但到2008年底時行動通信數據服務用戶已占行動通信總用戶的60.23%，成長為45.98倍，顯示使用數據服務逐漸普及，然而2008年行動通信數據服務的營收占整體行動通信總營收的比例仍僅為6.60%，因此，用戶數的增加，並未能替行動通信數據服務營收帶來等量的提升，顯示許多行動通信數據服務用戶並無大量使用數據服務的需求。

　　在3G部分，2002年開放3G業務之後，用戶數持續成長，2003年僅有11萬用戶，2005年突破百萬，達到133萬戶，2007年以倍增的成長率，達到近700萬戶，2008年用戶數更突破千萬戶，達到1,129萬戶，約占全國人口數五成，3G用戶數成長相當快速。

　　而電信業未來的方向，會以個人化為一個主要的目標，電信業要追求能獲利的創新服務，就必須更接近個人使用者的需求和服務，而匯流和整合通訊也會是一個重點，也就是個人可以用Skype或手機或MSN、電腦、Email等不同的媒體工具和軟體來通訊，使用的人可以不限於某一個方式而隨時使用自己想要的方式去和別人互動溝通。

　　由上述的相關數據和前幾章節的論述可以看出，網路和電信在全球和台灣地區已經成為國人不可或缺甚至是生活的一部分，雖然偏遠地區的網路使用度不高，但在近幾年政府積極推動「村村有寬頻」、「部落有寬頻」的政策下，台灣偏遠地區網路使用狀況正逐

漸成長。而電信業的成長除了本國人民的使用，在外籍新移民的部分，因為來台和家鄉的通話也多利用手機電信，其占的比率也不容小看。網路使用者倍增，除了最早用網路找資訊，現在更結合手機電信，在近幾年已形成了幾個重大現象：

1.廣告：在平面、雜誌、電視等媒體，近幾年廣告量都連年下降，但網路廣告有連年上升的趨勢，原因除了網路使用者的量，其在質上，網路廣告有其互動性，可以有效的以點閱率或互動功能，讓廣告主達到其想要的顧客群。而手機的出現，更讓廣告可以完全的命中其需要的對象，並適時的提供客製化的訊息給其客戶，並利用雙向互動來更深入瞭解客戶。

2.社群：從PTT到Facebook、各論壇，網路興起了許多的社群和交友，志同道合者或各種關係串聯起來的社群如雨後春筍般出現，而Facebook是2009年才在台灣造成熱潮，短短數個月內就增加了數十萬的使用者，其中的「開心農場」更成為一時最熱門的遊戲。而如Plurk和Facebook也結合手機，讓使用者可以無時不刻在任何地方都能使用。

3.言論：從Blog的部落客，到相關的論壇、PTT，網路上逐漸出現許多意見領袖，而每個人也都能透過網路傳達自己的聲音，以PTT為主的BBS的使用更是台灣特有的現象，其中使用者多為大學生、上班族，年齡約在二十至三十歲左右。

4.購物：不論是B2B或是B2C，網路購物都是現今購物的一大選擇，從團購到個人的購買，網路方便、便宜的優勢已吸引不少年輕人，而許多店家也透過網路做銷售，甚至有專門在網路銷售而無實體店鋪的店家。

5.匯流：網路最大的優勢在於其載體受限小，從桌上電腦到筆

記型電腦、PDA、手機，尤其透過手機上網可以隨時隨地使用網路資源，是以在資訊傳達上更為即時且迅速。

6. 影音：網路和電信最大的結合和應用在於影音部分，可以常見素人用手機自拍的照片或是短片，馬上用網路上傳到某些網站，例如八八水災就有許多民眾用手機拍下珍惜的第一手畫面，並被主流媒體加以引用。而這樣的應用除了即時性，就是草根性，讓所有人都可以用自己的載具馬上發表自己的作品或聲音，而其發表的範圍不再受限於電視、報紙，而是沒有距離限制的網路。

第三篇

台灣傳播媒介
經營策略與管理

第六章

報業經營策略與經營危機

- 報紙媒體經營的困境
- 傳統報業廣告市場的五力分析模式
- 國內報業市場經營危機問題
- 報業未來之經營趨勢與挑戰

))) 第一節　報紙媒體經營的困境

作為傳統產業的報業，其成本結構中直接與間接的印刷相關成本（主要是紙張），約占其成本五成至六成，且一路看漲。在「只有一個地球的共識」下，紙資源的產出量日趨平緩，成為稀有原料，這對報紙的威脅恐怕比其他媒體的競爭還要嚴重（鄭家鐘，1997）。在發行結構方面，如前幾章所提，在家數和發行量上都日漸減少，除了官（公）營報紙份數急驟銳減，民（私）營報紙份數也呈現越來越集中現象；而總訂閱率（subscriber）減少，零售率增加，報紙發行呈現穩定下滑趨勢。如今，歸納報業面臨的難題有以下幾點（黃西玲，1998；陳澤美，2009）：

1.同行之間的激烈競爭。
2.紙張成本上漲。
3.金融海嘯的衝擊。
4.社會多元化，讀者口味難以捉摸。
5.民眾消費型態改變，零售報取代訂閱報。
6.勞工意識高漲，員工流動率高。
7.新興媒體（尤其是網路媒體）的強勢崛起，和讀者流失。
8.新科技更新，周邊設備的投資耗費龐大。

在報業經營環境中，應去除惡性競爭的文化，避免報業成為競爭下的犧牲品（張宏源，1999）。

傳統報紙在新興媒體的衝擊下必須面對挑戰，未來應該朝連結通訊網路、電腦軟硬體和內容等方向的研發，讓新聞內容在不同型態的媒體載具上出現，並提供客製化的服務，才能有所發展（陳澤

美，2009）。

　　報業領導者的表現與沒有包袱的管理風格，是創造報業生存契機的原動力。報紙是眾多媒體中最傳統的行業，也是環境壓力最大的行業，但同時它也是管理革新最大、科技創新最積極的產業。媒體在邁向二十一世紀的關卡，也必須及早體認競爭環境乃是未來發展的新途徑；傳統市場競爭觀自然會由資訊媒體的競爭觀所取代（鄭家鐘，1997）。

◀))) 第二節　傳統報業廣告市場的五力分析模式

　　報紙的管理階層必須深知競爭環境的威脅，以及競爭者的優勢，從而確立報紙經營的因應策略。運用管理策略學者波特（Micheal E. Porter）的競爭者五力分析模式（five forces model），如圖6-1，來探討傳統報業廣告所存在的競爭威脅，及其在廣告市場中現有的態勢。

一、進入者的威脅

　　報紙廣告的市場競爭者不外是同屬大眾媒體的電視（無線與有線）、廣播、雜誌以及新興的網路、手機媒體。另外還有戶外看板、宣傳品等等。只要能刊載商品宣傳訊息者，都是報紙廣告的競爭者。各種廣告載具或媒體皆有其特性，並吸引廣告主提撥預算購買版面或時段。所謂新興的網路、電信媒體對報紙媒體而言，是屬於新進的媒體競爭者，有別於電視或既存的電子媒體。網路媒體挾其「即時」、「互動」、「超文本」、「多樣化」等等的特性，使得以純文字圖片呈現的報紙資訊遜色不少。尤其面對網路社群的年

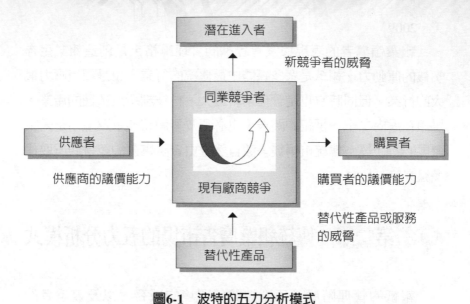

圖6-1　波特的五力分析模式

輕化，追求多樣呈現的媒體需求，網路、電信媒體比傳統媒體更具有吸引目光的條件。

二、現有廠商競爭者的強度

　　國內主要廣告媒體以電視（無線與有線）、報紙、廣播、雜誌、戶外占去大量預算。2008年根據AC Nielsen對台灣媒體廣告量的統計數據，就2012年Q3媒體廣告投放聲量來看，電視媒體依舊占最大宗，比例達五成四，其次是報紙媒體，有20%比例；雜誌媒體占11%、廣播媒體為8%、戶外媒體則有7%，整體而言，雖然2012年Q3五大媒體廣告量相較去年同期呈現微幅衰退，整體廣告投放仍以電視媒體為主。從數字中即可得知報紙廣告占約20%，而電視廣告量居首。2012全年台灣整體廣告量市場約為460.7億，2004年

至2012全年同期廣告量較2011年下滑8.3%，爲2010年反轉復甦後
首度轉爲負成長，不過廣告總量仍高於金融海嘯時期（凱絡媒體週
報，2013）。相較於去年同期，五大媒體廣告量均呈現衰退，其
中以報紙媒體衰退幅度最大，有25.62%，其次是戶外媒體，跌幅
有19.37%；無線電視媒體跌幅17.38%、廣播媒體跌12.44%及雜誌
媒體跌幅7.06%；有線電視媒體跌幅最少，有3.96%（宏將傳媒，
2013），值得注意的是，2010年IAMA（台北市網際網路廣告暨媒
體經營協會）所提供的研究數據認爲在整體經濟回春，台灣整體網
路廣告市場規模預期將可持續呈現2位數的成長率，並達到新台幣
78.81億元。其中，品牌客戶在2010年社群網路口碑行銷的經營將持
續熱絡，並以成長率30.29%，達到新台幣6.28億元規模。根據DMA
所提供的研究數據顯示，2012上半年台灣整體網路廣告營收市場規
模達到新台幣53.86億元左右。其中網站廣告部分爲32.63億元，占
整體網路廣告量總額60.60%；付費關鍵字有新台幣16.39億元，占整
體網路廣告總額30.4%；社群媒體爲4.85億元，占整體網路廣告總額
9%（動腦編輯部，2012）。

三、替代性產品的壓力

報紙廣告的替代性產品可以說是不勝枚舉，只要廣告效果能符
合廣告客戶的需求，商品宣傳訊息的呈現是可以不拘形式的。網路
「電子報」可否完全取代報紙媒體，此一問題仍在觀察研究階段。
但不可諱言的，報紙總發行量和閱報率正逐年衰退中。在閱報年齡
層分布方面，其走勢更令報紙發行人心驚，年輕人閱報比率遠低於
老中二代（蔡繼光，1999）。尤其是報紙的分類廣告受到網路媒體
興起的衝擊，或有可能成爲歷史名詞（徐平，1997）。在傳統報業
主要利潤來源的廣告與發行兩項，正隨著市場規模的變化而大量萎

縮，其中，廣告媒體選擇多樣化是影響的主因。

四、購買者的議價能力

　　報紙的消費者來自兩個層面，一是讀者，報紙零售價雖然是不二價，但在報業發行競爭上各報實施策略性訂價，運用「預付報費」折扣贈獎的促銷模式（張宏源，1999），變相降價。第二個消費者則是廣告主，購買廣告版面刊登各類型的廣告。報業面臨生存競爭之際，折扣戰或優惠刊贈的削價促銷時有所聞，勢將直接影響報社廣告收入。再看「電子報」經營方式，獲利來自會員繳交的低額會費，或是網路廣告收入。目前，也同樣面臨市場情勢混亂，競爭劇烈，以致難以損益平衡，回收成本的困境。缺乏標準的議價彈性將造成媒體經營的壓力，當入不敷出時便是面臨存亡的關鍵時刻。

五、供應商的議價能力

　　分析報紙產業的供應商，編輯部有國內外的新聞供應社，如中央社、美聯社等等。印務部有產製原料的供應商，如紙張、油墨及印刷設備等等。發行部則有配銷通路或載運物流的廠商。廣告部的供應商則如廣告代理商、廣告主、廣告經紀人等等。換言之，報紙產製過程中各部門即有不同的供應商，當經濟景氣低迷，環保意識抬頭，各行業的生產成本急驟上升時，供應商必然調漲收費，例如，廣告商會要求擴大折扣空間來保有利潤。

　　國內廣告業界由外商興起「媒體集中購買」策略，近年來成立大型專業媒體購買公司，如傳立、實力、貝立德、凱絡等等。其做法是運用媒體購買專業統合集團內部各子公司的客戶，在掌握大量的各類廣告主與廣告預算後，以此籌碼向各媒體議價，取得最佳優

惠並從中獲利。然而，廣告代理商獲利也同時代表是媒體的廣告營收短少，二者之間有其連帶關係。

國內報紙廣告市場受到內、外環境的衝擊，當廣告主面對經濟不景氣，行銷受阻時，通常會優先刪減廣告預算，使得廣告部門面臨沉重的業績壓力。此外，傳統報業也面臨數位資訊時代傳播形態、大舉翻新的考驗，雖然報社已有危機意識投入「電子報」的發展，但未來如何創造市場利基，仍有賴各部門檢討現有工作流程與績效，或推行全面的組織再造（re-engineering）計畫。

第三節　國內報業市場經營危機問題

看看國內的報業環境，目前台灣報業的處境正面臨著下列三項危機：

一、面臨電子媒體的強勢競爭

我國有線電視的普及率已達到八成以上（83%的台灣家庭有裝有線電視包含MOD，參考自全方位市調https://sites.google.com/site/alldimensionsrc/tai-wan-you-xian-dian-shi-hanmod-ji-ye-jing-dian-jiang-dian-shi-pu-ji-lue），而在龐大的市場利益下，各大財團、外資也進入分食這塊廣告大餅，形成由有線電視集團寡占市場的情況。而其中的新聞頻道例如，TVBS-N、東森、中天、三立、民視、年代等新聞頻道，整點及全天二十四小時的新聞播出，使得新聞的即時性、現場感得以充分發揮。此外，談話性節目的出現，邀請學者專家深入分析、預測新聞的發展，並接受觀眾的叩應，形成互動，改變了收視習慣。

　　而跟隨播送器材的日新月異，SNG的大量使用，更造成了電子媒體新聞戰的白熱化。而其產生的結果是，報紙的訂閱量面臨嚴重考驗；其次，長期以來，報紙廣告較不願承接飲料與藥品廣告，而這些類型產品的廣告商早期也無法負擔三家無線電視的巨額廣告費用，然而，當有線頻道以低廉的價格招手時，廣告商紛紛將平面廣告預算轉移至有線電視上，這也是平面媒體不敵電子媒體強大威力的另一個例子。

二、年輕閱報人口的流失

　　我國近幾年每人每日的平均閱報時間正在逐年下降，但相對的在電視、網路上的使用時間卻逐年上升，其中又以年輕族群在使用網路的時間上升最快，一般綜合性報紙的讀者多偏向成年人，且以男性居多，年輕族群對報紙的需求度已逐漸流失。究其原因，不外乎是受到網路、手機、電視、電影等其他多媒體的豐富內容所吸引，且戶外大型活動的增加也吸引了一部分的年輕族群，對於報業經營者而言，年輕讀者的流失確為隱憂。

三、分眾化、目標化市場現象日益明顯

　　目前，市場需求的多元性已愈趨明顯，分眾化、目標化的市場正逐漸成形。前文曾提及，一般綜合性報紙的讀者均偏向成年人，不過，在市場規模不變的情況下，年輕人難道都不看報了？情況也許沒有那麼悲觀，從實證經驗來看，報紙對於年輕讀者仍有吸引力，如《蘋果日報》，其軟性、消費、大量照片和圖的新聞呈現方式，確實開闢了一群新的讀者市場，且吸引了年輕人、大學生購買。此外，以財金專業新聞為主的《工商時報》、《經濟日報》也

有其固定的工商業界讀者。因此，由於分眾化、目標化市場的日益明顯，報業市場的消費者亦呈現逐漸分流的情況。

第四節　報業未來之經營趨勢與挑戰

一、報業經營面臨之挑戰

(一)生產成本的螺旋式上升

　　因受近年來國際紙漿價格上漲的衝擊，再加上國內經濟景氣蕭條，廣告市場衰退的影響，《聯合報》及《中國時報》為了紓解財務壓力，曾於1996年1月1日將報費由每份10元漲為15元，但後因香港《蘋果日報》來台發行，因發行策略考量，兩報又於2003年將報費再調降為每份10元。

　　此外，加上印刷、派報、印刷工廠人事費用等支出，及受通貨膨脹的影響，使得每份報紙的成本不斷增高，一份賣價10元的報紙，報社實際上只收到6、7元，而各項成本加總又超過12元，形成賣得愈多虧損愈大的窘境。同時，人事費用亦隨著物價指數的上揚而不斷增加，一般而言，以編輯部為例，人事費用在事業成本支出中約占了三分之一，由此，生產成本造成報業極大的壓力。

　　因此，各報也從人力、印刷發行上找尋各自的最適規模。在發行數量上找出最適合的數字，符合成本考量，在人力資源上也盡可能精簡，從早期員工上千人、發行上百萬份的「大報」逐漸瘦身為「中報」。

(二)通路主控權日益薄弱

如前所言，發行系統的老化與效能不彰造成了行銷上極大的危機。發行系統的問題出在其下的分銷系統由「專報」變為「雜報」，在推動行銷策略上施力點不如以往；而各報利潤的競爭也使發行效能大打折扣；且分銷系統的繁雜造成通路主控權的不易掌握，總部命令難以貫徹，此亦為報紙日後發展的隱憂之一。

(三)免費報

我國報業近年來面對市場的競爭壓力，逐漸開始走向新興的免費報市場，包括壹傳媒旗下的《爽報》以及聯合報系旗下、在台北捷運發送的《Upaper》，其積極打開都會地區和通勤族、學生族的市場。免費報形成新的競爭市場，也對主流報章產生衝擊，在發行量與廣告量都有不錯的成績，但其是否能成為各主流報紙提升母報銷售的助力則還有待觀察（陳澤美，2009）。

(四)法規限制影響市場靈活度

由於相關財稅法規的限制，使得廣告業務的推動有其瓶頸。如贈獎獎金上限之規定便是一例；另如因廣告相關法的規範，使得廣告部門在受託播廣告時有相當多的不便，這些規定是否符合時代潮流，恐怕值得商榷。

(五)編務投資龐大，設備更新快速

近年來，由於通訊科技的發達，傳輸系統的需求也隨之增加。從以往的紙張傳真到今日的數據傳送，電訊事業對媒體的影響力真

可謂一日千里。相對地，對於電訊傳輸的投資也勢必大爲增加。從另外一方面來說，編輯部門對版面的革新隨著讀者知識水準的提升也不斷創新。比方說，編輯部門必須以精確的標題、深入的內容、生動的版面設計，及迅速的服務來滿足讀者。因此，報社在編務上的投資也隨之大幅增加。

(六)公民新聞

傳統新聞媒體都是由媒體本身採訪製作成新聞，再由媒體載具發布給閱聽人，閱聽人往往只是被動接收，而像報紙也僅僅只是提供讀者投書來讓閱聽人回應。但近年因爲網路和手機的興起，一般民眾開始用身邊的科技工具來產製自己的新聞，如八八水災時各大媒體都有來自災區民眾的畫面、資訊，也使得公民新聞成爲新興的媒體趨勢，由民眾主導新聞的內容，不再是傳統媒體來掌握，而這對報業而言是好是壞則還未有定數，也端看經營者如何去看待此潮流。

(七)報紙如何維持命脈

一份報紙應如何在市場站穩腳步，從而建立發行網以維持命脈，有幾個方向：

1. 編輯路線應符合社會需求，立場應不偏不倚，並照顧家庭每一分子的資訊需要。
2. 報社應掌握讀者的閱讀行爲，如讓中產階級長期訂戶保持穩定，維持較高之閱報率及廣告回應率，形成良性循環。
3. 整合報業及廣告業之資源，拉近讀者、廣告主及媒體之關係。如舉辦廣告金像獎、金犢獎、金格獎等公益、文化事業

提升企業形象，贏得讀者的認同。

4.管理架構隨著報業發展之實際需求適時調整。如組織裁併，扁平化。

台灣報業在二十世紀末已紛紛進入轉型期。除了電子技術的革新外，舉凡跨國性的策略聯盟增強競爭力、通路革命改變原有的市場架構、互動式媒體的衝擊等，均將改變傳統報業生態。

二、網路世界中平面媒體因應之道

英特爾前任總裁葛洛夫（A. Grove）曾指出，傳統報業現正面臨網路媒體的衝擊，若不能妥為調適因應，傳統報業將遭市場淘汰。

然而，從近代新聞傳播發展的歷史來看，在十七世紀初，德國就出現了第一份定期出刊的報紙，而後1788年創立的英國《倫敦日報》、1851年發刊的美國《紐約日報》，更開啓現代報業的黃金歲月。進入二十世紀之後，科技的進步加速了新媒體的誕生。1920年，美國匹茲堡開播第一家無線廣播電台KDKA；1936年英國廣播公司即播出電視節目；至於網際網路的勃興，則是二十世紀末才剛發生的新鮮事，電子報誕生到現在，更不過是剛結束嬰兒期進入學步的階段而已。

歷史經驗明白告訴我們，新媒體的出現從來不曾淘汰舊有的媒體，廣播不曾淘汰報紙，電視也不曾淘汰廣播，「新」媒體雖無法完全取代「舊」媒體，但卻會強化個別媒體的特質，所改變的只是閱聽人對不同媒體的時間分配比例。

那麼，平面媒體應如何因應網際網路新世界呢？我們可以從幾個方面來談談這個讓所有平面媒體從業人員關心的話題。

(一)平面媒體的處境

家用電腦在我國的普及率已相當高，而網路使用除了普及化，也從傳統撥接到數位寬頻再到無線數位網路，並在政府「村村有寬頻」的政策下讓偏遠地區也能有網路使用。也因此我國民眾的閱讀習慣正逐漸改變，除了導致家庭消費中書報雜誌金額減少外，以台北市來說，市民到圖書館借書冊數也因此開始下滑。網路媒體的出現已改變閱聽人使用媒體的分配時間。

(二)從美國經驗來看

但是，美國在1999年書籍出版市場反而有復甦的現象，圖書銷售量有從谷底翻揚的情況，特別是網路書店公開發行的股票，更是熱門的市場投資標的。

報紙、書本等紙張讀物已流傳上千年，並非短短十幾年可以改變人類的閱讀習慣，也因此平面媒體仍有可爲之處，不過，即使平面媒體沒有即刻被取代的疑慮，但是，因產業本身的發展限制及瓶頸，他類傳媒的廣告替代，及新媒體進入形成的潛在威脅，其所面對的危機絕非危言聳聽或是空穴來風。

(三)傳統報業的策略

傳統報業受到網路媒體的衝擊是必然的，不但影響報章雜誌發行量的競爭力，也挑戰著傳統新聞專業的地位。

傳播學者麥克魯漢曾說：「媒介便是信息！」他認爲，眞正支配人類歷史文明的，是傳播科技的形式本身，而不是它的內容。每一種傳播科技都是「人的延伸」，不只劇烈地影響到人類的感官能力，而且也造成社會組織的巨變。

　　傳統報業發源於十七世紀初期，深刻而完整的記錄了近代人類文明的發展，站在二十一世紀的歷史時刻，報業無疑又再一次面臨新傳播媒體的挑戰。儘管如此，報業所累積的經驗和信譽，以及長時間保存與傳遞文化的特性，無疑掌握了資訊有價時代中無可取代的利基。因此，傳統報業應持續掌握匯集資訊內容的優勢，更應彈性的加以運用、結合新科技的發展，整合資訊、通訊，發揮資訊經濟的特質，掌握資訊管理的市場經營能力，創造報業再生的契機。

　　換言之，在網路媒體衝擊下，平面媒體仍有其獨特、不可取代之優勢與特性，可與網路媒體相抗衡。

　　平面媒體的傳統讀者，與經常使用網際網路者，其重疊性並不高，許多傳統型的讀者，還是習慣於閱讀平面媒體，網路電子報對這群人的衝擊並不大。通常在報紙讀者的描述上，多為成年人，中等以上的教育程度，這樣的一個描述，雖然看起來好像失去了年輕讀者的支持，但是，我們可以這麼說，在社會上的中堅分子仍是報紙的忠實讀者。

　　此外，平面媒體具有方便攜帶的優勢，可以說是走到哪、看到哪，網路電子報在使用親和性方面，就差得多了，不太可能走到哪裡，就帶到哪裡。同時，有一種說法，人有與生俱來的親土性，而報紙是由紙張印製而成，這種由木材產製的紙張，對於閱聽眾而言，比電腦螢幕多了一份親切的感覺，恐怕這也是報章雜誌迄今仍存在市場上的心理因素吧！

　　在這多元化的社會中，讀者不再是特定媒體的禁臠了，網路媒體的衝擊力雖然很強，但是平面媒體仍有下列幾點因應之道。

　　首先，廣告乃是新聞媒體的主要財源之一，平面媒體的廣告處處可見，影響力也較大，而網路商務仍具風險，就目前來看，網路媒體的廣告量還無法超越平面媒體，加上現今國內網路媒體為使讀者養成習慣，大都提供給消費者免付費使用方式，在財源開拓

上，仍然是平面媒體較具優勢。目前因經濟不景氣，廣告業績大幅縮水，平面媒體仍應該努力維持廣告來源，藉由版面的設計，巧妙的將廣告與媒體結合，勝過網路媒體須自行點選才可獲得的廣告訊息。

其次，平面媒體應該把握住目標讀者群，根據其需求來規劃版面、修正編排的模式，使內容投其所好，藉由讀者的問卷調查，瞭解其喜好，在內容方面依其偏好的新聞爲參考；文字方面，減少使用艱澀的字句或是詞彙，加強閱讀便利性，使讀者能夠樂於閱讀。

一般而言，大部分人仍然習慣於平面媒體的閱讀，對於長時間盯著電腦螢幕看，仍然有些不太習慣，網路媒體在親和性方面還是不及平面。但是，近年來平面報刊紛紛增張、加價，感覺起來，平面媒體的厚度確實增加，然而，讀者並沒有獲得更多訊息的感覺。簡言之，內容品質並未相對的提升，讓人覺得增張都是多餘的。提升新聞品質，將是平面媒體刻不容緩的任務。

總之，網路媒體的世代已經到來，並不代表著平面媒體將走向絕路。但是，平面媒體應該主動出擊，化危機爲轉機，徹底改善原有缺失，並且發揮其特有之利基，相信平面媒體會在未來的戰役中存活下來的。

第七章

數位時代雜誌出版業之經營管理

- 雜誌出版業的因應之道
- 雜誌和網際網路的未來
- 雜誌出版國際化與本土化

第一節　雜誌出版業的因應之道

　　過往台灣媒體界所擔心的是數位化革命對傳統出版業帶來的衝擊，現在則更要擔心全球經濟不景氣，這個打擊似乎比數位化革命打擊更大。近年來受美國金融風暴的持續影響，世界各主要經濟國的經濟都在嚴重衰退，這直接對他們的貿易夥伴，包括台灣，造成強烈衝擊。經濟衰退首當其衝的就是廣告預算的減少，例如美國近年廣告量就有減少的情況，這對靠廣告維生的雜誌業來說打擊很大。

　　雜誌業者擔心廣告量萎縮有幾個原因：首先，他們不知道這個情形會持續多久，其次，他們也不確定未來雜誌廣告量是否會再回升到和之前一樣的水平。雜誌業者和出版社該如何因應廣告量萎縮的狀況呢？大部分業者的因應措施不外乎三個C：減低成本（Cost-cutting）、合併（Consolidation）以及跨業銷售（Cross-selling）。

一、減低成本

　　出版業者盡可能希望在不傷害編輯品質的原則下降低成本，也就是人員編制縮減、減少免費公關用書、減低旅遊和娛樂開支、降低印刷和紙的成本、同業合作和跨業銷售。美國出版商傳統上都相信出版界所謂的Fat Cat理論，這種降低成本的做法是對的，而且在經歷過出版界的成長和繁榮後，這些出版社是需要改變一下，這樣出版業才會在未來更有競爭性。

二、合併

同業合併是在面對經濟不景氣的一個對策，這個趨勢可降低成本，同時也會使雜誌工業和電子媒體相比更有競爭性，但同時，擔心合併的結果會使一些小公司喪失原創力和企業家精神。不過以目前的狀況看來，仍是倒閉的雜誌社比新成立的多。

三、跨業銷售

另外一個因應衝擊的方法就是跨業銷售及和其他媒體或雜誌整合，共同推出獨一無二的促銷組合。藉著舉辦令人驚喜的促銷或公關活動，吸引廣告主和讀者的注意力。當然，這種跨業銷售對於擁有許多出版品和豐富資源的大出版社來說是較有利的。

對於雜誌來說，雜誌是要建立品牌、提供觀點和促銷廣告客戶產品的功能；對於廣告客戶來說，他們注重的是產品，其實雜誌和廣告客戶間應該建立的是一種彼此互補的夥伴關係。這時則需要具備特殊專業的人才——促銷人才、公關（Public Relation, PR）人才建立品牌認知之後，再和廣告客戶建立關係。出版社應該和廣告客戶在雜誌之外建立關係以獲取利益。

雜誌的兩大收益，一是來自訂戶讀者；二是來自廣告收益。從讀者和訂戶那裡賺來的錢是較穩定和可靠的，但大多數雜誌非常依賴廣告，對於雜誌來說幾乎一半的收入是靠廣告，有些出版社為了減低對廣告的依賴，會想到提高定價或零售價來達到盈利目標，但如此一來也許會損失原有的讀者和訂戶。如何在其中取得良好的平衡，考驗著出版社的智慧。

在經濟不景氣、廣告量萎縮的打擊下，雜誌和其他媒體相較

起來不算受創最深的。雜誌、廣播和有線電視的廣告流失量不算最多，其實報業流失的廣告量更多。因此，雜誌業的未來應是樂觀的，但是當下還是該實際保守一點。

🔊 第二節　雜誌和網際網路的未來

本節我們探討網際網路和雜誌間的關係。網際網路興起之初編織的夢幻於今已經消卻，對大多數雜誌來說，網站將不會是雜誌網路化後的獲利中心，也不可能會完全取代傳統的雜誌。然而，網站可以是一個便宜地宣傳印刷出版品和使訂閱雜誌更有效率的媒介。在網上訂閱雜誌除了可以節省郵寄費，在雜誌到期時如果訂戶沒有取消訂閱，信用卡中心會自動幫訂戶延長訂閱期限。近年來台灣雜誌除了發行電子版，如《台灣月刊》也直接轉型電子版或網站。雜誌也開始和數位內容業者合作，如聯合線上與《遠見》合作「遠見雜誌知識庫」，收錄上萬篇深度報導。擁有「全球、即時、互動、多媒體、資料庫」等特性都是未來雜誌可能的型態（陳秀雯，2007）。

但專家並不認為電子雜誌會取代傳統的印刷雜誌，"What do magazines do? Create an attractive and pleasant environment to our readers." （雜誌真正的功能是什麼？就是為讀者提供一個吸引人及愉快的環境）。所以雜誌的形態有時並不是重點。相信今後我們將會看到更多雜誌同時提供印刷和電子檔的版本。電子傳輸基本上可省雜誌一半的開銷：紙、印刷和通路。出版商降低售價的同時不用擔心會犧牲利益。當然，雜誌的通路更無遠弗屆，世界上任何一個角落或比較難接觸到的讀者，像出差的生意人和旅居國外的僑民，都可看到你的雜誌。

第三節　雜誌出版國際化與本土化

　　國際雜誌（包括女性、男性、時尚雜誌等）大量進入我國，雖然侵食了市場，但外國雜誌並不能成為亞洲地區或台灣、華人地區的主角，雜誌是一種文化創意和本土性強的產業，因此雜誌的文字、圖和照片以及設計須符合當地人文和地方背景，如此才能貼近民眾，國際性雜誌雖然有其讀者，但並不會是市場的大部分。但國際雜誌卻有我們合作和學習的空間在，國外的出版社有非常豐富的資源，其有知名的國際品牌和成熟的經營理念，並也已和在地或本土出版社透過合作建立出版通路，相信在市場仍會扮演一定的地位，但同時本土的出版社仍會是市場的主角。而本土的雜誌除了現有市場，也應積極建立品牌走向國際，要有清楚的核心價值和經營理念，系統性的建立編務跟業務廣告，和國際品牌、人才合作並成為夥伴，當進入其他地區或國家時，也需深入瞭解當地的文化和民眾喜好，尋找合適的在地夥伴。國際的精神要有本土的神韻，這就是為何連回教國家都可以出版時尚雜誌的主因（楊玫，2008）。

第八章

廣播媒體的經營競爭與結構發展

- 廣播產業經營管理策略分析
- 廣播媒體經營問題分析

第一節　廣播產業經營管理策略分析

一、市場規模及其相關產業

廣播產業共171家業者，合計資本總額約107億元（參考自NCC無線廣播事業一覽表http://www.ncc.gov.tw/chinese/news.aspx?site_content_sn=2026&is_history=0）；無線廣播電台總年產值僅約為36億元（經濟部智慧財產局，2013）。

(一)下游的關聯產業——廣告業

由於廣告業託播為廣播業者的主要收入，而廣告業者以廣播為傳播廣告的媒體之一（另包括新聞報紙、雜誌及電視），因此廣告業為需求產業。

(二)上游的關聯產業——電力供應業與廣播節目供應業

廣播電台播出節目需要使用相當多的電力能源，因此電力供應為主要的供給關聯。同時，由於廣播電視節目供應業者提供廣播業者節目以供播出，因此該產業亦為廣播業者之上游產業。

二、營收及支出

依蔡念中等人（2008）的報告指出，在收入部分，整體廣播產業營業收入為52.26億元，以廣告收入占最大部分為32.21億元，占

整體的61.65%，其次爲時段出租占16.78%，約4.88億元，其他包括捐贈補助（2.57億元）、產品銷售（0.57億元）、節目銷售（0.29億元）、活動專案（0.29億元）。在支出上，整體廣播產業營業支出爲54.89億元，比重最高的爲人事項目，金額爲25.22億元，占總支出45.98%，再來包括硬體設備約8億元、節目製作支出約7.09億元（蔡念中等人，2008）。

三、進入障礙

廣播產業主要的進入障礙來自於法令規定、資本投入及聽眾收聽習慣，進入障礙程度高（台灣經濟研究院IBIS產經資料庫，2000）。

(一)法令規定

廣播電台從申請到營運需由主管機關審查並核發執照，其執照監理業務已從新聞局移轉到NCC，換照年限出兩年改爲六年，由於無線電頻譜乃稀有且公有資源，是以相關頻道開放申設仍由主管機關和相關法令所約束及管制。

(二)資本投入

其他對廣播電台設立的規定，如最低資本額5,000萬元的限制、轉播站、發射機、天線系統等有關資產及購置基本設備的規定，對欲成立電台的業者而言都是相當大的障礙。

(三)聽眾收聽習慣

國人收聽廣播多數有設定頻道（定頻）的習慣，導致新電台進

入市場的門檻提高。由於廣播收入主要來自於廣告收入，收聽人數決定廣告是否播出，也決定廣告價格，因此，新進業者欲加入市場必須要有足夠的宣傳，提高知名度，來增加收聽人口，以利於廣告收益的獲得。

四、人力及設備

廣播電台需要相當多的專業人力投入，尤其在內容和節目的規劃、製作及推廣上都需要專業的媒體人才，再者廣播設備的硬體資本投入亦相當高，而隨著無線廣播頻寬的增加，廣播頻道的應用範圍也更廣，另外，為了提高收聽品質，業者使用的機器設備也更為精良。而網路廣播出現後，除了要運用更多伺服器等設備，在人才上也需要更多元和新媒體科技相關的人力，因此屬於高度資本密集型產業。

五、媒體產業間的競爭分析

2012年各媒體廣告量全面下滑，以無線電視衰退幅度最大（-18.4%），主要受醫藥美容類、電腦資訊類、化妝保養品類等投資減少所致；廣播與報紙則主要因為建築類投資縮減，廣告量分別下滑14.1%及10.8%。觀察各媒體廣告量占比，無線電視、報紙與廣播占比因廣告量下滑而減少；有線電視因下滑幅度較小，占比反增加1.4個百分點至43.5%，帶動整體電視媒體占比成長；雜誌與家外媒體占比亦微幅增加，其中家外媒體占比（7.8%）超越廣播媒體（7.7%）（凱絡媒體週報，2013）。

六、閱聽人與聯播網策略

(一)閱聽人部分

在收聽率調查方面平日收聽率16.25%，週末假日收聽率為29.92%，平日收聽率比例最高的電台為飛碟電台，有5.67%的受訪者表示收聽過此電台。平日時段收聽率最高為08:00～08:59（5.58%）。總體最推薦的廣播電台前三名依序為：愛樂電台（3.00%）、ICRT（2.33%）、中廣流行網和飛碟電台（2.17%）。其中有47.33%的受訪者表示不聽廣播，19.17%的受訪者沒有推薦的電台（李哲宇，2012）。

表8-1　廣播、雜誌、報紙及網路四大媒體之分項接觸率排名

【日】廣播收聽率前十名之電台

排名	電台名稱	總體收聽率（%）
1	【中廣音樂網 i radio】	6.22%
2	【飛碟電台】	5.55%
3	【中廣流行網】	5.38%
4	【中廣新聞網】	4.96%
5	【警廣全國網】	4.71%
6	【ICRT】	4.20%
6	【NEWS 98】	4.20%
8	【BEST好事聯播網】	4.12%
9	【警廣地區網】	3.70%
10	【愛樂電台】	3.61%

分析說明：本題為複選題，電台名稱提示。N＝1,190。

（續）表8-1　廣播、雜誌、報紙及網路四大媒體之分項接觸率排名

【日】時段收聽率前十名

排名	收聽時段	時段收聽率（%）
1	17:00~17:59	6.93%
2	08:00~08:59	6.48%
3	14:00~14:59	6.03%
4	09:00~09:59	5.81%
4	16:00~16:59	5.81%
6	10:00~10:59	5.59%
7	15:00~15:59	5.36%
8	07:00~07:59	5.14%
8	11:00~11:59	5.14%
10	12:00~12:59	4.92%
10	13:00~13:59	4.92%

分析說明：本題為複選題。N＝1,190。

推薦電台前十名

排名	電台名稱	百分比（%）
1	【飛碟電台】	3.70%
2	【愛樂電台】	3.61%
3	【中廣音樂網 i radio】	2.77%
4	【ICRT】	2.69%
5	【中廣流行網】	2.52%
6	【警廣全國網】	2.44%
7	【警廣地區網】	2.27%
8	【POP Radio】91.7	2.02%
8	【台北之音・HIT FM】	2.02%
10	【BEST好事聯播網】	1.85%

分析說明：本題為複選題，最多選三項，不提示。N＝1,190。

資料來源：取自媒體大調查報告（2012）。《2012潤利艾克曼公司媒體大調查
　　　　　報告》。

(二)聯播網策略

　　根據蔡念中等人（2008）的調查發現，廣播產業中聯播的行為占了44.23%，其占的比重非常高，聯播已經成為電台的節目重要來源之一，而在調查中也指出，聯播策略的主要理由為製作最優質節目占調查中的36.54%，其次是擴大收聽區域占36.54%及增加廣告收益占32.69%，除此之外，增加人才交流、降低節目製作成本、減少人力開支都是聯播策略的原因。

第二節　廣播媒體經營問題分析

　　根據陳春富（2008）針對台灣廣播產業所提出的分析，我國廣播在其優勢、劣勢和機會、威脅上的探討可以分成以下幾段來做論述：

一、優勢

1. 無線電頻率的科技效益：廣播本身運用無線電做傳輸，在接收上有其特別之處，對閱聽眾而言也有不可取代性在。
2. 產業結構和組織：相對於電視來說，廣播的進入成本比較低，人力可以彈性運用，且廣播因在地性和分眾的特質，因此經營的方向理念和定位明確，相對的可以用低的成本得到較高的效益。

二、劣勢

1.缺少規模經濟：近年來傳統媒體廣告量和閱聽率都正在下降，傳統媒體包括廣播產業的緊縮已成為一種趨勢，而受限於我國地理和市場的範圍過小，海外市場也未能有效開發，所以營收上亦有所限制。

2.地下電台的爭議：非法地下電台一直是廣電政策和管理上的死角，雖然早期地下電台有其文化意義以及地方、弱勢的發聲和媒體近用權益，但非法的地下電台在電波開放後仍持續存在，對合法業者並不公平，且在播送上的干擾也會影響聽眾權益，卻也突顯出政策未能有效管理。

3.新媒體瓜分閱聽眾與廣告量：不論是電視或是網路、手機等新媒體的出現，都嚴重了瓜分了原本就不大的市場，尤其年輕人對新媒體的熱愛，也使得傳統廣播媒體的聽眾年齡層逐年上升。

4.產業政策與輔導缺乏宏觀性：不論是地下電台的爭議或數位廣播的推廣，都顯示出政府對於廣播的發展並沒有完整且長遠的計畫，也使得業者無法有效的跟進。

三、機會

1.開發跨媒體與跨產業合作的機會：新媒體既然已經成為不可避免的趨勢，和新媒體的合作也勢必在所難免，而網路廣播也是近年來興起的策略之一，透過網路的傳送讓聽眾範圍更廣泛。

2.多角化經營：除了本身節目和廣告的收入，電台也可舉辦相關

活動如演唱會、晚會等，結合媒體優勢做行銷，而在地部分可和社區結合活動、營隊或建教合作，深根在地。此外，利用電台本身的資料庫和檔案，也可漸漸走向內容提供者的角色。

四、威脅

1. 政府政策與輔導方向不夠明確：廣播本身就是公有的資源，其發展和開放有賴政府和政策的有效規劃，是以政府扮演的角色也相當重要，若不能明確的做出計畫，業者和產業也相對無法從中發展契機。

2. 著作權與公播金的爭議：電台播放音樂是聽眾喜愛的內容之一，但在著作權的限制下，音樂播出的權利金成為電台支出的一大負擔，計算上多半以媒體類型與涵蓋範圍為準，採概括授權而並非使用量付費的方式，是以差別計價機制有待建立。

五、小結

在數位匯流的概念下，廣播產業除了要和新科技及新興媒體產業合作，也需掌握廣播本身的特性和不可取代性，由政府和業者共同思考出最佳的營運模式和產業政策。而閱聽眾的收聽權益、媒體近用權是廣播及無線電頻譜的最基本理念和方向，業者除了在經營管理和收益上積極找出路，在閱聽眾的權益和服務上更應該努力做到更好，無線電頻率既然是全民所有的公共財，業者和政府就有責任將其做適當的發展和保護人民利益。

第九章

無線電視產業市場競爭與經營

- 無線電視之競爭態勢
- 寬頻多媒體時代我國無線電視產業SWOT分析
- 無線電視產業現況之經營問題

第一節　無線電視之競爭態勢

　　無線電視數位化之後，現有的無線電視頻道數將會增加與重新分配，其經營模式也會有很大的轉變，讓原有的寡占市場變成競爭市場。而以結構面來看，也將影響到無線電視台的市場行爲及表現，或許可以強化競爭力，但由於電視台長期位處寡占市場結構中，形成「彼此既競爭又合作」的互動模式，因此，除非電視台之經營階層人事起了相當大的變化，否則電視台應會繼續遵循這種模式──「儘管彼此間相互競爭，可是在某些情況下，大家還是會協調、來思考怎樣才可以分享市場利益，不得已才會訴諸破壞遊戲規則的手段」（劉駿州，2001）。

　　NCC統計指出，五家無線電視台去年營收合計111億元，有線電視系統台合計294億元、MOD則只有10億元。陳正倉強調，NCC希望透過公平基礎，讓有線、無線及MOD三網良性競爭，提供消費者多元選擇下，推動台灣整體電視產業朝向數位化方向積極發展（工商時報，2011年9月29日）。

　　2012年各媒體廣告量全面下滑，以無線電視衰退幅度最大（-18.4%），主要受醫藥美容類、電腦資訊類、化妝保養品類等投資減少所致；廣播與報紙則主要因爲建築類投資縮減，廣告量分別下滑14.1%及10.8%。但主要是以有線電視媒體爲主，無線電視媒體則衰退幅度巨大（宏將傳媒，2013），作爲傳統媒體市場，無線電視雖然經營困難，但仍有其必要性，因爲無線頻率是全民所有，且收視成本低，是以一般民眾都可接收，是以業者有責任及義務提供內容給民眾。

第二節　寬頻多媒體時代我國無線電視產業SWOT分析

　　無線電視產業的內在優劣勢，以及外在環境可能面臨之機會與威脅部分整理如下：

一、優勢

(一)內容方面

　　影視媒體的製作技術門檻較高，擁有影視節目的產製能力使得無線電視業者處於較優勢的地位，換言之，無線電視業者應適當扮演內容供應者的角色。而在數位匯流的時代，對於無線電視的發展是有利的，製播分離的概念在近幾年也漸漸成形，因此節目製作端可加強節目內容來創造核心競爭力，增加版權節目製作比例，目前無線電視版權節目銷售金額在2007年達5.71億元，海外市場占七成左右，因此製作更多優質節目，使其沒有平台限制（張宏源、黃致穎，2008）。公視的《痞子英雄》，即結合城市行銷、偶像劇、電影等元素，製作出叫好叫座的內容，也利用有線電視、衛星電視等平台播出，創造更多收視。

　　我國無線電視業者在寬頻網路服務方面，同時扮演內容提供、傳輸網路提供以及終端服務三種角色，未來也將參與經營管理與行銷推廣層面。由於無線電視業者擁有豐富的影音與新聞資料庫，經過電子化轉檔以及切割重組之後，就具有多元用途，提供隨選視訊等加值服務，互動和個人化的服務。由於數位化後頻寬加大服務增加，可提供付費電視、線上音樂、線上遊戲、互動電視、遠距教學

等應用服務,成為寬頻網路時代最大的內容供應商。

(二)通路方面

　　無線傳輸的便利性遠高於有線傳輸,而且涵蓋層面廣,這就是無線電視相較於有線電視的最大優勢。寬頻多媒體時代,無線電視台數位化之後等於是同時擁有有線與無線的通路,有線的通路可以提供互動服務,而無線的通路可以做到近互動的程度。學者關尚仁(2001)建議業者除了做一個最大的ICP(網路內容供應商,Internet Content Providers)之外,要同時扮演ISP(網路服務供應商,Internet Server Provider)的角色,無線電視業者可以利用手中的通路來做議價或協議的籌碼,跟其他通路業者做整合。換句話說,業者必須去適應各種不同的通路以及需求,提供全方位的服務與通路組合。以有線電視業者而言,其網路建置的範圍是有限的,易受到地形的影響,業者需要無線電波來提供無線服務;手機業者永遠需要更寬的寬頻,所以無線電視業者必須把自己看作多元通路業者。

二、劣勢

(一)內容方面

　　目前台灣無線電視業者在內容供應上遇到的最大競爭者,就是衛星頻道業者,衛星頻道業者所能提供的內容為無線電視業者之數十倍,並且兩者間的區位重疊度高。通常,衛星頻道業者以家族頻道經營方式,提供觀眾多元的類型頻道,不論內容的質與量、人員素質及生產設備等方面,均遠遠勝過無線電視業者。而數位化也會

使電視台面對頻道稀釋的困境，因為內容的提供必須不斷用節目去餵食，以五百個頻道計算，若每天重播十二小時，則一年必須提供兩百多萬個小時的節目，且不斷的重播也會使頻道品質下滑（鄭自隆等人，2008）。

　　就無線電視業者而言，在以往三台獨大的時代，業者只須依賴廣告收入就可以有龐大的營收。所以，除了新聞之外，多依靠外製單位產製節目，業者只靠買電視版權即可獲利，因此，也沒有積極培養製作節目的人才。在緊接而來的寬頻多媒體時代，製作單位可以藉由新的數位設備來製作節目，降低成本且提升品質，升級成為數位產業，獨立於電視台之外。這樣的演變，將使得以內容提供者自居的無線電視業者，在戲劇與綜藝節目方面沒有自己的版權，無法在加值再利用上獲取附加價值。除此之外，在新聞資料方面，可以再利用的資料也沒有建立成為資料庫，就網路內容供應商的角色而言，能夠提供影音資料者已經愈來愈多，無線電視台的競爭優勢遂逐漸喪失。另外，從資料庫管理的角度來看，無線電視業者由於擁有大量資料內容，所以在建置資料庫時耗時、耗力，從資料選取方面，哪些資料需要整理至資料庫中、用何種歸納整理的方式及技術，以及整理資料的目的與最終應用為何，都成為業者面臨的新挑戰。

(二)通路方面

　　在通路的掌控上，目前有線電視的普及率達到了八成五以上，大多數的家庭都是靠著有線電視線纜接收無線電視的訊號，通路早已不在無線電視台的掌控當中。所以，若是數位化之後無線電視台的通路仍然掌握在有線電視手中，那無線電視業者很難有所發揮。另外，在通路的特性上，由於無線廣播屬於單向廣播，所以目前無法自行提供回溯頻道，只能依靠其餘傳輸系統進行回傳業務。

　　但是在通路的應用上則是另一個問題，無線電視業者均瞭解掌握通路所帶來的好處，但是在如何利用通路上，仍舊缺乏數位式的思考。無線電視業者表示，在行動接收的規劃部分，是參考新加坡與德國的模式，規劃行動電視（Mobile TV）之發展，讓民眾透過手機、PDA、筆記型電腦等無線通訊系統看電視，或在行動車輛（大巴士）上收看無線電視，偏重於公共資訊廣播與個人汽車用戶之推廣，藉此收取更多的廣告收益。但廣告資源卻也會相對分散，因為數位化後需大量製作、購買節目，投入相當多的成本費用，但廣告量不會因為頻道變多而增加，廣告費仍是同樣的量，若以每年300億的廣告、五百個頻道來算，一個頻道一小時只能分到不到7,000元的廣告費（鄭自隆等人，2008）。

三、機會

　　以數位地面廣播服務而言，數位化後頻寬使用率增加，另可提供付費電視、線上音樂、線上遊戲、互動電視、遠距教學等應用服務。對很多觀眾而言，閱聽眾實際固定收視的僅有數個頻道，並不需要過多的節目內容，由於無線電視頻寬夠，可以提供多頻道的節目內容以及額外的加值服務，所以若是數位地面廣播服務可經由室內接收來滿足觀眾需求，尤其搭配科技媒體如DVB-H與多媒體家庭平台，除了移動收看增加收看人數，也可和電信業者合作，提供附加價值，是未來可行的方式（張宏源、黃致穎，2008）。

　　另外在行動接收的無線傳輸方面，無線電視台數位化之後，可以申請第二類電信執照，經營數據傳輸業務，利用無線傳輸的方式，提供使用者高速上網的環境，所以無線電視業者本身就是通路，而且業者又同時擁有多元化的影音內容，可以提供全方位的服務。未來不僅僅是無線電視的數位化，有線電視、直播衛星都是數

位電視，未來無線電視的內容如何透過數位廣播傳送給觀眾，就必須利用行動接收的特性。互動電視的發展也因行動裝置的普及讓行動裝置成為互動的「第二螢幕」，作為觀眾傳送個人意願及意見回饋的平台，以突破機上盒遲遲無法普及的限制，尼爾森公司一份報告也針對了相關的數位內容做了一些分析，40%的行動裝置用戶每天看電視時會一邊看電視一邊使用這些裝置，如果詳細檢視這項調查，更只有12%與13%的平板與手機用戶從來不曾在看電視時也同時盯著手上的小螢幕看。超過半數的用戶會在節目播出或廣告時間收電子郵件，45%的人則會瀏覽與電視節目不相關的資訊、42%的人則造訪社群網路（女性的比例高於男性），而將近三分之一的人則是瀏覽運動賽事的得分或與電視節目相關的資訊（林彥錡，2013）。可見未來在結合電視與行動裝置上，將會是發展無線電視的一大利基，結合既有電信事業，加上無線電視廣播的資源，再透過政府的整合利用，可為無線電視帶來可觀的市場動能。

四、威脅

　　無線電視業者在作為內容提供者上遭遇到衛星頻道業者的強大威脅，由於台灣有線電視衛星頻道眾多，不但使得無線電視業者之內容產製人才流失嚴重，並且在提供具有深度與廣度的內容方面，無線電視業者均無法與衛星頻道業者相抗衡。

　　而在數位電視方面，政府目前在推動數位電視整體的政策與法令，其實跟不上科技的發展。換言之，政策並沒有替業者做完整的規劃與考量，政府及業者均明瞭數位電視可以提供多元內容與服務。但是，就無線電視業者而言，要如何去應用新科技以及得到真正的報酬，都仍有很大的問題。目前我國數位電視市場尚未成形，消費者對於數位電視可以提供的內容及服務缺乏認知，無線電視業

者一旦開始推行數位地面廣播服務，在消費者接收這一端亦須換購相對應的數位接取產品，如STB（視訊轉換器，Set-Top Box，又稱機上盒）或數位電視機，才能解碼與收訊，由於目前終端接取設備的單價極高，尚無法立即普及。

數位科技快速的發展，讓無線電視業者無法承接這樣快速的科技變化，而更由於廣告市場被有線電視業者瓜分，營收逐年下降，因而無充裕資金投入數位電視的發展，業者多抱持觀望的心態。另外，在原來熟悉類比電視的從業人員與經營者方面，如何從類比時代的思維銜接上數位思維，則是另一個問題，這部分就必須從進行大規模的教育訓練及組織改造來調整。另外在從類比電視轉換成為數位電視的過渡時期，公司內部會產生在經營觀念及執行方式上完全不同的兩批人，未來將面臨內部組織管理上的問題。

 第三節　無線電視產業現況之經營問題

綜合上述我國無線電視產業在寬頻多媒體時代下的SWOT分析後，本書整理鄭自隆等人（2008）以及其他資料，提出以下無線電視產業之經營問題。

1. 必載規定使無線主頻道無法收取收視費，而數位化的新頻道目前不受必載保障，也無法順利進入有線電視系統平台。
2. 營收結構過度依賴廣告收入，且節目製作成本也越來越高。
3. 政府數位化政策不明且不夠積極，業者相對難以配合。
4. 無線電視台本身逐漸欠缺製作節目的能力，須仰賴外製公司製作節目，長期以往缺乏競爭力及戰鬥力。
5. 有線電視台瓜分電視廣告市場，而且惡性競爭，以低廉價格

強食廣告大餅，加以媒體購買公司成立，諸如凱絡等公司，以大量廣告、低價與多元套裝頻道從事強勢購買，削弱無線電視台議價優勢。

6.無線電視台單一頻道綜合性內容，選擇性不強，而有線電視台提供家族頻道多元性的內容，給閱聽眾更多的選擇機會。

7.有線電視定頻對無線電視台收視率造成影響，且有線電視節目多樣化，收視戶快速增加，加快分食廣告市場。

8.有線電視以家族頻道聯售廣告，低廉的廣告定價，及針對客戶設計的專案廣告促銷方案，分食無線電視台的廣告量。

9.無線電視台節目審查及編排比較不機動靈活，有線電視台的節目調度及編排機動、快速。

10.有線電視頻道積極開發新節目及新頻道，造成演藝人員及製作費用的提高，增加無線電視台節目製作成本，不利市場競爭。

而無線電視未來的發展，可以走向內容的生產、節目高畫質，提供優質內容做銷售，此外加以行銷、配合市場運作去規劃，發展跨平台甚至跨媒體的經營機會，以整合行銷傳播的概念去推廣內容，但儘管如此，政府對於數位化的政策宣導和其規劃產業運作架構（如製播合一或製播分離，以及數位台的必載與否）也需要更明確，而政策更需針對技術變化與市場環境進行調整，並和業者做充分的溝通協調，輔以學界的意見，讓無線電視作為全民所有的頻道、產業能負起其責任。

第十章

有線電視經營管理及其關鍵成功因素

- 系統業者之經營分析
- 頻道業者之經營分析

第一節　系統業者之經營分析

一、不同區域的系統經營

(一)各區競爭狀況迥然不同

　　當該區各系統的規模愈相近時，則整合會比較困難，短期內激烈的競爭將持續下去。至於在現有系統規模懸殊的區域，一般而言，規模愈大者掌握的優勢愈多，可有較低經營成本，較大議價空間。

(二)各區的頻道種類有小幅差異

　　台灣地區雖然幅員不大，且人口因就學或其他原因有相當的流動性，但各區多少仍會有自己文化上或地理上的特色，因此各區系統在頻道選擇上應會有些微的差距。尤其頻道屬性較有某種文化特性者，可能在接收上會有各區的差異，例如歌舞秀在中南部受歡迎。另外，若該區有某些特殊族群，則可能該區會有幾個較特殊的頻道，以照顧該族群。

二、經營策略

(一)頻道數和頻道內容

　　系統業者掌握的頻道數更多，愈能吸引愈多族群，但相對的成

本將因購買頻道而升高。因此買對頻道比多買頻道重要。系統可以利用該區獨家代理某個頻道的方式建立服務差異，但必須衡量多付出的成本是否能由多增加的客戶來彌補。另外一種建立服務差異的方式是自製節目，但必須有一定水準才能吸引客戶，否則徒增自製節目的成本。基本上，由於大家提供的頻道數差異不大，而且頻道來源相同，所以在這方面不易建立服務差異。

(二)頻道規劃

目前系統提供的都是基本頻道，規劃上也不是凸顯公司的服務差異。若系統推出付費頻道，頻道分級時透過不同頻道的編排方式，便可產生差異。

(三)收入來源

目前系統業者主要收入大宗為收視費，其他如裝機費、購物頻道收入和地方廣告收入所占比例皆不高。在服務難以差異化的情況下，價格成為主要競爭手段，資金雄厚者才撐得住。

(四)公司規模

公司規模是以收視戶多寡做衡量。有線電視屬規模經濟產業，當訂戶增加到一定程度，足以負擔固定成本後，每增加一戶收視戶，公司不須額外負擔成本，亦即超過基本訂戶數後，才是盈餘，因此戶數多到一個程度才有賺頭。所以系統經營初期要以擴大經營規模為首要目標，除價格競爭外，其他可用的策略是在該地區舉辦活動造勢、聘用超級業務員、和當地廠家合作促銷，或直接併購其他家系統。

三、關鍵成功因素

(一)工程技術的專業能力

系統經營很重要的部分在於硬體的管理,包括頭端設備、線纜鋪設、維修等,這些都將影響成本和服務品質。添購適當的設備、規劃完整的線纜鋪設,將使維修容易、成本降低,且可提供良好的視訊品質。未來有線電視的發展更和工程技術息息相關,例如定址鎖碼、數位壓縮技術、計次付費、雙向、VOD,或進而經營電信業務等,這些都牽涉到工程技術。因此唯有具備這方面能力,才能不斷開發提供新的服務,一則增加收入,二則增加本身競爭力。

(二)頻道、節目的規劃能力

雖然很多頻道經由衛星傳送下來,無法變動,但系統經營業者卻可以決定要不要接受這個頻道,考慮因素是成本和收視戶的需求。

基本上,節目、頻道的編排、規劃能力並不足以建立很強的競爭優勢,因為節目或頻道的來源是一樣。除非該地區有某個系統獨家代理某些節目或頻道,使其他系統無法取得該節目或頻道。二則因為各種編排、規劃的結果是公開的,很容易被學走,而不用瞭解背後原理、原則或理論,這是指同區中系統的競爭而言。因此,有線電視的節目成本會愈來愈高,成為最大宗支出項目,而熟悉客戶需求,選擇適合的節目、頻道,重新妥善包裝,方能降低成本且提供好的頻道表給收視戶選擇。所以應從開源節流的經營角度看頻道、節目規劃能力,而非從競爭的角度。

(三)業務推廣的行銷能力

系統經營的投資初期相當龐大，以後每多一名訂戶，增加的變動成本有限，而且一般家庭通常只裝一個系統，不會再裝第二個系統，所以系統經營具規模經濟和自然壟斷的特性。就同區的系統競爭而言，業務推廣的行銷能力為系統經營面對市場競爭的首要能力。即系統要生存須有客戶，而在頻道產品差異不大、視訊品質不易被明顯察覺的情況下，要擴展客戶，唯有靠業務推廣。

要取得以上三個關鍵因素，必須有另外兩個因素的配合：

1.資金：系統經營基本上是相當資本密集的行業，尤其在初期大量的頭端硬體設備和線纜鋪設，所耗資本高達數億元。正式營運後，每月購買節目的費用也要上千萬，因此，有雄厚資金做後盾，才有能力經營系統。

2.人才：系統經營也算服務業，因此在線路工程維修、客戶服務方面需要一些人力。但是需要專業人才的部分，主要有三方面：(1)有關工程、技術方面，即瞭解設備添購、線路鋪設、維修、能創新技術的人才；(2)有關節目、頻道方面，如系統台自製節目或新聞；(3)有關業務行銷推廣方面，即熟悉各種促銷方式並能有效激勵員工的人才。以上三種人才，除可以外包方式解決外，多系統經營者（MSO）的經營將能有效提供這些方面的專業知識並做集體促銷，達到資源共享、降低成本。因此系統經營的人才並不需要很多，透過多系統經營者，經營系統會更有效率（陳定國，1981）。

第二節　頻道業者之經營分析

一、經營策略

(一)產品組合策略

1. 完整頻道的優勢：一個頻道的完整性可利用於做節目的規劃，表現特有屬性，訴求明確的收視群，此將提高頻道的附加價值且便於推廣。

2. 專業頻道：專業頻道提供一種專業類型的節目，比同時提供多種節目，更易於掌控。雖然綜合頻道最大的好處在於每一個時段皆可針對最大的收視族群，但在眾多的頻道中間，綜合頻道若無特色，可能由於訴求紛雜而難以打響品牌。

3. 多頻道策略：雖然有線電視可以容納相當多的頻道，但是有心者還是想一網打盡，希望收視戶看的都是自己的頻道。

(二)產品來源策略

系統頻道的經營者其節目的來源主要有以下三個：

1. 自製：自製所耗成本差異懸殊。成本大者，例如TVBS的新聞節目須購置龐大成本的設備，以及派駐各地的專業記者。成本小者，例如製作談話性節目。另外，也可以將時段租給外面的製作公司。

2. 購片：有些頻道商走購片路線，先決條件是必須熟悉節目市

場，瞭解觀眾品味，再配合後製作、節目編排等。

3.代理：代理國外頻道，引進台灣。不過，國外知名的頻道，代理金可能不低。其他考慮因素有：如何取得代理管道？該頻道內容是否適合台灣觀眾的口味？

(三)頻道收入來源

頻道業者主要收入來源有三：向系統收費、廣告收入、時段出租。基本上，頻道經營有兩個方向，即產品策略和媒體策略。

1.產品策略：把頻道當產品來經營，主要向系統收費，可以優質的節目內容來走向付費頻道，如電影、球賽。

2.媒體策略：把頻道當媒體來經營，主要收入為廣告收入或時段出租，這類頻道節目可滿足閱聽眾基本需求，但某種程度不會提供更好的節目，但也是一般大眾會收看的基本頻道。

無論採行何種策略，節目內容都必須具有一定的吸引力才能生存。目前由於頻道尚未分級，所以擁有節目的頻道商既可向系統業者收取高額費用，又可有大量廣告收入。

(四)傳輸方式

發射的衛星愈多，轉頻器愈易取得，藉由衛星傳輸的頻道可帶來如下的好處：

1.頻道具有完整性，利於做頻道品牌的行銷。

2.可增加廣告收入。

3.可控制節目播放時間，掌握時效。

4.可擴展台灣以外的市場等。

目前國內仍以系統爲主要通路，在國外，有以直播衛星（Direct Broadcast Satellite, DBS）爲通路傳送節目者，但台灣地區由於有線電視普及率已經相當高，所以頻道商目前仍以有線電視系統爲主要通路。

(五)多角化經營

經營頻道，可以透過頻道發展周邊產業，像郵購、電視購物、電子商務等，如東森電視購物。

二、關鍵成功因素

(一)節目自製能力

目前的頻道商眞正有自製能力者並不多，一般的談話性節目並不需要太複雜的製作過程。未來，在有線電視持續蓬勃發展之後，相信會培育出更多製作節目的人才。

(二)影片取得

業者熟悉影片市場，能掌握通路，以低成本買進適合台灣閱聽眾口味的影片。

(三)行銷概念

頻道的經營從行銷的角度思考較能掌握重點。首先瞭解消費群，進而分析本身能力（如對市場的熟悉度、購片通路的掌握等），最後再做出最適市場區隔，而區隔之妙在於行銷創意。接著，針對市場區隔對產品做包裝，即有關頻道的節目規劃。最後才是宣傳和銷售（陳定國，1981）。

第四篇

媒介管理與經營實務

第十一章

媒體預算與控管

- 媒體預算分配與支出
- 媒體廣告購買成本
- 各媒體效益分析與限制性
- 用於競爭的媒體支出
- 利潤的產生與成本的考量

第一節　媒體預算分配與支出

一、有關預算發展的一般考慮

及早開始從事預算，對一個管理者是非常重要的。因為提出一個在管理上站得住腳的預算，所需的時間幾乎等於其他計畫活動的總和，而且，一個準備不當的預算，後果是不堪設想的。

一個不切實際的高預算也許會在競標中失敗，或是降低相對較為優惠的等級，而只好在「明確資金」的最低點之下放棄。而一個不切實際的低預算在當管理者評估提議時，也許會被認為一項優點；但如果它被接受了，而活動管理人員卻發現，「分派的資金」不足以完成活動時，就會導致一場災難。不被接受的成本考量，不僅會使客戶和上層管理人員不悅，而且亦會破壞一個管理者或計畫者的「可信度」和未來的效力。

擁有一個有經驗的預算專家，對組織來說是非常幸運的，對於沒有預算專家，但經常處理活動的個人或小型組織來說，預算的準備往往十分耗時。通常，預算資訊的蒐集在計畫過程早期便可開始。舉例來說，只要訊息計畫相當確定，便可幫你對創造性與生產因素可以有些清楚的概念；當媒體計畫相當明確，且當媒體計畫表成形時，便可以考慮有關媒體露出工具的費用。

由上述說明可知，有效管理的預算包含多方面的細節。然而，許多預算十分簡短，只有一頁或更少的篇幅。在這種情況下，明顯的矛盾往往取決於預算的使用。

(一)管理的用途

一個管理者不僅應瞭解總計和部分總額，而且亦必須知道明確開支的成本因素。要評估一項活動的真正成本，則對所有的預算因素，都需要有詳細的資訊。如果沒有詳細資訊，便不能確知小計和總計是否相關、正確、值得信賴，以及「實質因素」是否被省略，而且對開支是否具有成本效力也會缺乏信心。

(二)行政上的用途

作為一個管理者在決定要投資一項計畫後，也許要負起活動經營的責任。有了詳細的預算之後，便擁有更多的控制權，而且還能設置某種形式的會計系統，告知每一成本類目有多少資金，而更重要的是，能監督開支，為個別類避免「成本超支」。

(三)展示的用途

在某些情況之下，有權決定是否同意資助一項活動的人會表明，他們只需要「底線的資訊」，亦即摘要的資料，而非詳細的預算。

然而，較具有成本意識的客戶或上層管理者，通常會要求看詳細的預算。如同活動的管理者或計畫者，他們要知道一個活動的真實成本，不管是否有相關的「預算選擇權」的替代形式，以及一個特殊計量的成本效力。簡而言之，要成為一個有效的活動計畫者、管理者，或行政人員，必須要發展或安排一個詳細的預算。

二、預算分配與支出

預算是一個非常專業的話題，這裡介紹一下大概的過程和思路。專案預算過程可分成估算和預算兩大部分。估算的目的是估計專案的總成本和誤差範圍，而預算則是將專案的總成本分配到各項工作。

估算內容包括人工成本、費用、設備、原材料、勞務和外包成本等。在IT專案中，人工成本占相當大比例，可以根據各類人員的成本單價和投入工作量進行計算，但實際上這是最難準確估算的部分。目前常用的估算方法有：專家估算〔德爾菲（Delphi）法〕、類比估算（根據以前類似專案的實際成本作為當前專案的估算依據）、參數模型（根據專案特徵，用數學模型來預測專案的成本）。從實際工作情況來看，如果歷史資料比較豐富，類比估算法相對比較準確。

成本預算是在確定總體成本後的分解過程。分解主要是做兩項工作：一是按工作類別分攤成本。這樣可以對照檢查每項工作的成本，出現偏差時可以確定是哪項工作出了問題；二是按工期時段分攤成本，將預算成本分攤到工期的各個時段，可以確定在未來某個時點累計應該花費的成本（可以用S曲線表示），這樣的好處，是可以在任何時間檢查偏差，並評價成本績效，避免「只要不超過總預算成本（Total Budget Cost, TBC）就沒問題」的誤解。

綜上所述，制定進度計畫要綜合考慮邏輯約束，還要考慮活動適合最早或最遲開始，並平衡資源配置。預算包括估算和預算兩個步驟，預算的關鍵是要知道每個工作外包成本和未來具體時點累計的成本。

(一)配置預算的傳統方法

下列各項都是平常會運用到決定預算的方法，同時這些方法是較簡單且容易計算的。

◆銷售百分率

廣告預算是從每年廣告計畫增加的收入中，給予一個百分率來決定的。這筆預算是為了要有效地達成廣告目的，因此，直接在該品牌銷售上達成。我們可以這麼說，因為要增加銷售，所以要做廣告預算；但是銷售下降，預算也會因此下降。

本方法有一個中心就是乘數，百分率是根據銷售加乘的。在決定使用百分率的同時，必須考慮產品成本和資方價格政策。安置預算的第一步和售價，來幫助決定可利用的價差（廣告、推銷及利潤）（當然，這包括其他的成本，如管理費用）。少的價差可能表示少的百分率來用於廣告。在這安置預算的方法有個關鍵點，就是找尋最佳乘數，而大部分這個乘數被任意地決定。而其他時候，產品標準也許使用這個基礎（Sissors & Bumba, 1994）。

◆主觀的預算

主觀的預算是以經驗判斷為基礎，來做預算大小的控制，就好像第一次決定廣告，會被要求做到最好的效果，或者可見到的最低獲利點。但這樣的思慮，最後的結果是較主觀的。

一個主觀的預算就像是「我們所能做的」，雖然第一眼看過去，這個方法是不合程序或粗糙的。但如果主觀的決定是正確的，它可能會具有相當的實現性，這個方法一般開始建立在利益或錢的計算，然後有系統地分析行銷的花費。在其他的花費計算出後，殘餘的數額被用來行銷，大部分是用在廣告開銷上。用這樣基礎做的

預算可能很難被支持，尤其當更多錢被挪用，結果會是得到較高的銷售和較低的利潤。

(二)做廣告預算的一些要素

雖然我們很難以合乎科學的要求來做預算的評估，但是卻能由一些可能影響預算評估的重要因素中，去進行這項評估的工作。依這個方法去做預算被稱為「原子的」，在這方案中我們可以單獨地審查每一項要素（就像一個原子的積聚），然候再組合這些要素至最後的預算圖表中。

在每個要素中，一些要素會比其他要素來得重要，應最先決定對於推銷商品品牌的優先權。此外，每個因素必須有個清楚的裁決，解釋今年的預算應花費更多或是少於前一年。雖然這是一個主觀的決定，但它可以在最後的計畫中更容易地幫助執行計畫者的決議。以下是這些要素的說明。

◆廣告的評估

在決定任何數字前，對於廣告所扮演的角色應有適當、合理的決定。它所扮演的必定是單獨的推銷工作，或者它（促銷）將增加其他的銷售混合元素，像減少售價和更進一步的銷售。假如廣告必須做單獨的推銷工作（如產品的銷售），這個預算的估計會相當可觀。如果它和其他的銷售混合元素配合（如產品的銷售、企業形象），這預算的估計可能會較為減少。

對於廣告推銷商品，品牌的力量是考慮的重點。一些樸實的品牌對廣告來說，因為它的敏感度不夠，所以無法吸引消費者的注意；或許是因為它們太像市場上其他的品牌，或是它們沒有一個獨特的銷售主張，或是因為在印刷物和廣播媒體的供應訊息方面有困難，這些都是商品需要廣告的原因。

◆長期目標和短期目標

　　一般而言，廣告有長期的目標和短期的目標，但是當這個目標是為了建立起一個形象，則這個預算應被視為一種投資，而不是支出；如果兩個目標同時被要求，那就有更多金錢的需求，也就是花費將會更大，因為廣告必須提供雙重的功能，從整體的模仿目的到建立主形象，模仿的廣告對於立即銷售而言，可能有顯著的效果。然而就某種意義而言，將廣告預算分為立即銷售的費用和長期建立形象的投資這兩種觀念，是沒價值的，「理由是形象塑造的廣告，不應包括為了計畫某種目的所產出的特別廣告」，假如品牌形象被認為是一種品牌名譽的長期投資，而且廣告持續進行，那無論它是為了建立立即或是未來的形象，至少對於長時間的目的而言是有所貢獻的，公司的目的和廣告所追求的目標，二者之間的關係影響到一些經費的支出，公司可能瞭解關係上的某些不同，所以沒有普通的規則可以被引用。

◆利潤的百分比影響預算之評估

　　現在有一個對於企業的假設，並且假設是正確的，那就是有巨大的利潤百分比也就等於有巨大的廣告預算。利潤的百分比在推銷和廣告目的上，可能是一個限制的因素，也就是一個人無法在他沒有足夠的資金時，簡單地去從事一件事情，當利潤的百分比增加時，廣告費用的支出也應隨著增加，但卻只有少許或是根本沒有足夠的資金去從事這項工作，實在是一大諷刺。

◆產品銷售的程度

　　產品如果廣泛地被消費者使用，所需要的廣告費用應較那些被限制在一些相關性小區域中的產品來得更多。然而，一些本地和某一地區的廣告主發現，他們在需要強力推銷的地區投下更多的資

金，原因是有大量的競爭花費，如與本業相關的競爭產業。

◆達到目標市場的困難

一些獨特的市場不是單一的媒體所能接觸的，像高價位的遊艇市場，一些不同的媒體可能需要更多的金錢去購買，「很多時候，大眾媒體所要購買的目標市場在地理上是如此廣布，如此浪費龐大的訊息」。當這問題存在時，要做到理想的目標，就需要更多的金錢。

◆購買頻繁

假設一個購買頻繁的品牌或商品所需要的廣告費用，較那些購買率貧乏的商品大得多。然而，也會有例外，相對於購買頻繁的商品而言，當一個購買率貧乏的商品因為其他原因，可能需要更多的廣告花費。

◆增加銷售總量在生產成本上的影響

假如因為廣告的力量而產生需求過度供應的危險，結果必須建立新的計畫來因應。在這種情形下，對於廣告上的花費，須有所限制，直到新工廠的建立或是有因應的對策產生，廣告主須暫時減少廣告費用的支出直到供應恢復為止。

◆新產品的輸入

廣泛地引進新產品會替市場帶來大量的額外資金，有許多是依賴市場的大小、競爭程度和新品牌的供應量。笨拙的處理方法是花費至少一半到所有的時間在介紹新產品上。

◆競爭範圍

在市場上，競爭者都積極地從事廣告和促銷活動，他們必須互相競爭，甚至超越對方，他們的花費主要在品牌目標市場的探索。

◆分配廣告預算

　　一般而言，決定廣告預算的規模大小，比起決定如何分配、分攤廣告預算來得重要。當廣告與銷售有密切相關時，廣告預算就會依地理區來分配。然而許多廣告主，尤其是全國性廣告主，在分配預算時會基於全國媒體的選擇，而對於某些地區的預算較不對稱。

◆地理區的分配

　　將銷售區域做均等的分配，是最常使用的預算分配方法。其背後原因，是確定該地區銷售狀況佳，而將大部分金錢分配至該地區以獲得最小風險。假如以前的預算在生產或是銷售貢獻上獲致成功，為何不增加經費，而獲得相對等的效果（或者相對於銷售的平均數量），這個概念不但可以保持低風險，而且使可利用的金錢達到最佳效用。

🔊 第二節　媒體廣告購買成本

　　發展媒體計畫主要考慮消費者接觸率和成本估計，當媒體計畫被認可，它必須在最可能有效的方法內盡力去制訂預算。媒體知道如何銷售它們產品的方法是重要的，同時，對計畫發展和基礎進行也不可忽視。這裡將討論一些適時和聯合不同媒體的購買，與電視網、廣播和平面媒體間成本估算的差異（張宏源，1999）。

一、電視

　　電視是供給和需求的市場，因此，首要的問題是電視廣告買主必須思考時機，錯誤的時機和不正確評估，在執行時會引起嚴重的

問題，舉例來說，假如電視廣告主在委託時暗示計畫的時間太久，全部的有效時間早被其他廣告排滿，如此便會放棄購買。

決定電視廣告的成本有三個要素：(1)廣告客戶的需求；(2)估計買主和賣主及觀眾的傳達率，成本以每千元爲計算單位；(3)上電視宣傳及商業所需的開支。廣泛地說，廣告客戶需求是決定電視成本中最重要的，依季節的需求和優勢的網絡及節目的供給和市場的需求，在一年時間內，當廣告客戶預期銷售量會大增時，將不惜成本購買價格最高的廣告時段，相對廣告成本也會大幅提高。

觀眾中買主和賣主的傳達估計及成本效率的計算，也是決定電視廣告價格的要素，在主要的代理之中，電視廣告買主對全部節目先進行調查再予以評估，並進行觀眾的追蹤，測量觀眾的喜好。

有線電視則和無線電視一樣，討論成本對觀眾的效率。如同無線電視，有線電視的市場是單一的，因爲它不能做大眾化的訴求。除了有線電視的節目像無線電視外，大部分都針對特定族群，因此，它無法與無線電視相抗衡。

二、雜誌

大部分國內出版業者接受空白頁的預約，廣告空白頁將以希望的主題來利用，空白頁預約可在主題之前的任何時間，給予主題的最後期限叫截稿日（closing date），它因出版業者而不同，月刊的截稿通常在前六十至九十天，週刊的截稿一般是在前三至七天。

雜誌可爲到達細分的地理區域範圍提供地區的、試驗的市場銷售量。地區性的好處可包括某些大區域或僅只一個限制的區域。除了銷售量之外，還可以爲雜誌帶來另一個廣告主，在編輯內容上可用做市場銷售量突破的測試，因此，可說是全國性計畫進入地方試驗區域的嘗試性闡釋。

三、報紙

報紙的截稿日期比起雜誌顯得相對短暫。報紙已處在一個非常積極的發展特別階段，以符合不同的觀眾與論點。例如許多房地產廣告主尋找所謂的最佳日，大部分的市場中其最佳上廣告日是星期五或星期六，通常房地產廣告在那幾天會有聯結式的廣告計畫。有時廣告放置在專刊的旁邊，使得消費者在看報時有機會看到廣告，在這些專刊裡的位置是不同額外付費，而且通常是有效的。

其他針對經篩選的觀眾之有利版面包括體育版、企業、時尚報導、良好的裝扮與培訓和家事處理。此外，對謀職的機會，報紙提供有用的特別版面，宛如強勢的股票上市，在許多的案例中，廣告主提供特別的版面給報紙，如此的廣告單位必須事先預訂有用的空白版位。

四、廣播

廣播由於節目和許多市場的電台，讓聽眾有大量與多元化的選擇性，所以有不同的購買問題。收聽率在大部分市場是有用的，但在購買廣播上不能提供一個完整的圖像。媒體規劃者要深深地依靠著購買地方電台廣告市場的經驗，並使商業文案、觀眾和電台風格緊密配合。

第三節　各媒體效益分析與限制性

一、使用報紙的理由

(一)效益分析

◆即時性

　　讀者通常把報紙當作市場中最快的訊息，每天的報紙都含有新的訊息及新的廣告，報紙永遠都會有「現在的價值」，當廠商想要快速介紹產品的時候，一般都會將報紙列為廣告媒體的一部分。

◆當地性

　　幾乎所有的報紙都會有所謂的地方版，雖然廣告業者可以使用全國性的媒體，例如全國性的電視，可是有時候他們會比較喜歡使用一些地方性的媒體，以強調該產品可以在附近就購買得到，在報紙廣告附上商店的名字及地址。

◆彈性

　　報紙有地理性的彈性，因為他們會計畫性的使用全國性的、地方性的、區域性的媒體，有時即使廠商的產品是全國性的，它仍會在地方性的媒體刊登廣告。

◆高的色彩忠誠度

　　透過一些印刷技術，報紙也可顯現如雜誌般的精確色彩。

◆廣大的接觸性

因為報紙是可以被各個層面的人讀到，如果說廣告目標是父母親及小孩，那報紙將是最適合的媒體。

◆目錄的價值

報紙可以在消費者購買產品時，做價格的比較參考，通常消費者在購買之前都會翻看每日的報紙，去尋找他們所需要的商品價格，此舉使得消費者在還沒有走進商店之前，就知道該買什麼樣的東西了，甚至有的消費者會剪下報紙的廣告，以便提醒自己該買什麼樣的東西。

(二)報紙之限制

◆色彩在排版及印刷後的品質

廣告透過報紙分版可能會在不同的地方收到，則會有不同的顏色，而造成不同的效果。

◆昂貴的全國版面

雖然報紙是一種有彈性的媒體，但如果要購買全國性的版面就非常昂貴，如果廣告經費有限的話，最好不要採此一行動。

◆全國性的廣告費用比地方性的高

一般而言，全國性廣告的費用要比地方性來得高，若是廣告商想要打入地方性某些特別族群，則必須負擔所謂的中間價位。

◆一份報紙通常只有幾個讀者

報紙不如雜誌一般會看完後再給多人傳閱，這個也意味著昨天的廣告在今天就沒有價值了，因為當報紙被全家看完後，幾乎沒有

保存的價值了。

二、使用雜誌的理由

(一)效益分析

◆選擇性

雜誌可以很成功地選擇讀者的類型，例如有關汽車、運動、美食各類關於嗜好的雜誌，關於特殊方面如專業雜誌等，使得廣告商可以針對特定需要的族群做廣告。

◆高品質的色彩複製品

很多雜誌能夠展現出廣告優異的色彩真實度，因此需要優良色彩真實度的廣告，諸如食物、汽車、衣服等，皆可考慮使用雜誌。

◆長效性

雜誌通常有較長的壽命，最少一個星期，有的則可達到一個月甚至更久。使廣告商能建立長效的廣告，雖然這產品行之有年，但有廣告在許多年之後仍有效用。

◆傳閱性

雜誌有較高的傳閱性，可一人傳一人的傳下去，較不受時間的限制。

◆較易鎖定族群

因為雜誌可以輕易地鎖定特殊的族群，有時會採用贈閱給特定族群的方法以宣傳廣告，再利用收廣告費的方式以維持雜誌的生存，這舉動最常發生在商業雜誌或製造業雜誌中。

(二)雜誌之限制

◆截稿日期較短

雜誌通常在短期間內就要截稿,因此廣告的效果亦打折扣。

◆缺乏即時性

通常讀者在購買雜誌後並非馬上閱讀,因此雜誌缺乏像報紙一般的即時性。

◆緩慢的接觸

一般而言,讀者不會馬上將雜誌看完,而傾向於慢慢地翻閱,又有些讀者會先讀小部分後再慢慢地閱讀,又有一些讀者只看他有興趣的內容,因此不一定會注意廣告。

三、使用報紙增刊的理由

(一)效益分析

◆有地方區域性雜誌的格式

事實上,有些雜誌也跟報紙的增刊性質相同,而其中最重要的是,報紙的增刊可以以地方雜誌的形態出現在市場上。

◆色彩真實度高

報紙增刊可以運用印刷技巧,就如同雜誌一般有好的色彩效果。

◆穿透度深

雜誌的穿透度就不如報紙增刊好，因為雜誌所接觸的族群較報紙增刊要小得多。

◆擴展發行區域

透過日報的發行，它可擴展發行的區域。如讀者可能會平日閱讀地方報紙，而星期日則會閱讀大城市的報紙，因此便可利用增刊來加廣告量。

◆發行於假日

在假日的報紙增刊中，消費者獲得資訊較高，因為在假日讀者會花費較多的時間及輕鬆的方式閱讀較多的資訊。

◆較高的讀者群

特別在個人市場中，報紙的增刊有很大的吸引力，報紙的增刊會廣泛地被閱讀，尤其在女性讀者群中的職業婦女。因為職業婦女在假日可以有較多的時間閱讀新聞及新聞以外的資訊，而且在報紙增刊中，有許多的資訊正好符合她們的興趣。

◆區域環境和生產的彈性

報紙增刊可以視情況，將廣告刊登於全國或地方，這就是所謂的地理區域的彈性。而製造的彈性則是在於某些區域可能用全版的廣告，而有些地區則可能只使用半版的廣告。

(二)報紙增刊的限制

◆彩色版必須提早截稿

由於報紙增刊使用彩色，使得編輯部門在發行日的前幾日就截

稿了，這個截稿的時間比大多數以文字為主的黑白雜誌截稿的時間還早。

◆傳閱性較低

因為報紙增刊是附屬於假日報紙之下，所以它們繼承了部分報紙的弱點，其中之一是增刊很少被沿用到其他方面，它們通常在家庭閱讀後即被丟棄，另外一點是在理髮店、美容院及醫生的辦公室中可以發現雜誌，卻不易看到報紙增刊的廣告。

四、使用電視的理由

(一)效益分析

◆影像和聲音為動態的賣點

視聽的展示是最好的教學方法之一，影像和聲音的結合給予廣告主一個最近於個人化的賣點，電視賣點是很動態的，它同時也可以示範一個產品的使用方法及製造產品的優勢。

◆選擇性及大量市場兩種功能的達成

電視可能經過計畫性的選擇，以吸引有選擇性和大量的市場，如專業的足球競賽，其觀眾以男性為主，而兒童們的節目則大都規劃在假日早上，這些都是傾向滿足觀眾的選擇。在另一方面，一些特殊規劃如：電影、喜劇或特別的事件，將吸引許多不同類型與年齡層的觀眾。

◆成本效益

電視偶爾可能是很有成本效益的，如白天的節目，就通常是低

成本的節目。

(二)電視之限制

◆總成本高

電視廣告時間的成本可能超過一些廣告主的預算，這種從六十秒到三十秒到十五秒商業化廣告長度上的變化，甚至到十秒的廣告節目變化，都在反映這廣告主需要較低的總成本。

◆短暫的訊息

雖然視聽化的訊息能有高回憶的潛力，但電視廣告很自然地將使觀眾不去注意或者他們可能錯過這個訊息，所以這廣告的生命傾向成為短暫的。

◆沒有目錄的價值

當產品成為廣告行銷時，觀眾並不能明顯地找尋廣告，雖然他們碰巧看到一個產品廣告並被其吸引，然後他們也很感興趣，但是當這些在播放時，他們通常很少有時間來思考。

◆好節目及時段點的限制

因為電視是一個廣泛使用的媒介，所以它有節目數以及可用和想用時段點的限制。

五、使用有線電視廣告的理由

(一)效益分析

◆接觸全國性觀眾的利益

此媒體可達60%以上的觀眾，且每年都在成長中。事實上，有線電視是全國性的媒體，不論是單獨使用或是結合傳統媒體使用。

◆增加接觸與頻率

對廣播電視或其他媒體而言，雖然有線電視現在可被用在廣播電視網，但它也促成了減縮廣播電視與其他媒體的選擇計畫。這種策略結果增加了與觀眾的接觸頻率。

◆相對的低價

有線電視的廣告價格雖然日益升高，但它仍是屬於在電視網路系統中較低價的。例如在無線電視中的廣告費用是有線電視廣告費用的數倍以上。

◆收視率較高

有線電視可以提供全國觀眾更多收視有線電視的機會，現今有更多的人觀賞有線電視。事實上，有線電視可以因為有些節目提高11%～14%的收視率。

◆精確的界定主要觀眾

有線電視因為節目比較多，分類比較細，因此更能確定是誰在收看節目，這使廣告業者更容易地將焦點集中在他們想要的觀眾身上。

◆更多高階層觀衆

有線電視可吸引更多的高階層人士，意即有更多高知識的觀衆收看，這種特性更適合提供給高價產品的公司，給予廣告商更寬廣的幅度。

◆給廣告商更寬廣的幅度

當某一個廣告在有線電視上播映的時候，在同一個頻道、同一個時段往往會引起其他相關廣告的競爭，而觀衆就可輕易的發現相同商品的資訊。

◆節省全部和平均的花費

因爲有線電視的費用低於無線電視，它可以幫助那些意圖以低價使用媒體的廣告商，來縮減或平均開銷。

◆更特殊的廣告需求

可預見的是，在未來有線電視將提供多種不同的頻道給觀衆，結果可能會發展出各式各樣的節目來滿足觀衆，當它們遇上了特殊需求的廣告，它們也將如雜誌一般地廣泛接受這些特殊要求。

◆對主要市場滲透力成長

在不久前，主要市場的花費很少在有線電視上，但現在已改變，商品廣告在有線電視廣告收入中已逐漸提高。

(二)有線電視的限制

有線電視在台灣持續成長，已經造成過多頻道間相互競爭的問題。假若九十個頻道供家庭收視，則可能會造成因爲太多的選擇，而使觀衆對每一個選擇都麻木的失去了感覺。

六、使用廣播的理由

(一)效益分析

◆特別目標聽眾種類的接觸

收音機是可以滿足目標聽眾的需求，經過節目規劃的專門化，一個無線電台變成聲音聞名來吸引特別的聽眾，諸如：男人、女人、青少年、農民等等，很多種族團體有計畫的奉獻他們的興趣，他們發現無線電台將成為一個優異的通訊媒介。

◆一個高頻媒介

廣播或許是理想的媒介，因為在必要時可以大量重複，另外，總成本是相對減低，因為有很多電台有很多時間可以建造一個廣播媒體計畫。

◆一個好的資源媒介

由於以低成本和特別目標市場接觸，廣播常被使用為一個資源媒體，當一個計畫主要使用印刷，廣播卻以低成本而帶來聲音支援這個計畫。

◆優異的機動人口

因為大部分的人都在開車，廣播也就成為行駛中最能滿足聽眾的一種工具，有很多人於工作中長途駕駛，如從市郊到城市，電台廣播已成為轉移注意、幫助打發長時間駕駛的最有效方法，但每天通勤的人不是唯一收聽廣播的，主婦乘車到購物中心購物，途中廣播也常被播放，事實上，當那些主婦進入商店之前，廣播也是最後

的媒介，地方的零售商也可進行一項活動，在她們到達這些商店之前聯結這些顧客。

◆彈性

廣播就像電視，被地方性、區域性、全國性的使用，廣播有很多優勢如同電視，可瞬息萬變及很快地增減節目，儘管有這些優勢，廣播它的生產彈性仍然較少受注意。

◆地方涵蓋的有效範圍

地方性的廣播通常被運用，是因為它可以滿足市場取向，但無線電訊號可能被帶離而進入其他的地理區域，對於國際性的廣告主，他們正試著建造品牌進入很多不同市場，當一個計畫者購買地方性的廣播時，這種增加的特色就如同是一種紅利。

(二)廣播之限制

◆短暫的訊息

如電視一般的短暫，廣播訊息是短暫而且可能被錯過或忘記。

◆直接的反應

直接的反應是一個市場的行銷策略，例如DM、電話行銷經常被使用，其廣告對外來說，這市場也可因此聯絡消費者；對內而言，消費者也可找到行銷者。

七、使用直接郵件的理由

(一)效益分析

◆廣告的回應很容易檢查

　　有效的DM可以很容易地計算其投遞出去所回應的數目，通常DM可以大量地被複製而且送出，是最容易被檢查的一種方式。

◆個人的媒介

　　對於DM來說，當它有消費者的姓名與地址時，就可以當作是個人的媒介，但大部分的廣告是很沒人性化的，因為大部分的媒介，它是不可能於地址上附上任何人名。DM使用個別的姓名與地址，當然並非全部收到DM的人，都會喜歡廣告主在這上面叫他們熟悉的名字，但有很多人確實喜歡他們的名字印在上面，而且可能賦予更多的注意於DM所提供的訊息。

◆區域與生產的彈性

　　DM可能是所有媒介中最簡單的，符合一個廣告主其地理行銷的需求，因為DM可以隨時調節到細微的市場，也可以大到一個廣泛的區域，這種媒介於生產期間同時也是有彈性的，幾乎任何尺寸的紙張、墨水或特殊的印刷技巧都是有可能的，廣告主可用特別的、有創造力的方式來製作DM。一個產品的樣本可以和廣告一起被寄出，任何特別的切割都可以產生，只有這種媒介才可有特別的摺疊方法和特別的包裝方法。

◆長期的保存

消費者傾向和朋友們分享保持這種目錄一段長的時期，假如這廣告材料是有價值的，它們將傾向被保留。一些教育的材料同時也共享這種特質。假如這教育的事件有價值，如內容是如何進行急救等，它們也許會長期被保留。

◆廣告可以隨時插入和帳單或者其他外寄郵件一同被寄出

當DM廣告隨著信件或其他的包裹被寄出時，沒有特別的信封、特別的發表聲明，或額外的必要郵資，DM有其創造力的限制；由於重量限制或是一個信封、包裹內容尺寸的限制，當一個帳單無論如何需要被送出時，增加一個直接廣告，並不會花費額外的郵資，然而，印刷的成本是無可避免的。

(二)直接郵件之限制

◆費用

直接郵遞須付昂貴的郵資費用，除此之外，至少有兩種因素造成直接郵遞比其他媒體更貴，一是當產品須使用昂貴的紙在珍貴的雕刻、藝術品和畫上；或當大量郵件沒有優待時，且未來的郵價未必會下降，這些高的花費也會繼續影響直接郵遞的使用。

◆不正確與不完全的陳列

沒有一個正確、完全的郵遞陳述，故直接郵遞不能算最好的方式。在這時期，因許多人從一個地方移動到另一個地方，故對於列出時期與發展新目錄可能是困難且昂貴的。

◆傳達時間的不同

雖然大量郵件可一次送達郵局，但全部的郵件可能在不同時間

送達不同的人手上。假設時間不是市場必要的任務，然而遲緩卻會造成另一個問題。但因廣告時間常被評論，而直接郵遞卻不能控制得非常好。故對於講求時間控制的其他媒體而言，直接郵遞只能位居其後。

八、使用電話行銷的理由

(一)效益分析

◆非常有選擇性

電話行銷就像直接信函般地有選擇性，這些目標源自於相同的目錄。

◆檢視回應很容易

電話行銷允許立即回應，且比其他的媒體有較快的回應時間。接線生通常可以測出不同的腳本，而此電話行銷最有效的是容易顯示出目標族群的決定。

◆個人的媒體

電話行銷是個人的媒體，因它是人對人的口語傳播。它也是最強制的媒體，並瞄準適當的觀眾，避免遺漏了他們。

◆地理上的彈性

在這裡電話行銷正像直接郵遞般，可以對準一個大或小的範圍。

◆回應率高

電話行銷是回應率高的媒介，因其是直接與居住者溝通。

(二)電話行銷之限制

◆費用

電話行銷須付昂貴的費用在電訪員身上。

◆時間

電話行銷有時間限制。

◆不正確、不完全的陳列

主要是人們會移動，故50%的受訪者不正確。

◆訊息大小

電話行銷所傳達的訊息較直接郵遞小。因為問題要被問到，但是時間就是金錢。

九、使用戶外廣告的理由

(一)效益分析

◆適用範圍地區的銷售

戶外廣告能適用於地區機動人口上，做一段時間的銷售。然而，適用並不代表能「讀」多少訊息，只能直接對他們暴露。

◆高頻率

廣告看板在流動人口市場上，也有高頻率的接觸。在這時期廣告看板可能很強，雖然接觸一百人到五十人相差不大，但頻率的程度卻十分不同。

◆地理上的彈性

　　戶外廣告可被用在地區、區域、全國，甚至任何一個接受訊息的市場，無論是任何的需求它都能強調。機動性的廣告看板，讓廣告主去關心訊息的許多地方，或去增加陳列的可能性。

◆大型印刷廣告的優勢

　　大型廣告是最具吸引力的，戶外廣告允許廣告主去買大的優勢廣告。它使用吸引的顏色、印刷、引人的燈光等。這些都給予廣告主較多的照顧。

◆二十四小時的陳列

　　因為許多廣告看板都在主要的街道，任何人在任何時刻通過都可看到這訊息。故只要有一個機動的人口，就是一個陳列的機會。

◆利於拷貝簡單的主題與包裝的確認

　　當訊息較短、單純且包裝特殊時，戶外廣告可能是個較好的方式，去吸引注意及建立一個頻繁的訊息，故建築式的和知覺品牌廣告是個強勢的媒體。

(二)戶外廣告之限制

◆單純訊息的限制

　　使用戶外廣告最好是單純的訊息，複雜或較長的訊息不能被表現得很好。這限制使此媒體不能像其他印刷媒體般有相同的使用方式。

◆高接觸不代表高回憶訊息

　　戶外廣告可以促成高接觸，以及有些時候好的廣告訊息之回憶。然而這並不代表高接觸就是高回憶。有創造力的訊息才是個重

要的標準，去評價訊息被回憶的可能。但因這媒體是自然的媒體，人們可常看到廣告看板，卻不能回憶他們所看到的訊息。

◆高花費的媒體

雖然每千人成本的花費是低廉的，但戶外廣告和其他媒體比起來屬於高支出的媒體。

◆考慮戶外媒體要看背景

它需要非常短且直接的訊息，且開車的人一般只關心前方，無法分神於太多方面（榮泰生，1991）。

十、使用運輸媒體的理由

(一)效益分析

◆運輸促成了大城市附近許多的報導

當廣告主想達到個人心中的銷售，大眾運輸的廣告就被滿足。運輸工具主要是把人運輸往返於家中與工作場所兩地，它可達到的範圍是相當廣的。

◆高頻率

此媒體重複很多天到一整年，對這類普通的旅行是有利的。所以這是重複訊息傳遞的一大機會。

◆相關效率

基於陳列的可能性，這個媒體可傳遞給大多數人，而用較低的單位花費。

◆彈性

廣告主可選擇運輸工具在任何地方廣告，以到達定義過的人口統計的一群。故廣告主不必選擇所有的大眾運輸系統，只需要知道他們的目標人口。

◆訊息地點的機制，對於顧客購買過程之關鍵

地區廣告主可購買「顧客到購買地之間」的廣告。所以在購買產品之前，運輸廣告媒體可能是顧客最後看到暴露在廣告下的媒體。

(二)使用運輸媒體之限制

◆訊息地點的限制

通常太複雜的訊息不能被用於這個媒體，因為沒有足夠空間採納這些訊息。

◆來自其他媒體的競爭與個人機動性

運輸媒體不是強制的媒體。它是自然的媒體，可能被其他吸引的事物奪去注意。或是人們從家中到工作地點都用相同的交通工具，或有其他媒體、外部陳列、創意的事物拉住了人們的注意，故難達到廣告效果。

第四節　用於競爭的媒體支出

規劃人員在訂定市場策略，決定如何使用媒體的過程是相當複雜的，而且必須先瞭解其競爭對手使用媒體的情形。然而競爭對手又可分為本地性及區域性或全國性。因此規劃人員首要工作即是先

確立哪些是直接競爭者及次要競爭者，瞭解競爭對手的有效市場範圍。

競爭者的媒體規劃最主要的關鍵資訊，是和每個擁有市場的競爭對手比較其廣告品牌，品牌是廣告的主要威脅。而另一個媒體規劃中關心的是，我們需要用多少的廣告量和競爭者相抗衡，或者和競爭者使用相同的媒體，或是使用其他不同媒體以製造不同的效果。

而以上問題的答案，則須視競爭市場目標發展如何及評估如何。有效地組織競爭者達成其目標而定，每種情況皆會不同。而使用同樣媒體的競爭者對付以上問題的回答則是「哪種媒體或聯合媒體讓人們有願意購買我的品牌的欲望」。媒體規劃人員則須考慮到競爭者模仿其使用同樣的媒體。

規劃人員須試著找出競爭者媒體規劃中的弱點，或許多競爭者並未很適當地運用媒體，或浪費在太多無謂的媒體使用上，而失去市場重要的一部分。然而以上這些失誤，即是媒體規劃者在媒體規劃的選擇、使用、開發上的機會。這些分析競爭者的動作並不是意味著模仿，而是幫助你更瞭解本身市場目標的優缺點。爲了達到既定目標，則必須要好好利用每個機會。

實際上，規劃人員在制定計畫前必須先知道有關競爭者下列幾項資訊：

1.使用哪些媒體？哪些是最值得注意的？

2.每一個媒體的花費及其加總？

3.媒體關心的目標市場？

4.每個目標市場的比重？

5.何種媒體及何時被使用？

一、主要開支資料來源

　　媒體開銷的資料可以從正規的報導服務中取得，然而此類服務提供的資料卻有其限制，且不能提供一個很完整的競爭者媒體計畫，因為測量每個產品在各媒體上的花費，所得到的資料很不符合經濟效益。這資料的蒐集所花費的金錢與時間相當大，且只得到簡單的分析，這些分析也並不太精確；由於很難將一些如折扣計算在內，所以在企業組織報導和競爭者的實際花費，將出現很大的變動。舉例來說，當兩個或三個品牌出現在同一個廣告時段中，報導服務公司常常不能很準確地分配，也就是說，將全部的成本只記入其中的一樣品牌。想要得到很正確的競爭者媒體使用報告，最好的方式是對照這些報告中競爭者產品媒體之使用與實際上真正的使用。

　　雖然這些限制對提供競爭者媒體花費分析是無效的，但是這些卻能被翻譯成有用的資料，連接其他市場及媒體資訊，這些資料有助於瞭解更完整的競爭者媒體花費上的整個規劃藍圖。

二、蒐集和彙整資料

　　蒐集和彙整資料的主要工作有兩個項目，第一是要研究競爭對手的支出情形，第二是分析它們。

　　媒體規劃者應該要蒐集什麼樣的資料呢？大部分的答案顯示是要得到所有競爭者每年花費在媒體上的總金額，此類資料提供了競爭對手們活動的鳥瞰圖。為了使此類資料更具意義，媒體規劃者更應該分析各獨立品牌的支出明細，而不只是瞭解一個公司的總支出額，因為所有品牌是在總市場銷售額的比例上競爭，所以分析品牌的支出明細才具意義。也就是說在蒐集品牌支出資料時，將規劃者

的品牌和所有競爭者的品牌同等視之是明智的，因為這是相互比較的研究基礎。

再者，重要的是在分析支出資料時，不只要指出在各個媒體所花費的廣告金額，並且要瞭解各個競爭者的每年支出是包含哪些百分比。

年度廣告支出只有一個研究取向：分析競爭者的市場及媒體策略。另一種有用的分析方法可能在一個市場接一個市場的基礎上，分析某一品牌的廣告支出及其競爭者的支出。此種分析方法有助於瞭解哪個市場對競爭較重要，也在指定的市場中，提供了哪個媒體而增加廣告支出。

另一種分析方法就是分析某一品牌與其競爭者，對每個閱聽人的廣告支出，此種方法可以很快地得知競爭者的廣告支出是否有效率。閱聽人接受到某品牌廣告的頻率常由此種分析得知。最後，非常重要的一點是知道在一年中每個月在各個媒體上的花費。大部分的品牌已經在銷售季節達到銷售的顛峰，並依據銷售旺季來改變媒體廣告支出的比例。這種分析幫助廠商創造時機，且能依照計畫程序擬定既定的媒介選擇計畫。

三、分析數據

廣告商以龐大的花費去檢驗市場，領導品牌所使用的媒體支出數據所得的資料是有價值的。市場占有率較小的廠商，可能只需要知道哪種媒體，而市場及消費者的資料分析是對領導廠商較為重要的資訊。如此一來，市場占有率較小的廠商就可以搶先占用某個媒體，例如所有的領導廠商，都會重視電視廣告，因此一個媒體規劃者，可以將某種品牌放在廣播上播出廣告，凸顯其品牌特性。但必須要注意的是，領導廠商會放棄某種媒體，可能是這項產品不適合

在此媒體上打廣告。

　　分析數據有個問題是數據常常不夠完整，再者是數據的時效性，蒐集來的資訊很少有不超過一個月的，因此，這些數據往往失去時效性。這個問題顯示出，假設競爭者在過去並非長期使用某一種媒體，則此數據將不會有太大的作用，但如果競爭者使用可預期且一貫的媒體形式，則數據可能會有點價值，最好的使用方法，是將數據予以組織系統化，此系統包含其他市場的資訊，並提供競爭者策略的清楚圖像。雖然一些廣告代理商傾向於反對使用媒體支出分析，認為不值得投資金錢與時間在這方面，但大部分的代理商還是認為值得且有助於媒體規劃。

　　分析數據最大的危險可能在於盲目跟隨領導者。如領導廠商在A市場投下10%的媒體支出，其他跟隨者也跟進，但10%的支出未必適合跟隨者。更進一步來說，競爭者在A市場加重廣告支出的原因，可能不是跟隨者應加重支出的原因。

　　數據分析幫助瞭解競爭者媒體廣告支出的做法，但未必就必須如此做。舉例來說，競爭者的數據可能顯示出他們正在修正策略來因應市場。因此，有效的數據分析依然是值得投資的。

四、用於競爭的媒體支出分析

　　在使用支出分析數據時，下列的規則是非常重要的：

1.數據須能顯示區域及季節的媒體支出，與改變競爭者及潛在競爭者的因素。
2.數據使你在一個市場接一個市場中，修正媒體組合及廣告預算。
3.可以使用數據來察覺新產品測試，控制新產品的製造。

4.推斷競爭者花費來界定目標市場，描出品牌的輪廓及市場定位。

5.可以看出對手花費的模式；電視、廣播、雜誌、報紙各占多少支出比例。

6.一旦知道敵人的完整資訊，你可以做出比他們更好的計畫，出奇制勝。

7.新產品及生產線擴充的計畫中，要評估進入市場所需的花費，支出數據是必須的。誰已經準備好，誰的產品就能在新的市場區隔中快速成長（張宏源，1999）。

第五節　利潤的產生與成本的考量

所有的管理努力都是在有限的資源之下運作的，其中最重要的乃是金錢。因此，作為一個管理者或計畫者，必須瞭解「預算公式」（budget formulation）的邏輯和結構。雖然有些人相信，預算決定了全部的活動費用，但它實際上卻是有力的管理評估和控制過程的重要一環。

因此，它亦包括：

1.當其他活動競爭同樣的資源時，它為特殊活動的「成本／效益因素」（cost/ benefit factors）進行比較分析。

2.可能替代物的分析，舉例來說，最適當的計畫對較為保守的計畫，每一種都代表不同的財務因素。

3.在特殊活動建議當中對「成本／效益因素」的分析，因為它們牽涉規定目的與目標的達成。

4.在活動提議個別支出的成本效用之估計，諸如大眾媒體、員

工、顧客和材料的分派。

5.「生產力的歸屬」（attribution of productivity），以及將成本關涉特殊活動領域、個人、團隊或部門。

6.一旦活動開始進行時，「預算的撥給」（administration of budget）應使現有的資源以「成本效用」（cost-effective manner）使用，而活動的執行不能超過容許的資源。

一、活動基金的效力

活動管理者或計畫者相信一個提議計畫及其預算，可根據其自身的利益獲得「資金」。當一個活動的「目標管理」的目標和「終點目標」（terminal objective）清楚地關涉組織的問題時，情形常是如此，此外，有相當的證據顯示，計畫可達到目的與目標，「成本／效益因素」是有利的，而且個別的開支是經濟的。然而，有潛在的問題關涉一個組織願意將多少錢花費在「溝通活動」上，諸如升遷、活動或教育規劃。

威爾巴克（Weilbacher, 1979）曾論及，有各種不同的方法，其中沒有一種是獲得普遍接受的，因為「美國企業在設立廣告方面（或其他溝通方法）大力依賴經驗法則的方法」。

由威爾巴克所編輯的分派決定方法包括：

1.專利的方法（arbitrary methods）：它包括花用主管官員覺得是適當的或是尚未動用的資金。

2.經驗法則的方法（rule-of-thumb methods）：它通常是以(1)組織收入的比率；(2)每一單位所達到的，或每一案例所售出的標準開支；(3)委託的開支足以確保成就的任務方法；(4)市場銷售的股份等方式表現出來的。

3.市場經驗方法（market experience methods）：它企圖倚仗來自活動的回饋系統化，但亦依賴於市場試測和預測。

4.理論方法（theoretical methods）：它包括取自實際經驗的資料的統計模型；此種方法是值得懷疑的，這不是因為當它們沒有經過其他領域的適當測試而被採用——因為它似乎包括類似的過程——便是因為沒有提出預測有效性的令人信服的證據，它較不能令人滿意之處在於，它在理論上認定，X美元的開支將會產生Y的結果，而沒有提出堅實的證據證明，在可接受的案件數目中，規定的開支實際上將獲致規定的結果。

如果一個活動是以自身組織的資金來執行的，那麼上層管理者通常會為總預算做出建議或討論範圍。此外，如果在廣告公司、公關公司，或定期處理活動的另一個組織裡工作，則公司或同事對一個客戶對總預算是否認為合理，通常會有相當實際的看法。這項資訊通常是在活動管理者或計畫者及關切該計畫的「機構內主管人員」的第一次會議中提出來。

而且，作為一個管理者或計畫者，可以從不同狀況的開支獲得寶貴的經驗，其方法是從貿易期刊、會議和同事（特別是來自不同組織的同仁）蒐集資訊。

二、納入利潤因素

除了由「內部組織」所經營的活動之外，你必須決定利潤是如何納入預算的。這裡有三種基本方法：

(一)大眾媒體訂單的佣金

大眾媒體也許證明「廣告機構」乃是「可收取佣金的」；也就

是說，該機構有權收取它們為某一工具（一份特殊的報紙、雜誌、廣播電台或電視台）所生產的廣告費用的一定比率，其方式是將之包括在媒體或管道計畫表，以及購買插入廣告。其邏輯有點類似於旅行業將資金提供給旅行社；不必直接付錢給旅行社，它們花費時間回答你的問題，在電腦儲備系統裡尋找最佳的路線、時間以及運費等；而航空公司則以佣金形式將業務回收金錢交給旅行社，因為實際上，旅行社已充作航空公司銷售人員的助手，而產生了更多的業務及可能利潤。

值得一提的是，佣金制度往往使客戶相信，他們有權獲得其他「免費」服務，而這往往會吃掉利潤。事實上，從事公共關係工作的廣告公司很可能也會有這種情形；當客戶堅持公關服務時，廣告佣金並不能彌補代理商。

(二)服務費

這種方法是組織依預算的一定比率或服務的一定比率被收取費用，以包含計畫或執行一項活動的費用。在許多方面，從管理的角度來看，費用制度是較為優越的，因為它教導客戶和其他管理者有關活動的真正費用，而不會造成服務是免費的幻想。

(三)利潤包含在人力資源的收費

對於從事客戶會計工作的基層人員來說，利潤是根據每小時價格收費的。一種可能的風險是，一個不習慣此種措施的客戶在碰到一個活動管理者（他的收費遠高於客戶自身組織的每小時價格）之後，也許會有不同的反應。

然而，在都市市場裡，由於這種措施業已建立且被接受，這種方法比起為特殊的費用而辯論，產生的爭議也許較少。

其實，為一次活動制定預算，遠比簡單地組合一兩頁的成本估計要複雜得多。在管理上，預算乃是系統的一部分，它包含深入而複雜的決策過程。在制定預算時，必須確定是否包括一個活動所必需的主要成本因素，它明顯地有助於活動目的與目標的達成，且以最具成本效益的方式為主。

第十二章

領導與決策

- 何謂領導
- 媒體的有效領導
- 決策的過程與方法

第一節　何謂領導

一、領導的定義

領導的概念似乎總是難以捉摸且複雜的，所以我們會用無限多的術語來加以解釋處理，但仍不足以對領導確切地界定（Yukl, 1994）。雖然如此，Yukl（1994）仍舉出下列七個具有代表性的領導定義：

1. 領導是「個人引導群體活動以達共同目標的行為」（Hemphill & Coons, 1957）。
2. 領導是「一種特殊的權力關係，其特徵為團體成員覺得另一團體成員有權規定他們的行為，而作為團體的一分子」（Janda, 1960）。
3. 領導是「施於某一情境的人際影響力，透過溝通過程以達成特定目標」（Tannenbaum, Weshler & Massarik, 1961）。
4. 領導是「人與人的互動，其中一人以某種方式提供某種資訊，使另一人深信他若照著做時結果會更好」（Jacobs, 1970）。
5. 領導是「在期望的互動中，創建結構並維持組織的結構」（Stogdill, 1974）。
6. 領導是「在組織例行指引的機械式服從之上，影響力的增進」（Katz & Kahn, 1978）。
7. 領導是「組織團體為達成既定的目標、成就，領導者影響組織活動的過程」（Rauch & Behling, 1984）。

上述有關領導的定義代表著因不同的研究途徑與發展而有不同的觀點。國內教育行政學者黃昆輝（1988）列舉六種主要觀點：(1)領導就是影響力的發揮；(2)領導是一種倡導行為；(3)領導係促進合作功能；(4)領導是一種信賴的權威；(5)領導是協助達成目標之行動；(6)領導是達成組織目標之歷程。

所以，領導乃是為了達成組織目標，領導人員發揮其影響力，建立團隊精神，激發成員工作動機，從而達成任務之行政行為。

同時國內學者專家也對領導的定義，提出其看法，如領導是一種影響他人的程序，是一種某特定情境下影響另一人或一群人的行為，使他們朝向組織目標努力的人際互動程序（陳楚杰，1993）。領導是影響人們自願努力以達到群體目標所採取之行動（李麗傳，1991）。

綜而言之，領導是一種影響別人，促使別人發揮最大潛力，以達成任務、目標或計畫的藝術；或是影響團體達成目標的能力，這影響力的來源可能是正式的，如職位，也可能是非正式的影響力，故領導者可由任命產生或由團體中自然產生。

領導的目的是達成組織目標，領導的能力不是與生俱來的，成功的領導人多數是透過自我的學習與成長而來的，最有效的領導方式是以感人、讓人信服為佳，如果光以權力壓迫人，自然難以服人。

領導除了是人類社會中不可或缺的活動外，也具有以下特徵：

1.領導是極為普遍的，一般人皆可具有領導能力。
2.領導是一種創造能力，得以塑造氣氛與環境，使他人願意共同完成既定的目標。
3.領導是一種發展能力，強調自我發展與團隊發展。
4. 領導與人物特質息息相關。

二、傳統的領導理論類型

傳統的領導理論可區分為三大類型：其一，乃是領導特質論（trait theory）或稱之為「偉人理論」（great man theory）。主要是探討成功之領導者，必定有其異於常人的獨特人格，這些人格特質可以透過研究，加以逐項描述出來。因此，由生理、人格、智力、人際關係、自信、積極等特徵構面，即可解釋或預測領導效能，但此論據似乎陷入以偏概全的謬誤。其二，乃是領導行為模式理論（behavioral pattern theory），該理論主張領導效能並非取決領導為何種特質，而是取決於其影響部屬之行為模式。換言之，領導者與被領導者之間的互動是衡量領導效能的主要關鍵。強調領導者實際動態的行為表現，而非如特質論重視靜態的特質分析。例如最近盛行倡導（initiation of structure）和關懷（consideration）兩種行為即是典型代表。其三，為情境領導理論（situational leadership theory），主張依照不同的情境採取最佳的領導方式，該理論強調領導之作用在於影響部屬之行為，而其行為又受動機及態度等因素之影響，欲討論領導效能就不能脫離人之動機與態度，而這正是領導的情境因素。

綜合而言，「特質理論」僅在重視領導者之特質屬性；「行為理論」則兼容並蓄領導者與被領導者之互動；而「情境理論」則考量領導者、被領導者以及情境因素等三構面。然而，隨著知識經濟時代之來臨，傳統領導理論亦有重新思維之空間。

(一)特質理論（trait theories，1940年前）

其理念為領導者為天生的，非後天培養產生，故重視天賦能力

的領導特質。

　　而領導特質包括以下三方面：

　　1.智慧方面：具知識、判斷力、果斷及流暢的表達能力。
　　2.人格方面：具創造力、警覺、合作性、自信及情緒穩定。
　　3.能力方面：具機智、積極參與社會並受大眾歡迎。

(二)行為理論（behavioral theories，1940～1960年）

　　其理念為重視領導者的行為舉止與領導風格。

◆X理論與Y理論（McGregor's theory）

　　以X理論與Y理論對人性的假設比較為基礎，將較傳統的稱為X理論（好逸惡勞、缺乏雄心、寧願被他人領導等），比較人道的稱為Y理論（熱衷工作、承擔責任等）。

◆李克特管理系統（Likert's management system）

　　將領導區分成四種系統分別是剝削—獨裁、仁慈—獨裁、諮商—民主、參與—民主。

◆布萊克與摩頓管理方格理論（Blake & Mouton's managerial grid theory）

　　將關心生產（工作）與關心人員（關係）之領導者分成五種形態：工作管理、團隊管理、鄉村俱樂部的管理、赤貧的管理及中庸之道的管理。

◆俄亥俄大學的領導行為的研究（Ohio state studies）

　　以體制（即為達成目標界定自己或部屬的行為）與體恤（與部屬建立相互信任、尊重的關係）的程度來區分領導者的形態。

(三)權變理論（contingency theory）

　　其理念為重視領導者與下屬成員間有良好的人際關係，具備群體工作結構，領導者有權威及組織任務明確。

◆**費德勒權變模式**（Fiedler's contingency model, 1967）

　　認為有效的領導是領導風格能與特定情境緊密配合，因保有最有利的情勢，可使領導者權力穩固，並與部屬維持極佳關係。

◆**赫塞與布蘭查的領導生命週期理論**（Hersey & Blanchard life cycle theory of leadership）

　　認為領導者的職責在幫助部屬成長，領導者須依部屬不同的成熟度，在領導行為的工作導向與關係導向做不同程度的調整。

◆**大內的Z理論**（Ouchi's Z theory）

　　係針對X理論與Y理論之缺點修正而成，認為組織可從成員創造性的觀念及參與投入獲得最大的利益，故強調長期僱用、重視員工的投入及關心員工的身心靈各方面發展。

　　在1975年後，一種新的領導理念逐漸開展出來，對傳統領導理論也形成強大的衝擊。這些概念名稱包括轉型領導（transformational leadership）、魅力領導（charismatic leadership）、激勵領導（inspirational leadership）等等，主要論點是強調領導者要具有遠見、重視革新，鼓勵部屬提升工作動機到較高層次，以共同完成既定目標。

第二節　媒體的有效領導

一、赫賽與布蘭查之權變領導理論

(一)權變領導理論之因素

赫賽（P. Hersey）與布蘭查（K. H. Blanchard）在《組織行為的管理：利用人力資源》（*Management of Organizational Behavior: Utilizing Human Resources*, 1988）一書中，提出了一項權變觀點的領導理論。他們認為，領導形態無所謂好壞，領導者究竟應採取何種領導方式為宜，必須視被領導者的人格成熟度而定。他們的權變領導理論乃是基於下面三項因素的交互作用而推演的：

1.領導者所做的指引（任務行為）。
2.領導者所提供之社會情感的支持（關係行為）。
3.部屬執行工作的成熟度：包括部屬承擔工作的能力及意願。

(二)領導形態

而由上述三項因素，可以發展出以下不同的多種有效領導形態。

◆「教導式」的領導形態

所謂「教導式領導」是指領導者提供低能力及低意願的部屬以明確的、特定的指示，告訴他們如何、何時、在何地做什麼事情。此時，其領導方式屬於高度任務行為與低度關係行為。

◆「推銷式」的領導形態

　　所謂「推銷式領導」是指領導者對部屬提供一些直接性的幫助與指示，並經由雙向的溝通與解釋，使他們在心理上覺得「購進」所期望的行為。此時，領導方式為高度任務行為與高度關係行為。

◆「參與式」的領導形態

　　所謂「參與式領導」是指部屬與領導者共同提出構想、溝通觀念，以利決策的達成。通常在此種領導情境中，部屬有能力但無意願達成領導者的期望。此乃因部屬缺乏信心或感覺不安，故領導者應敞開心胸，藉雙向溝通及主動的傾聽，而支持他們有效的運用既有的能力。此時，領導方式是高度關係行為與低度任務行為。

◆「授權式」的領導形態

　　所謂「授權式領導」是指領導者可以將決定和執行工作的責任讓給具有能力、意願和信心的部屬，而且只要提供少許指示與支持，甚至不需要提供，即可使他們獨立負責。此時，領導方式是低度關係行為與低度任務行為。

　　總結而言，赫賽與布蘭查之權變領導理論的主要主張是，欲完成某項特定的工作時，如果部屬是低度成熟的，宜採取教導式的領導形態較有效；如果部屬是中下的成熟度，採取推銷式的領導形態較為適切；如果部屬是中上成熟度的，採用參與式的領導形態較為可行；如果部屬是高度成熟的，則應採取授權式的領導形態較為恰當。

(三)領導要素

　　而有效的領導要素，可以簡單列出以下六點：

　　1.設定明確一致有意義的團體目標。

2.具備足夠領導及專業上的知識與技能。

3.具有足夠的自我認識，並盡力去瞭解個人及他人的需求。

4.能清楚而有效的與人溝通。

5.有足夠的活力來貫徹領導功能。

6.採取實際行動。

二、費德勒之權變領導理論

(一)領導方式之變數

另外，學者費德勒（Fred E. Fiedler）也提出了權變領導理論，他是美國伊利諾大學的教授，自行設計「最難共事同仁量表」（LPC），作為領導形態的區別工具：LPC分數高者為關係導向領導，LPC分數低者為任務導向領導。他在做過實證研究之後認為，領導者在領導某一個群體時，如果想要達成高度的成果，必須要採取適當的領導方式，而決定採取何種領導方式，則須視三項主要變數的綜合研判而定。此三項變數為：

◆領導者與部屬間的關係

指領導者與部屬相處的情況，及部屬對領導者表示信任與忠心的程度。如果雙方關係良好，即使得領導者的領導情境處於有利的狀況，反之，則處於不利的狀況。

◆任務結構

指群體所負責之任務性質，是否清晰明確、例行化，可預測後果；或是模糊不清、複雜多變，後果難以預測。前者表示結構性高，有利領導者的領導；後者表示結構性低，不利領導者的領導。

◆職位權力

指領導者所具有職位之實際獎懲權力的強弱，及其自上級與整個組織所得到支持的程度。如果權力很大，有利領導；如果權力很小，則不利領導。

(二)領導情境

費德勒將領導形態分成兩類，即「任務導向」及「關係導向」。他建議，當領導者發現其領導情境屬於有利及不利兩個極端時，他最好採取任務導向（亦即專斷式、體制式）的領導形態，才能獲得高度的績效。相反的，如果他的領導情境處於有利與不利之間，則最好採取關係導向（亦即民主式、體諒型）的領導形態，較能獲得高度的績效。

依照費德勒的看法，沒有任何一種領導形態可以放諸四海而皆準。換句話說，在某一種情境下，非常有效的領導形態，在另一種領導情境下，可能就完全無效。歸納言之，費德勒權變領導理論的重點為：

1.強調領導效能。
2.指出管理當局必須依據情境選擇適當的領導者。
3.說明沒有一種領導方式是最好的，領導者必須適應情境採取不同的領導方式。

三、戴維爾之人格分類論點

另外，戴維爾博士（Jard DeVille）在他的《新時代的領導風格》（*The Psychology of Leadership*）一書中將人格分為四類。戴維

爾依自身經驗認為，領導最重要的是塑造組織的氣氛。一個領導者可能一次擁有多種類型的特徵，但是卓越的領導人必須四類風格兼容並蓄，並保持四類風格的均衡。

1. 第一類——理性的領導風格：這一類的人，天生具有較常人敏銳的理解能力，長於分析問題癥結之所在，並能事先洞悉潛在的可能問題。

2. 第二類——客觀的領導風格：能發揮他們天賦的控制能力、個性寬容、善於接納別人的意見，因此能夠綜合眾人的意見，從客觀的角度做決策。

3. 第三類——激勵的領導風格：具有競爭和自我表現的傾向，這類領導人能把熱誠和幹勁散播給員工，讓下屬感覺到工作是一種樂趣，同時糾正員工犯下的錯誤，給予建設性指導，這一類的領導者就像球隊教練。

4. 第四類——支持的領導風格：這類領導者能夠與人合作並喜歡表現自己，他們會支持員工，儘量協助並開導員工，促使員工在能力上獲得成長，他們的領導方式就像員工的顧問一樣。

媒介應用實例

東森媒體集團總裁王令麟的領導風格

　　東森電視台暨東森得易購公司總裁王令麟，對於工作的全心投入、勤奮努力，幾乎沒有週末、假日，深為所有集團同仁所感佩。王總裁禮賢下士，為公司廣納各界優秀人才，也是東森媒體集團事業發展蒸蒸日上的主因之一。王總裁非

常鼓勵公司同仁提出建言，設有員工提案獎勵制度以及總裁電子郵件信箱，鼓勵大家提出和他不一樣的看法，對於員工的各項建議都深表重視。

對於各事業部門的運作，王總裁強調「目標管理」及「績效管理」，著重從各項營運數字來檢討各部門的工作績效及表現。「賞罰分明」也是王總裁的領導特色，對於執行專案表現優異的部門，經常公開頒發獎金給予實質鼓勵；反之對於未能達成業績目標的事業部門，王總裁也會不假辭色加以斥責，但無非是希望所有同仁都能上緊發條，戮力達成公司發展的事業目標。

簡言之，王總裁累積經營媒體相關事業多年的豐富經驗，以及個人敏銳的商業眼光及靈活的行銷頭腦，以「恩威並濟」的方式領導東森媒體集團四千名員工，朝向全球華文媒體第一品牌的目標齊心邁進。

分析：他是偏向第二和第三類型，激勵和客觀的領導風格，首先，他以身作則的方式，帶動員工們向他看齊，且重用人才，使員工有發揮腦力的空間，使組織有創意，他領導的風格就是重於目標管理和績效管理，利用賞罰分明的原則，促使員工激勵向上，作風開明，讓員工提出看法時，較無壓力，這種領導方式，一方面讓全體員工有參與感，讓他們知道自己的價值，另一方面，激發不同個性的人，使他們發揮最大的腦力，並警惕表現不佳的同仁，這樣的領導才能在多變化的傳播世界求取生存之道。

八大電視台總經理林柏川

有線電視是典型的「分眾市場」，一個好的電視台，有競爭力的電視台，一定要有自己的特色，除了擁有自己的特色，還需要有前瞻性，有能力「先知先覺」，隨著時代的脈動適時調整自己，在同業還沒有動作之前，就先開始尋求改變。

有線電視的競爭是激烈而殘酷的，八大電視台身處在這樣一個詭譎多變的環境中，林柏川常常勉勵同仁：不論擔任什麼職務，從事什麼工作，一定要盡心盡力，全心投入，不允許絲毫的怠惰和輕忽。

八大電視台雖然在業界闖出一片天，無論節目口碑、收視率、廣告營收、頻道普及率與定頻率，各方面都名列前茅，但仍有很大的發展與成長空間。

希望所帶領的八大團隊，一定要建立良好的制度，不容忍官僚作風，不容忍推諉敷衍，更不能容忍明爭暗鬥。我們需要的是有智慧的人才、傑出的專業人才、敬業的人才，同時也要求這些優秀的員工擁有齊心協力的團隊精神，大家為著共同的理想和目標攜手奮鬥。

分析：他是偏向第一類型，領導組織要把眼光放遠，以解決問題作為導向，領導傳播界潮流，開創八大電視自身的特色，以光明化的制度帶領群眾，提升員工的向心力，降低人事方面的亂源，領導者是屬於較強勢者。

專業頻道的實驗家：邱復生

TVBS以現場立即轉播新聞方式，以及現場叩應談話性節

目開疆闢土。嶄新的傳播模式、跳脫黨政約束的報導風格，令觀眾耳目一新，不但創造話題，更吸引許多人轉台，選擇收看TVBS。這是邱復生企業包裝手法的呈現，他效法美國CNN新聞製作方式，將新聞「搶獨家」、「搶現場」精神發揮至極致。事實證明，以這種方式來製作新聞，不僅收視率節節高升，所建立的新聞專業度更令不少同業另眼相看。

TVBS主打港劇與叩應節目一炮而紅後，邱復生接續以開創性思維，實驗專業頻道商業化的可能。1994年轉播職棒為主的專業運動頻道TVIS成立，1995年成立專業新聞頻道TVBS-N，之後又創立以娛樂、生活資訊為主的TVBS-G，以及去年由年代產經台轉型的ERA-NEWS，與TVIS轉型的MUCH-TV，都是具體成果。TVBS傳播媒介家族日益龐大，驗證了邱復生成功的「化種種不可能為可能」，成績傲人。

分析：偏向第一類型，理性的領導風格，當領導人擁有敏銳的直覺時，便可以比其他同性質工作領導者提早一步瞭解目前的流行狀況，而提出方案和改進，邱復生以靈敏的觀察力，洞悉市場未來的趨向，發揮原創性，實驗性的精神去領導TVBS，他發覺傳媒即時性的重要，大膽的去開創報導新風格，跳脫了政治束縛，更可以讓觀眾覺得有一定的公正性，當觀眾第一時間看到實況轉播或獨家新聞時，會有蒞臨現場和挖到寶的感受。

結　論

各個電視台具有怎樣的文化或是傳播風格，那樣的過程就是他本身領導的方式。

　　威權式的管理已經不合乎現代潮流的需求，一個好的領導者必須是一個好的傾聽者，能夠接受其他不同的意見及聲音，保持由下至上的溝通管道隨時暢通無阻，並掌握最新資訊的脈動，避免組織內部的僵化及官僚化。小而美的跨國企業分部確實能避免無謂的人力資源浪費，而扁平化的組織也的確可以讓行政決策命令的貫徹更有效率。在這波全球化的洶湧浪濤中，掌舵的跨國企業領導人只要能使全體員工同心共濟，領導者與被領導者彼此信任，並對公司有強烈的認同感，相信未來的前途必定能破浪而出，一帆風順。

第三節　決策的過程與方法

一、何謂決策

　　決策（decision-making; policy-making）是人類重要的思維活動，也是一個在各種層次上被廣泛使用的概念。人們往往自然而然地做出決策，並未意識到決策過程還分成數個階段，也不是很清楚知道自己選擇某一方案時確切的標準是什麼。事實上，個人決策關係到個人的成敗得失，組織決策關係到組織的生死存亡，國家或政治決策關係到國家的榮辱興衰。因為機不可失、時不再來，決策必須追求一次成功率，失敗將導致現實的損失，甚至無可挽回的後果。因此，以提高決策有效性為目的的決策理論和決策技術的研究變得非常重要。

決策面對的是未來可能發生的事件，然而環境千變萬化、資訊不充分、時間緊迫、決策者的主觀因素複雜，都會直接影響到決策的正確性。李維（Primo Levi）在《停戰》（*The Truce*）一書中，回憶他當年從德國納粹在波蘭西南城市奧斯威辛（Auschwitz）所設的猶太人集中營被釋放出來，返鄉途中聽到一位難友所說的故事。這位難友名叫葛立克，李維對葛立克所穿的鞋子很感興趣。葛立克說，他是拿食物去換來的。李維聽了大吃一驚，因為在集中營裡，食物是攸關生死的必需品。葛立克卻說，鞋子當然比食物還重要，鞋子可以讓一個人走路回家、逃離危險，必要的時候還可以靠它去找食物。由此可見，決策不但涉及問題的認定、尋找方案、評估方案、執行所選定的方案，以及評估結果等活動，更涉及決策者的態度、價值、思維傾向等影響決策行為的主觀因素。

現代決策科學對集體決策與個人決策皆有大量研究，有關決策理論與方法的研究，包括理論研究和應用研究兩個方面。理論研究以理性決策理論和行為決策理論為主導；應用研究以決策支持技術為主線。決策理論雖未形成成熟的理論體系，從決策的描述性和規範性研究到決策技術的應用性研究，都取得了許多的成果，更發展出不少科學的決策技術和方法。基本上，一個人或一個組織的決策後果完全符合預期情況的很少，總是或多或少地偏離原先預期，縮小這種偏離正是決策研究的效果和潛力之所在。

二、決策概念

現有關於決策概念的表述大致可分為兩種：第一為狹義的表述，認為決策是選擇方案的活動，是領導的行為，即通常所說的「拍板」；第二為廣義的表述，認為決策是一個提出問題、研究問題、擬定方案、選擇方案並實施方案的全過程，即決策是決策主體

以問題為導向，對組織或個人未來行動的方向、目標、方法和原則所做的判斷和抉擇。決策問題一般都有兩個顯著的特徵：首先，決策是面對尚未發生的事件，因此都存在一定的不確定性。這就要求決策者必須具有較強的洞察力，其決策行為必須富有前瞻性，更要正確認識和對待決策方案實施後果與預期目標的偏差。其次，決策多屬一次性，失敗將導致顯著的消極後果。這就要求決策者必須掌握並正確應用科學決策的方法和技術，不斷總結經驗，改善決策質量。

所謂決策「就是在不確定的情況下，就各種可行的方案進行選擇」。更具體地說，決策是指一個人、團體或政府，在特殊的環境下，為達到某種目的，而選擇最佳途徑或政策的一種行為過程。在經驗世界中，一個可能想像的決策場合，必發生於一種特定時空中。此一場合主要由四個部分構成，亦稱之為決策的構成要素。

(一)決策的構成要件

◆決策者

決策者是決策主體和決策行為的發出者，它可以是個體，也可以是集（群）體。決策者受社會、政治、經濟、文化、科學等因素的影響，具有特定的知識結構和心理結構，決策者的知識、經驗、判斷力、個性、價值觀，甚至個人情感都直接影響其決策質量。

◆決策目標

決策者懷有一個主觀的目的，並企圖克服環境或利用環境而加以實現。決策目標的合理性直接影響決策結果的合理性。

◆決策方案

決策方案是達到目的的手段，是選擇的對象。決策方案的制定

是整個決策中極為重要的一個階段，特別是在人力、物力、財力花費巨大的決策項目中更為重要。

◆決策環境

圍繞決策者的特殊環境，包括自然的、文化的以及行為交互影響所形成的狀況，乃是指出各種方案可能面臨的自然狀態或背景。

(二)決策研究的主要面向

因此，決策的研究有三個主要的面向，決策者、決策環境及決策過程。

1. 對決策者的研究主要在於：決策者的社會基礎、決策者如何產生、決策者與決策過程中所扮演的角色、決策者本身的心理認知、期望、期望值與想法。
2. 決策環境是一個人做決策時所須面對的環境，依其所能獲得資訊的確定與不確定性，可分為確定性決策、風險性決策、不確定性決策等三類決策。
3. 決策過程主要在於探究：決策者於決策過程中因為環境影響、心理的期望與認知，與官僚組織及體系的結構等此類因素所做成的決策產出。

三、決策過程

決策是一個不斷發現問題並不斷解決問題的過程，西蒙把決策過程分為情報活動、設計活動、抉擇活動和實施活動等四個階段。

(一)情報活動

　　主要解決「做什麼」的問題，是審時度勢、確定決策問題和決策時機的階段。在實踐中，不同組織都設立一些專門化機構或部門，主要從事情報活動。如軍隊設立情報部門，為指揮機關的決策提供必要的情報；企業設立研究開發部門，重點瞭解國內外新產品、新技術的發展動態和商業情報；政府設立政策研究部門，瞭解內外環境的發展變化態勢，為政府提供戰略性政策建議。

(二)設計活動

　　這是尋求多種途徑解決問題的過程，是行動方案中的探求過程。設計活動強調多方案，因此在設計過程中，決策者及其諮詢人員必須多思路、多角度地挖掘、構想並形成多種方案。

(三)抉擇活動

　　這是預估、評價和選擇方案的過程。方案後果的多樣性、評價準則的多樣性，以及抉擇者個人的主觀偏好因素等，決定了抉擇是十分困難的挑戰。

(四)實施活動

　　這是執行、追蹤和學習的過程。決策方案一旦確定，還必須制定詳細的執行計畫和資源預算計畫，使組織成員深刻理解決策方案並努力實施，並在實施過程中進行監督和檢查，俾發現偏差時能及時修正。

四、決策類型

從不同角度，可將決策問題歸結為不同類型。

(一)按決策職能劃分

1.專業決策：也稱專家決策。
2.管理決策：企業、事業單位的管理者所進行的決策。
3.公共決策：國家、行政管理機構和社會團體所進行的決策，如國家安全、國際關係、社會就業、公共福利等。

(二)按決策問題的性質劃分

1.程序決策（programmed decision）：即常規決策，指那些經常重複出現的決策問題。如學校的課程安排、醫院的檢查診斷、企業的訂貨決策、生產調度等。
2.非程序決策（nonprogrammed decision）：指那些尚未發生過、不容易重複出現的決策問題。如學校的新專業決策、醫院的新手術方案研究、企業新產品的開發、合資經營模式研究等（**表12-1**）。

(三)按決策環境劃分

1.確定型決策：決策的未來狀態完全可以預測。
2.風險型決策：決策具有多種未來狀態和相應後果。
3.不確定型決策：指那些難以獲得各種狀態發生的概率，對未來狀態也難以把握的決策問題，如管理制度改變的決策。

表12-1　程序與非程序決策

程序決策	非程序決策
1.可以依例行做法處理的重複決策。 2.標準化的例行做法。 3.結構化的問題。 4.簡單，高度倚賴先前的解決之道。 5.沒有「開發可行方案」的決策過程。 　例如：換輪胎、鋪貨上架、服務生把湯撒到顧客身上。	1.必須量身訂做以解決獨特和非重複問題的決策。 　例如：併購決策、再造流程以提升效率、是否賣掉賠錢的部門。 2.新的問題、環境因素各異。 3.非結構化的問題。 　例如：1980年代IBM賣PC。

(四)按決策動機劃分

1. 「目的動機」〔爲了型（in order to）動機〕：爲了達成某種目的，而自覺、有意識的行爲，如爲了達成某一項政策目標所採取的具體決策行動。

2. 「反應動機」〔因爲型（because of）動機〕：是針對某項刺激所做的反應，屬不自覺、無意識的動機，這其中涉及決策者個人或決策集體的心理因素、生活經驗等。惟此一刺激與反應間的行爲形成一循環機制後，決策者在做出反應時，其行爲本身已蘊含了部分程度的「目的動機」。因此，在現實環境中的決策者，「目的」及「反應」兩種動機常糾結在一起，並不易區分。

(五)按決策思維方式劃分

1. 理性決策：以邏輯思考爲主，根據現成的規則評價方案，追求清晰和一致性的決策。

2. 行爲決策：是以直覺思維爲主的決策。

此外，決策問題還可以分為單目標決策和多目標決策、單變量決策和多變量決策、單項決策和序列決策、戰略決策和戰術決策、個體決策和集體決策等。

五、決策研究方向

決策研究大概可分為兩大主要方向，一為平時之決策研究，另一為危機決策研究。若以決策者所面臨的環境因素，又稱為決策局勢，可分為三種狀況：第一是確定性局勢（certainty）；第二是風險性局勢（risk）；第三是不確定局勢（uncertainty）。根據不同局勢所訂定的決策亦有三種：

1. 確定型決策，簡稱DMUC（decision making under certainty），這是指決策者確知環境條件，每一種備擇方案只有一種確定的執行後果，很容易比較，決策過程中只要直接比較各種備擇方案的執行後果即知優劣。
2. 風險型決策，簡稱DMUR（decision making under risk），是指決策者不能預先確定環境條件，但可能狀態的數目與概率可以預先客觀估計，在每種不同的狀態下，每個備擇方案會有不同的執行後果，所以不管哪個備擇方案都有風險。換言之，一個方案有數種可能出現情況，但每一種情況出現之機率皆可估算。
3. 不確定型決策，簡稱DMUU（decision making under uncertainty），這表示決策者對各個備擇方案的執行後果難以確切估計。即一個方案有數種可能出現情況，但每種情況出現之機率無法估算或確知。實際上，大多數工商企業的決策，都屬於不確定型決策，它的決策關鍵在於儘量掌握有關資訊，根據決策者的直覺、經驗和判斷果斷行事。

第十三章

媒體領導者的新課題

- 人性需求理論之再檢視
- 領導者的新課題之一：願景觀
- 領導者的新課題之二：系統思考觀

　　早期的新聞業多是由文人辦報，加上新聞行業本來就與文字、
價值觀的傳達等脫不了關係，例如新聞業在戰時也曾經成為統戰、
說服的工具之一，因為新聞業不僅是傳達新的事情，也能把潛藏的
價值觀透過文字廣為宣達，以遂行宣揚者的目的。因此，與文字連
結的媒體業也因而稍稍披上與眾不同的色彩。簡單來說，新聞媒體
這個行業是需要用腦的行業，從事此一行業者，多少帶有理想的、
熱誠的、追求新聞真相或價值的使命感，帶領這樣一群特殊工作者
的領導者，究竟用什麼目標作為組織的目標？作為大家共同追求的
理想？而媒體工作者在一份薪水之外，又是以什麼作為個人追求的
目標呢？

　　或許，媒體領導者可捫心自問，我的媒體組織的最高目標是什
麼？我要把我的組織帶往何處？我要如何讓我的團隊成員一致朝向
哪個方向而努力呢？而媒體工作者也嘗試問自己，我在這個組織的
工作價值是什麼？我為何會在這裡？我想要追求什麼？

　　試想，當組織的目標與個人的目標達到一致時，組織的利益是
什麼？個人的價值在哪裡？兩者能夠產生什麼綜效（synergy）呢？

第一節　人性需求理論之再檢視

　　在許多激勵理論中，都會提及領導者必須瞭解組織成員的需求
與想法，才能運用最合適與最有效益的領導模式。例如當員工最基
礎的需求是薪資的直接獎勵時，領導者用現金作為酬賞能夠發揮最
大的效用；如果員工的激勵來源是榮譽，那麼公開的讚賞或實質的
表揚，就能夠激勵員工的工作潛能。因此，瞭解組織成員的需求就
特別重要。

一、需求層級理論與XY理論之再檢視

在許多關於人性的理論中，心理學大師馬斯洛在1954年發展出需求層級理論，其探討人性的概念一直以來都被管理學者廣為引用。許多管理學或心理學、組織行為學的書籍中，都能廣泛的見到馬斯洛著名的金字塔形（三角形）需求層級理論（見本書第三章），這五個人性的需求層次依序是生理需求、安全需求、社會需求、自尊需求、自我實現需求。當較低層次的需求被滿足時，人性會再尋求較高一層次的需求。例如當安全的需求被滿足之後，人性的驅使會使人追求社會需求。

1960年，麻省理工學院教授葛瑞格發表了《企業的人性面》（*The Human Side of Enterprise*）一書，就引用了馬斯洛的需求層級理論。葛瑞格稱科學管理時期的管理理論為X理論，假定人性為惡，而他自己的理論為Y理論，假定人性不為惡。葛瑞格從人性觀點來探討組織管理問題而提出XY理論，並提出X和Y兩個管理模式。葛瑞格也因而被稱作X理論與Y理論之父。而馬斯洛的需求層級理論與葛瑞格的XY理論的對照如**圖13-1**所示，其中葛瑞格的X理論可對照馬斯洛的最低層次需求，而Y理論則對照馬斯洛的較高層次需求。

Y理論	5.自我實現需求
	4.自尊需求
	3.社會需求
X理論	2.安全需求
	1.生理需求

圖13-1　馬斯洛需求層級理論與葛瑞格XY理論的對照圖

二、馬斯洛對需求理論之再修正

馬斯洛晚年愈來愈意識到，如果強調自我實現的層次，可能會導向不健康的個人主義，甚至於是自我中心的傾向。他認為人們需要超越自我實現，需要超越自我，因此馬斯洛在1968年又建構了一個全新的Z理論來打破舊的管理理論，他相信人性化的工作環境是時勢所趨。Z理論假設人們一旦達到經濟需求的基本安全感，就會努力提升生活的價值，尋求一個可以發揮創造力及生產力的工作場所，因為馬斯洛認為人類在達到自我實現後，還是無法滿足人類渴求的終極目標，所以在原來的需求層級理論的X、Y理論上，又加入了一層Z理論，Z理論中提出了人類需要靈性的需求。馬斯洛重新反省他多年來發展出的需求理論，可歸納為三個次理論，即「X理論」、「Y理論」及「Z理論」。而根據馬斯洛自己另外發展的第六個人性需求，就是超越靈性的需求，因此，綜合馬斯洛的需求層級理論、葛瑞格的X理論和Y理論，以及馬斯洛自己再修正發展的Z理論，整個人性理論的發展可以圖示如**圖13-2**。

不過，因為馬斯洛在1970年就過世了，所以馬斯洛的需求層級進展到Z理論的文獻和內涵還不夠豐富，所以有許多教科書在介紹馬斯洛的需求層級理論時，還停留在五個層級的階段。

Z理論	6.最高需求（超越靈性需求）
Y理論	5.自我實現需求
	4.自尊需求
	3.社會需求
X理論	2.安全需求
	1.生理需求

圖13-2　馬斯洛與葛瑞格之理論整合

三、大內之Z理論

此外，日本學者大內將日本企業的成功歸諸組織文化的成功，並稱爲「Z理論的文化」，而在1981年出版《Z理論》一書。而大內提出的理論也是源自於管理學裡的X理論（傳統的、系統的、物質的管理概念）與Y理論（當代的、彈性的、人性的管理概念），因此也用了「Z理論」這個名詞，但與馬斯洛的Z理論涵義不太相同。大內從社會、經濟、心理的觀點認爲：人存有極大的個別差異，對工作責任感的體會亦有所不同。一般人是爲了追求自己需要的滿足而工作，因此主管與部屬之間必須建立在人性基礎上，創造制度化與和諧的工作環境，因應成員複雜的心理需求，施以因人而異的激勵措施，並視組織爲有機體，以達成個人與組織之互相適應及融合，因此，Z理論指在組織與成員相互間存在的一種高度責任、忠誠及關切的信念，它可以導致高度的產出並改善組織的福祉。

四、最高的靈性需求是什麼？

根據馬斯洛提出的超越靈性的需求，是一個頗爲抽象的概念，事實上，人類並不全然只有早期馬斯洛提出的五種需求，有許多例子都顯示，人類可以爲了某一種個人價值觀中認爲是崇高的理想或目的，而心甘情願地放棄自己的生命，例如戰爭時期拋頭顱灑熱血者，如日本武士的自殺攻擊、黃花崗起義、國父十次革命、伊拉克的人身炸彈攻擊等等。在新聞界，也有許多新聞工作者殉職的例子。這些比自我實現的層次更高的、可能超越生命的需求，就是馬斯洛提出的最高需求。但是，這些超越性需求，其所追求的，究竟爲何？大內認爲，人存有極大的個別差異，對工作責任感的體會也

不盡相同。由此來看，同樣的，也有媒體工作者會爲了一則新聞而衝鋒陷陣，也有媒體工作者尋求的是比較安全的需求。

由人性的需求可知，人類可能爲了追求某一種無形的價值，而產生極大的動力與勇氣。當大內以日本社會的高成長例子而歸納出Z理論時，他認爲在組織與成員相互間存在的一種高度責任、忠誠及關切的信念，可以導致高度的產出。因此，此種無形的價值是什麼呢？這種無形的價值就是「願景」。

第二節　領導者的新課題之一：願景觀

願景（vision）一詞是彼得・聖吉率先提出的，提出之初在企業領域即快速的引起一陣討論，並且在企業界廣爲盛行，同時也推廣到各個領域，不局限在企業領域。在組織中建立「共同願景」（shared vision）的想法已經成爲領導者必修的一門課程，並且廣泛的運用在組織中，能領導組織成員循著共同的目標前進。如今，願景一詞已經是一個普遍的名詞，並成爲領導者的必修課程。

華茲・韋克（Watts Wacker）、傑姆・泰勒（Jim Taylor）與霍華德・明斯（Howard Means）所著的《願景地圖》（*The Visionary's Handbook*）一書就直指，若說企業最強有力的資產爲何，答案既不是不動產，也不是現金，而是未來觀點。正因如此，在公司治理（corporate governance）話題蔚爲一波新興趨勢的同時，企業主管想要在組織中實行健全的公司治理體制，能否針對未來描繪出一幀亮麗可行的願景，並逐步走向這個目標，便成了最大的課題與關鍵。

一、建立共同願景

　　事實上，雖然願景一詞常見，但是對於願景的概念，多數人還只有模糊的概念。如果說，「三民主義是一種思想、一種信仰、一種力量」，願景也可以代換三民主義一詞成為「願景是一種思想、一種信仰、一種力量」。當年國父以三民主義號召一群志同道合者的追隨，現在的媒體領導者也能夠透過建立願景，而形成整個組織共同追求的無形價值。而這種「共同願景」就是大家共同願望的景象，是發自內心的意願，這個願景是如此讓人難以抗拒，以至於沒有人願意放棄它。「共同願景」是在人們心中產生一股令人深受感召的力量。剛開始時可能只是被一個想法所激發，然而一旦進而發展成感召一群人的支持時，就不再是個抽象的東西，人們開始把它看成是具體存在的。

　　彼得‧聖吉指出，願景是人們心中或腦海中所持有的意象或景象，共同願景也是組織中人們所共同持有的意象或景象，它創造出眾人是一體的感覺，並遍布到組織全面的活動，而使各種不同的活動融會起來。共同願景最簡單的說法是：「我們想要創造什麼？」

　　彼得‧聖吉認為，企業中的共同願景會改變成員與組織間的關係。它不再是「他們的公司」，而是「我們的公司」。共同願景是使互不信任的人一起工作的第一步，它產生一體感。事實上，組織成員所共有的目的、願景與價值觀，是構成共識的基礎。願景具有強大的驅動力，共同願景能自然而然地激發出勇氣，在追求願景的過程中，人們自然而然會產生勇氣，去做任何為實現願景所必須做的事。願景建立一個高遠的目標，以激發新的思考與行動方式。共同願景也能培育出承擔風險與實驗的精神，共同願景也是一個方向舵，能夠使組織在遭遇混亂或阻力時，繼續循正確的路徑前進。

　　心理學家馬斯洛晚年從事於傑出團體的研究，發現他們最顯著的特徵是具有共同願景與目的。馬斯洛觀察到，在特別出色的團體裡，任務與本身已無法分開；或者應該說，當個人強烈認同這個任務時，定義這個人真正的自我，必須將他的任務包含在內。當人們真正共有願景時，這個共同的願望會緊緊將他們結合起來。個人願景的力量源自個人對願景的深度關切，而共同願景的力量是源自共同的關切。事實上，人們尋求建立共同願景的理由之一，就是他們內心渴望能夠歸屬於一項重要的任務、事業或使命。因此，共同願景對學習型組織是至關重要的，因為它為學習提供了焦點與能量，會喚起人們的希望，特別是內生的共同願景。共同願景讓工作變成是在追求一項蘊含在組織的產品或服務之中，比工作本身更高的目的。願景能夠令人歡欣鼓舞，它使組織跳出庸俗、產生火花而孕育無限的創造力。

二、如何建立共同願景？

　　許多共同願景是由外在環境刺激而造成的，例如競爭者。然而，如果目標只局限在擊敗對手，則僅能維持短暫的時間；因為一旦目標達成了，心態常轉為保持現在第一的地位便可。這種只想保持第一的心態，難以喚起建立新事物的創造力和熱情。但是依靠只想擊敗對手的願景，也不能長期維持組織的力量。

(一)從個人願景建立共同願景

　　彼得‧聖吉認為，真正的願景必須根植於個人的價值觀、關切與熱望中。而共同願景則是從個人願景匯聚而成，藉著匯集個人願景，共同願景便能獲得能量和培養行願（commitment）。

　　事實上，彼得‧聖吉所稱的"commitment"這個名詞，和管理領域的組織承諾（organizational commitment）是相似的概念，而組織承諾又可以分為「留職承諾」、「努力承諾」和「價值承諾」三個次概念。如以「組織承諾」為關鍵字在全國博碩士論文資訊網查詢，至2004年7月為止，可以查到五百餘篇相關的研究，而與組織承諾相關的研究論文更有數千篇，在此不再贅述。但由組織承諾的意涵和角度來看共同願景顯示的價值，可以更具體的瞭解共同願景和組織承諾的連結關係。

　　對於有意建立共同願景的組織，必須持續不斷地鼓勵成員發展自己的個人願景。如果人們沒有自己的願景，他們所能做的就僅僅是附和別人的願景，結果只是順從，絕不是發自內心的意願。另一方面，原本各自擁有強烈目標感的人結合起來，可以創造強大的綜效，朝向個人及團體真正想要的目標邁進。這是願景的領導藝術：從個人願景建立共同願景。

　　當組織上下都有共同追求的目標時，就不再是日復一日的無頭蒼蠅或盲目的組織與工作者，而是讓工作賦予意義，讓個人產生工作的熱誠，認為工作的內涵有價值與意義，進而產生責任感，對於工作有努力的承諾，並且能夠留在組織內發展（組織承諾）。此對於特別重視人力資源的媒體組織，以及對於有特殊價值的新聞業而言，更顯得特別重要。

　　現今，雖然「願景」對公司領導者而言，已經是個熟悉的概念。然而，大部分組織的願景是由一個人（或一個群體）強加在組織上的。這樣的願景，頂多博得服從而已，不是真心的追求。但這個簡單的道理卻被許多領導者給忽略了，他們往往希望自己的組織在短期內建立一個共同願景，甚至只是一個一時的熱情激發出來的口號而已。

(二)運用願景塑造整體圖像

當共同願景形成時，就變成既是「我的」也是「我們的」願景。彼得・聖吉表示，學習建立「共同願景」這項修練的第一步，是放棄願景總是由高層宣示，或是來自組織制度化規劃過程的傳統觀念。事實上，要達到組織和個人共同承諾的願景，就絕非官方說法而已。近年流行的建立願景的過程，與傳統中由上而下形成的願景沒什麼不同。最高管理當局通常透過尋求企管顧問而寫下「願景宣言」，這些願景通常只是短期的、治標的，為了解決士氣低落或缺乏策略方向的問題；它可能結合對競爭者、市場定位，與組織優弱勢等項目的廣泛分析。然而，結果常令人感到失望，原因如下（郭進隆譯，1994）：

第一，這樣的願景通常是治標而非治本的。透過一次建立願景的努力，為公司的策略提供遵循方向，一旦寫下來後，領導者就認為他們已卸下建立願景的職責。寫下願景宣言或許是建立共同願景的第一步；但是，願景只在紙上陳述而非發自內心，是很難使願景在組織內扎根。

第二個缺失是，這種願景並非是從個人願景中建立起來的。在追尋「策略性的願景」時，個人願景常被忽略；而「官方願景」所反應的僅是一、兩個人的個人願景。這種願景很少在每一個階層內進行探詢與檢驗，因此無法使人們瞭解與感到共同擁有這個願景，結果新出爐的官方願景也無從孕育出能量與真誠的投入。

對於學生而言，從國小、國中、高中乃至於大學，幾乎是學校都有校歌，而校歌的內涵所傳達的精神，通常也就是學校的精神，學校培育出來的學生應該是怎樣的樣子，也就是說，校歌傳達了學校的整體形象。一個組織的願景也是如此。

(三)分享與激盪共同願景

　　有時願景是源自不在權力核心者的個人願景，有時是從許多階層互動的人們中激盪出來的。因為分享願景的過程，遠比願景源自何處重要，分享的過程能讓員工有參與感。除非共同願景與組織內個人的願景連成一體，否則它就不是真正的共同願景。對身居領導位置的領導者而言，最要緊是必須記得他們的願景最終仍然只是個人願景，位居領導位置並不代表他們的個人願景就是組織的願景。對於意圖建立共同願景的領導者而言，必須樂於不斷把自己的個人願景與他人分享。他們也必須試著問別人：「你是否願意跟我追求此一願景？」對領導者而言，這並不是一件容易的事。

　　媒體領導者需要建立共同願景作為領導的最高目標，甚至領導者透過建立共同願景而建立魅力型（charismatic）領導特色。領導者必須學習聆聽與分享，讓組織員工能瞭解與有參與感，能知覺到個人與組織是融入一體的，才能對於組織與工作任務做出行動或承諾（commitment），員工達到工作目標，也相對的成就了組織目標。

(四)將願景融入企業理念

　　通常企業基本理念需要回答三個關鍵性的問題：「追尋什麼？」、「為何追尋？」與「如何追尋？」（郭進隆譯，1994）

1. 追尋什麼？追尋願景，也就是追尋一個大家希望共同創造的未來景象。
2. 為何追尋？企業的目的或使命，是組織存在的根源。有使命感的組織有高於滿足股東與員工需求的目的；他們希望對這世界有所貢獻。

3.如何追尋？在達成願景的過程中，核心價值觀是一切行動、
任務的最高依據和準則。這些價值可能包括正直、開放、誠
信、自由、機會均等、精簡、實質成效、忠實等。這些價值
觀反應出公司在朝著願景邁進時，期望全體成員在日常生活
中的行事準則。

這三項企業基本理念合而為一，便是組織上下全體的信仰。它
引導企業向前運作。

建立共同願景實際上只是企業或組織基本理念之一，其他還包
括目的、使命與核心價值觀等。願景若與人每日信守的價值觀不一
致，不僅無法激發真正的熱忱，反而可能因挫敗、失望而對願景改
採嘲諷的態度。例如台灣早期有幾家報社的政黨色彩濃厚，通常也
很難吸引到另一方政黨立場的記者任職與奉獻，因為彼此信守的價
值觀根本就南轅北轍，如此如何服從與承諾努力呢？

(五)檢視與省思以建立願景

如果說共同願景是組織上下最崇高的價值，那麼願景就不能只
是一句張貼出來的標語、背誦出來的信條而已。有一個簡單的檢視
程序可以釐清一些概念，亦即vision（願景）、mission（使命）、
goal（目標）、objective（目的）、strategy（策略）。透過層層檢
視，利用strategy達到objective，以objective達成goal，以goal完成
mission，運用mission而實現vision。這些概念是層層隸屬，彼此互
動出來的，而且必須透過不斷的循環與檢視，才能適用於組織管理
階層與員工，並進而成為共同願景。

第三節　領導者的新課題之二：系統思考觀

　　自從1990年，彼得·聖吉的《第五項修練》提出了五項修練——自我超越、心智模式、共同願景、團隊學習與系統思維——以來，他的思維模式突然令世人眼睛一亮；即使這十年來，聖吉的五項修練並未有眞確的實例指出他的概念是可行之於實體世界，而且獲致成功的，但是就如同馬克思的學說一樣，即使百年來馬克思的共產社會從未成功，但是仍然無損於他的論述與價值；同樣的，聖吉的「學習型組織」的典範似乎還未在眞實世界裡誕生，但是他的思想仍然獲得各界使用。

　　彼得·聖吉的學習型組織雖然有五項修練，但是前面四項修練其實都是以第五項系統思考的修練爲根柢，像1997年，貝林格（Bellinger）就認爲，系統思維應該稱爲第一項修練（the first discipline），因爲其他四項修練基本上描述的就是系統思考。也因此，第五項修練就顯得更形重要了。尤其系統思考與所有的人都有密切關係，而且在我們的生活當中也可以處處發現相關的例子。事實上，媒體工作者所受的專業訓練，也正潛藏著許多系統思考的影子。運用媒體產業特有的優勢訓練來進行系統思考，建立共同願景應該更爲容易。

　　在《第五項修練》中譯本中，趙耀東作序指出，系統思考的概念提供在亂中超越混沌、走出雜亂迎接新時代的指引，它引導人由看片段到重新觀照整體；由看事件到看變化背後的結構；以及由靜態的分析變因，到看見其間的互動，進而尋求一種動態的平衡（郭進隆譯，1994）。而此種「觀照整體」的概念實則與完形學派的心理學家一致，它也是主張事件要看整體而非個體，要兼顧事件發

生的前景與背景，要觀察事件的互動。另外，這種前景與背景的觀照，也與波特（Potter, 2001）在《媒體素養》（*Media Literacy*）一書中提到，看媒體的訊息必須同樣的看片段與看整體，也必須顧及事件背後的因素，同樣的必須分析靜態的變因到看見其間的互動，進而尋求一種動態的平衡。可見得此種「系統思維」或「思辨能力」（critical thinking）概念是很類似的。

何以系統思考如此獲得重視？而以前常談論的水平思考等方式卻相形失色？有一個主要因素是系統思考更完整、更具系統性，系統思考能夠找到「根本解」，而其他的思考方式只是一種引導人們思考，以找到「可能解」，這些方式只能讓人試圖找到各種事情發生的可能原因，再從眾多的可能原因中，運用個人智慧去判斷一種最好的結果，並試圖以此種方式解決問題而已。這種人們平常習慣檢視的因果關係，只能讓我們嘗試找出發生問題的可能原因，但是應用系統思維的觀點，卻可以瞭解問題的根本結構，只有在瞭解問題本身的根本結構，才能根據完整而正確的資訊，據以判斷問題的根本解，並找出最佳的應對方式，否則如果僅是頭痛醫頭、腳痛醫腳的暫時性治標不治本的方式，只能短暫解決眼前的問題，或是甚至再製造新的問題出來，如果各種「果」只是另一個問題的「因」，那麼這種因果循環產生的螺旋，日積月累所形成的風暴，或許更難以預見其可怕後果了。

一、共同的思考基礎

中國有句俗話說「秀才遇到兵，有理說不清」，或者是「夏蟲不可語冰」，描述的都是溝通的雙方必須有共同的經驗或價值觀。對照於組織中，當組織欲發展出共同願景時，組織上下必須使用的是同一種「語言」，這裡所說的語言不是指英語、中文這種溝通的

語言，而是指大家共同使用一樣的思考方式，站在相同的世界裡，而非彼此抱持不同的價值觀，形成「不同世界的獨立個體」。所以，在聖吉的系統思考裡也強調心智的語言是一種共同的語言、語言的工具，組織中的群己應該是一體的。

二、集體的一體感

導讀《第五項修練》的楊碩英也認為，彼得‧聖吉將系統思考發展成一種自我修練，堅持這種修練，能使我們看見自身的行動與外部力量之間，愈來愈多的新連結，而逐漸擴大與周遭的一體感；這也是我們今日最迫切需要的「第六倫」（郭進隆譯，1994）。而此處所謂的第六倫應與李國鼎所提倡的第六倫「群己關係」是類似的概念，也是強調人不能自外於全體，而是將個人與組織連結在一起。個人身處組織之中，就是一個共同的整體，運用共同的思維模式，才能達到有效的溝通。如同彼得‧聖吉說「集體遠比個體更有智慧」，中國老祖先的智慧也說「三個臭皮匠，勝過一個諸葛亮」，組織領導者必須與組織成員營造集體的、共有的、講求群己的一體感。

三、第五項修練的微妙法則

彼得‧聖吉的《第五項修練》提出了十一項的微妙法則，提供一般人在做系統思考時能隨時檢視的法則，也可以說是處事的智慧法則。有些法則看起來有重複的感覺，那是因為它們本來就是一體的數面。這十一個法則是：

1.今日的問題來自昨日的解：亦即鑑往知來，如同「以古為

鏡，可以知興替」。

2.愈用力推，系統反彈力量愈大：這是類似揠苗助長、適得其反的概念。

3.漸糟之前先漸好：有時候事情只是一種回光返照的現象。

4.顯而易見的解往往無效：如同揚湯止沸，可能只是短暫而無用處的方法。

5.對策可能比問題更糟：捨本逐末、治標不治本。對策可能形成另一個問題的成因。

6.欲速則不達。

7.因與果在時空上並不緊密相連：因果關係在時間上未必伴隨而至，就像俗話說「不是不報，只是時候未到」，須注意時間的「滯延效果」。

8.尋找小而有效的高槓桿解：如同四兩撥千斤的槓桿原理。

9.魚與熊掌可以兼得。事情未必是二分法，以動態的觀點來看，有時候不必然存在著矛盾。

10.不可分割的整體性：應該去除本位主義。

11.沒有絕對的內外：有時候敵人與朋友在不同時空下，或許會改變彼此的關係，強調的也是整體的關係。

四、跳脫慣性思維

領導者必須有更為宏觀的經營智慧，才能將媒體帶往正確而良性的路徑。因此，領導者具備系統思考時，能跳脫慣性思維，使用動態與彈性的系統觀點。彼得·聖吉認為處在複雜的組織中，「學習型組織」或許就是改善人類社會複雜系統的槓桿點。而要建立學習型組織，需要培養人們像系統思考者那樣看問題，並逐步發展自我超越，和學習如何共同合作、敞開胸懷和重新建構心智模式。

就今日以組織為主體的世界中，系統思考或許就是我們改變長久以來，積習在腦中最有力的思考方式之一。在此意義上，學習型組織可能不止是一項組織進化的工具，也是人類智力進化的工具。

第十四章

組織衰退、變革與因應

- 產業循環
- 衰退的理論與成因
- 管理衰退與對抗策略
- 組織變革的原因與類型
- 組織變革的抗拒
- 降低變革抗拒的管理策略

　　俗話說「人有悲歡離合，月有陰晴圓缺」，道盡人生好景不常之感。同樣的，不論是經濟或產業，也都有成長與衰退、高峰與谷底等的景氣循環或產業循環。媒體產業亦然，台灣媒體產業曾歷經戒嚴時期的寡占市場，到戒嚴之後的百家爭鳴；從政策改變、市場開放，到新科技的變遷……媒體產業雖未必歷盡滄桑，但是一波波的浪潮也讓媒體產業呈現彼此消長的情況，使得媒體經營環境日益複雜與困難。

　　因此，媒體管理者面對複雜混沌的環境，必須有前瞻的思維。管理者不能忽略消長，必須有面對衰退的因應策略，也必須有邁向復興的新思維。《管理的藝術》一書指出，管理者不是僅從實務面去看事情。所以，環境不是只有單純的一體兩面，而是立體多層面的動態環境。

第一節　產業循環

　　台灣產業循環極為快速，以前是勞力密集的製造業為主，後來發展成技術密集、資本密集的時代。不論是經濟或產業的循環，從來都沒有一個市場會永遠向上或向下。依產業的不同，其產業週期、產業特性、受大環境衝擊的程度也都不盡相同，有些產業具有週期循環的特性，有些產業環境變動承受力較大，有些產業則受景氣影響較大。例如以金融業而言，不但受到景氣榮枯的影響，也同樣受到產業結構變遷的挑戰。

一、產業循環的概念

　　欲瞭解產業循環的概念，可簡單以「產品生命週期」（product

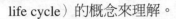

life cycle）的概念來理解。

(一)產品生命週期

　　產品的生命週期是指從上市到創新或退出市場的過程。產品的生命週期可以簡單區分成四個階段，而生產者在產品生命週期四階段當中，會依企業內部資源限制或環境外部變動情形，施予不同的操作及策略，用以因應不同的模仿產品競爭及市場顧客喜好等做多樣性的變動。

1.導入期階段：產品初次在市場上曝光與銷售，消費者對產品較為陌生。

2.成長期階段：消費者對產品逐漸認識，此時產品的銷售數量亦穩定的成長增加當中。

3.成熟期階段：產品進入成熟階段，市場應已充斥著同質性和相仿的產品，消費者有了各式各樣的選擇。

4.衰退期階段：產品進入衰退期即代表消費者對其產品喜好或熱衷的程度已逐漸消退，也反映在銷售量上。

5.改進加入新功能階段：一般產品在進入衰退期後銷量都會逐步下降，直到退出市場為止。但也有產品在進入衰退期前後，利用改進產品或為產品加入新功能，不但可延遲產品的衰退期，甚至可把產品的生命週期推向第二個高峰。例如黑白電視過渡到彩色電視的階段即是如此，而隨著科技發展，高傳真電視、電漿電視、數位電視等也在市場上相繼冒出頭。

(二)產業循環

　　而產業循環如同產品生命週期，有起有落，可能在成長階段，

也可能面臨衰退，甚至整個產業在區域市場中消失。由於台灣的產業變動很快速，加上全球e化的結果，產業循環的腳步比傳統社會更快，過去新產業從創始到成熟也許要花五年，甚至更久的時間才能完成，但現在已經明顯縮短，例如網路、生化科技等產業都有這種趨勢。無論是循環性因素或結構性因素，管理者能清楚辨識產業的榮枯相生週期，是評估產業環境與做出適當決策的大前提。

一般的產業循環約可分為開創、成長、成熟、衰退等階段，從萌芽、成長、興盛到走下坡，可看出產業循環的軌跡。產業循環並不一定都照著一定的順序，而是常因某些因素，例如新發明、政策的改變等，而使進入成熟期或衰退期的產業，重新再進入成長期，令整個產業循環回升。

通常股價的推升，必然是公司目前處於產業循環有利的大趨勢，而對於不具競爭力的產業，或者是產業週期已進入衰退期的公司，或者已經是顯著的夕陽產業等，都能在公司股價上反映出來。

二、媒體的產業循環

要瞭解媒體的產業循環，必須從台灣在全球經濟的地位與產業結構變遷的角度來著手。台灣的媒體產業結構變遷的速度非常快，有兩個主要原因，一是開放與全球化使得競爭加劇、變化加快，二是新科技發展使媒體變遷的步調更顯得快速。

(一)開放與全球化

早期媒體產業的數量很少，報紙以兩大報為主，電視只有三台，廣播頻道數量也有限，整個媒體產業屬於成長期階段。但是當市場開放競爭之後，外國媒體的輸台，全球化勢不可當，已經使各

媒體進入百家爭鳴與彼此激烈競爭的時代，報紙家數增加、無線電視與有線電視、廣播等頻道數遽增、衛星電視進入市場，使閱聽人因此有了更多樣化的選擇。此時媒體產業已經進入成熟期階段，但是各媒體之間卻互有消長。例如報業的產值下降，有線電視的產值上升，整個市場大餅重新洗牌。而以前存在濃厚的黨政軍報紙，如《青年日報》、《中央日報》、《台灣時報》、《台灣新生報》的消退與退出市場不復見，主因也在於產業結構的改變。

(二)新科技的創新

時代愈進步，科技愈創新，原本固有的傳統產業也會有不同的面貌。當新科技的發展改變產業結構或產製流程時，媒體產業也跟著改變。例如電腦與網路的興起，改變媒體的新聞生產流程；又如報紙與電子報、電視與有線電視、數位電視，都因為新科技的進步，而改變媒體產業循環的態勢。

以報紙為例，早期的台灣報業是封閉的寡頭獨占市場，屬於生產者導向的市場，只要媒體製造出報紙，就能販賣出去，此時報業屬於成長期階段。但是當1988年解除報禁後，市場大量出現各家報紙，有為數眾多的報紙分食市場大餅，閱聽人有更多的選擇，此時是屬於成熟期階段。但是當部分報紙因為激烈競爭而遭到市場淘汰，且因為各種媒體彼此之間的競爭，使得報業的整體產值下降，報業似有進入衰退期之勢。不過，當網際網路興起，加上新競爭者的出現，報業也積極思考轉型，又使得報業有另一番面貌。

三、下一波產業循環

從前，傳統產業大約要走十年以上的產業循環路程，但是對網

路產業來說，就縮短了僅剩一半不到，從市場萌芽、極盛到衰退再崛起，不到五年的時間，就已經走了一個大循環。例如國內的線上遊戲產業就被迫在短短一年內，從成長期、茁壯期，一路走到成熟期，大幅縮短了產業循環。

此外值得注意的是，當跨媒體整合之勢形成，媒體產業已經難以區分為單一的報紙、廣播、電視等媒體時，媒體產業的循環已經很難以單一媒體的情況來評斷，而是著眼於整個跨媒體產業。

不論媒體組織如何龐大，如未隨著時代的變遷而應變，不能適應外在環境，沒有調整體質適應市場，就只是加速產業循環、加快自己退出市場的步調而已。

🔊)) 第二節　衰退的理論與成因

當組織發展到顛峰時，下跌的情況自然會產生。組織在衰退（decline）時通常會有徵兆出現，管理者必須明瞭組織在產業中的處境，掌握組織衰退的徵兆，在組織衰退時做出適當的決策，以阻止或延緩衰退，甚至扭轉時局，再造顛峰。

一、衰退理論：K理論與R理論

衰退的原因可能是市場環境的改變與市場競爭，或是面臨利潤的微小化，或者是資源的改變。例如，報禁解除而造成新的報業競爭者加入市場、國際紙價的上漲增加成本而壓縮獲利空間、網際網路的出現，使電子報瓜分了長期訂閱戶、有線電視的出現，也侵蝕原本無線電視台的廣告大餅……各種環境的轉變，均使媒體產業隨時面臨衰退的危機。

學者詹姆士・雷德蒙德（James Redmond）和羅勃・雀格
（Robert Trager）（1998）認為典型的衰退有兩種情形，第一種為K
理論（Type "K"），第二種為R理論（Type "R"）。

(一)K理論

K理論是指環境中超出組織控制範圍的改變，也就是外在因素
或事件而造成的衰退，如新競爭者、技術革新、產業轉變等。例如
新的競爭者出現而造成市場占有率的改變，那麼媒體的收益將會因
新競爭者的加入而下降，為了維持邊際利益或減少內部成本，減少
產品的數量或多樣化，使得市場占有率下降，因而形成惡性循環。

1940年代廣播的出現，1950年代的電視，以及1980年代的衛星
和有線電視，1990年代網際網路興起，每一種新媒體或新科技的出
現，都會影響到舊媒體的內容、呈現方式，或閱聽人的使用習慣。

(二)R理論

R理論是指由組織本身的因素而造成的衰退，也就是內部因素
或事件而造成的衰退，如產品品質降低、管理階層誤解消費者的需
求、法律與道德的問題而引起負面印象等。例如媒體製作不道德的
節目，而引起觀眾或消費者對組織產生負面的結果，例如造成觀眾
抵制、收視率下降、廣告主抽廣告等。

二、衰退的影響

組織所面臨的衰退通常不是一夕變色，而是顯現衰退的徵兆之
後，在一段時間內持續不斷的衰退，如果此時組織有成功的因應策
略，則能阻止衰退，否則即會陷入持續衰退的惡性循環中。

根據詹姆士‧雷德蒙德和羅伯‧崔格在《鋼索上的平衡：媒體組織管理的藝術》（*Balancing on the Wire: The Art of Managing Media Organization*）一書中所提到的，組織面臨衰退的循環（the spiral of decline），有以下幾個步驟如**圖14-1**所示。

(一)知覺衰退（recognition decline）

組織感受到外在環境的改變或內部產生的管理問題，而使管理者感受到組織正面臨了衰退。

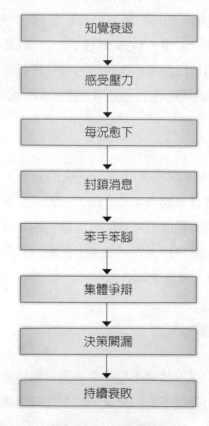

圖14-1　衰退循環

(二)感受壓力（stress）

當組織面知覺到正處於衰退時，內部即會感受到緊張與壓力，這些壓力的來源例如利潤下降、投資人的不滿、內部士氣不振等。

(三)每況愈下（circle of wagons）

當組織陷入壓力時，管理階層無法做出適當的處理與反省，甚至還未充分瞭解衰退的成因，而導致混亂與慌張，不知如何或胡亂做出應對的局面，最後導致衰退的壓力愈滾愈大，愈來愈嚴重。

(四)封鎖消息（restricted information flow）

因為畏懼衰退而導致其他危機出現，所以一味的封鎖各種衰退的訊息，不讓員工或其他管理階層知道，或隱瞞實情，甚至自圓其說。

(五)笨手笨腳（finger pointing）

組織試圖面對問題，並且嘗試解決，但是解決問題的過程卻是笨手笨腳，或者僅單純的以為問題不大，而無法做出適當回應。

(六)集體合理化（collective rationalization）

管理階層沒有正視衰敗現象，落入集體決策卻集體諉過，或者只想合理化所遇到的衰退情況，將原因歸咎於其他人，甚至是不負責任與集體智障的情況。

(七)決策闕漏（defective decision making）

組織沒有足夠的資訊與判斷力，僅用殘缺不全的資訊作為決策參考，因而下了錯誤的決策。

(八)持續衰敗（continued decline）

因為組織一直無法有效的阻止衰退，致使衰退的情況持續不斷的惡化下去。

不論衰退的速度如何，組織內的人際關係將會有所影響，管理階層與部屬之間的關係如果不和諧，上下之間沒有同在一條船上的危機意識與向心力，將會加速組織的衰退。一般的組織成員通常會滿意於現狀而抗拒變革，所以組織內部必須開放溝通的管道、凝聚士氣，才能面對環境及組織的改變，而管理階層也必須具備隨機應變的能力。

第三節　管理衰退與對抗策略

一、正視與面對衰退

當組織發生衰退時，應該在態度上正視與面對，同時在實務層面積極處理，才可能處理衰退危機。管理者必須注意以下幾點：

(一)充分瞭解產業現狀

瞭解產業現狀與身處環境、時代趨勢是管理者首要注意的。例

如以前的媒體環境是生產者導向與寡頭獨占的市場，但是當產業結構改變後，管理者不能以過去不同產業環境下的經營模式，來應用於未來的決策。

(二)查明衰退的原因

衰退是組織循環中不可避免的一個過程，但是時常是等到衰退有明顯的徵兆時才被發現。有一些衰退的指標可以讓管理者即時瞭解組織的衰退已經開始，例如業務量下降、市場占有率減少、利潤下降、財務損失、資源減少等經濟與財務面的指標，或者是如組織失去聲譽與好評、悲觀的合作文化、員工間的負面組織氣候、不佳的服務水準、不明確的事務處理順序、失去領導力或方向等主觀的行為。

(三)引進創新思考

因為環境變動快速而劇烈，許多過去的成功經驗、引以為傲的時代，都已經無法因應現階段的生存競爭。所以管理者不能以過去成功的經驗作為未來因應發展的理念，因為環境變動的因素太大了。因此，管理者必須引進創新思考，在新時代運用新的經營與管理模式。

(四)擬定處理策略

當管理者瞭解身處的產業環境現狀，並查明組織衰退的原因後，再運用創新思考以擬定處理衰退的策略。這些策略必須是一套完整的因應方案，而且必須列出優先順序與預期效益為何。

(五)決策與執行

擬定衰退策略之後，必須有明確的決斷與執行力，並且能考核與控制執行的結果，隨時因應環境的變化而能彈性調整策略。

對抗衰退的最終目的在於轉虧為贏，讓組織起死回生，從谷底爬升。當組織開始衰退，也就是組織停止運轉動力之際。在處理惡化的情況時，組織內部的氣氛將增加緊張與防禦心，所以管理者必須做到以下四點：

1.清晰明確的目標。
2.正面積極的領導。
3.資訊流通，意見可以上達，並建立團體信心，終止內部謠言。
4.培養適應新環境的態度。

此外，當人或組織因為事業的成功，也會使自信隨之成長，並在不斷累積的成功中獲得更多力量。但是當面臨快速變動的環境時，過度的自信有時會有「大意失荊州」的情況發生。因為過去的成功法則也有可能是導致未來失敗的原因，所以管理者必須注意自負引起的衰退（conceit-caused decline），面臨衰退必須步步為營，小心謹慎。

面對組織衰退時，管理者須顧及內部與外部的兩個層面，積極面對與快速反應，對內增加組織成員的信心與向心力，對外能快速反應與處理衰退情形。

二、管理衰退與因應策略

當組織面臨衰退時，如果管理階層反應遲鈍，沒有掌握組織衰退的徵兆，並在第一時機擬定適當的衰退處理策略以為因應，或者規避而不願意面對，甚至隱瞞衰退，這類管理階層的「大頭症」可能會造成更大的問題。

(一)管理衰退

通常管理衰退（managing decline）的情況有以下幾種：

1.決策的過程過於專斷，沒有參考其他意見。
2.守舊而不知變通。
3.忽視外面環境衰退所帶來的獲利機會減少。
4.下決定的機會愈多，犯錯的機會就愈大。

(二)面對管理衰退的途徑

當組織面臨管理衰退時，從被動的因應到主動的出擊，有四種管理途徑：

1.防禦（defending）：固守舊有的制度，以不變應萬變，甚至期待政府的協助。
2.反應（responding）：組織面臨衰退時，開始減少不必要的開支，裁撤冗員，並尋求專業與資深的經理人來協助組織解除衰退危機。
3.預防（preventing）：利用改變行銷、公關策略、檢討產品售價等，以預防外在環境的變化對組織產生的不利影響。

4.再生（regenerating）：重新包裝組織，以適應新環境，不被舊有的制度所限制，展現組織的靈活、彈性、創新與變通性。

(三)調整體制

爲了適應改變，組織通常也必須在體制上因應與調整，以下簡述五種調整體制的方法：

1.更正組織目標與核心價值：重新定義公司的目標和使命。
2.改變權力位階：重新分派權力，打破階級。
3.組織再造：修正舊有的結構、系統、生產程序。
4.增加互動與溝通：使組織成員適應與瞭解變革。
5.新的執行者：找新的執行者及管理者。

組織面臨衰退危機時，如果不思因應與對抗，只會導致失敗。通常面臨環境的改變時，組織應該選擇適應並改變定位，或者找到新定位，否則就會招致失敗。

三、衰退的處理策略

當組織已面臨衰退的時候，管理者就應採取積極的作爲來阻止因衰退爲組織所帶來的危害，學者雷德蒙德和雀格（1998）就提出下列五種處理策略：

(一)再投資策略（reinvestment strategy）

再投資策略即是增加組織的投資以增強競爭位置。這項策略必須有足夠的資金奧援，不適用於缺乏財務支援的媒體。

(二)中立策略（neutralizing strategy）

中立策略即是在不確定因素尚未解決之前，保持中立的態度。如果組織所處的產業環境衰退原因不明，或者仍有其他不確定因素存在時，則應暫時保持中立的態度。此時期的所有努力都是以保持現況為主。

(三)重新分配策略（reallocation strategy）

重新分配策略即是增加有利投資，減少不利投資，亦即把資源再重新做配置與運用。在表現不佳的部門減少投資，而表現好的部門則增加投資。例如有些廣告公司在不景氣時減少製作部門的人力，而採外包的方式以降低成本。

(四)收成策略（harvesting strategy）

收成策略即是賣掉某些單位來支援衰退的部分。例如將某些部門出售以換取流動現金，但要注意當得到出售的利潤時，組織的樣貌會產生哪些改變。

(五)剝除策略（divesting strategy）

分割策略即是指企業把虧損的部門解散或賣掉，而保留集團中獲利的組織，以幫助主要產業繼續生存及營利。

四、選擇正確的策略

組織面臨衰退時必須掌握足夠的資訊以為決策參考，並擬出正確的策略。但是，並不是所有的策略都適用於改善組織的衰敗，

唯有選擇正確而有效的策略才能讓組織起死回生。如果企業或組織沒有因應外在環境的轉變而做出改變，只墨守成規或坐以待斃，將導致失敗的命運。所以，管理者必須不斷的吸收資訊，引進創新思考，並且加以應用，才是媒體管理者的正確態度。

第四節　組織變革的原因與類型

「變革」（change）是二十一世紀最重要的課題之一，今日的組織必須能應付訊息萬變的環境，因此，持續不斷適應變動中的環境，是組織永遠不變的挑戰。在今日環境下，變革是一個沒有起點也沒有終點的過程，這項挑戰變得更為重要且艱難。企業為了因應市場的快速變化及策略的需要，更以前所未有的速度開啟了新市場及顧客導向的服務。為了回應快速的變化，組織莫不以更扁平的架構、更多的授權以做出更快速的回應。處在今日競爭激烈的環境中，組織變革（organization change）是眾所注目的管理議題，舉凡企業流程再造（business process reengineering）、組織扁平化、企業重組、資訊科技（information technology）的導入、供應鏈管理（supply chain management）及電子商務（electronic commerce）、企業資源規劃（enterprise resource planning）的引進等，組織莫不以績效提升為前提，做出各種不同層次、範圍的改革，以因應環境快速的變化，並重新取得企業的核心競爭力。

組織變革與自然的變化不同，變革是幅度大、速度快、關係人信心不足下的大規模改變（徐聯恩，1999）。它所衝擊的不僅僅是工作方式的改變，甚至將涉及組織結構的調整及工作內容的變動，因此勢將引發大量、程度不一的抗拒阻力。也因以往組織變革的立意良好，卻因變革推動遭遇的抵抗阻力過大，使得推動困難重重，

或即使變革完成卻無法達到變革的預期目標與眞正效果，最後僅能止於五分鐘熱度。所以關於變革抗拒的研究，確實是變革能否成功的關鍵因素。成功的變革將能激發員工的支持與熱情參與，而不是只有抗拒的克服而已。

一、組織變革的意義

所謂組織變革，根據哈默和尙佩（Hammer & Champy, 1993）認爲，組織變革是根本重新思考企業的運作流程，加以重新設計，達成重大的組織績效改變。弗里德和布朗（Fried & Brown, 1974）認爲組織變革是一種促進結構和過程、人員、技術的變革與發展的方法。肯明和沃利（Cumming & Worley, 1997）認爲，組織變革通常以追求績效爲目標，試圖改變組織成員的行爲、文化、結構、策略及組織目標與競爭間的關係。卡納爾（Carnall, 1990）認爲組織變革以組織效能爲目標，改變的對象包括組織成員、文化及管理風格。

當組織受到外在環境衝擊，並配合內在環境的需要，而調整其內部結構，以維持本身的均衡，進而達到組織生存和發展的目的，此調整即爲組織變革。換句話說，組織變革是組織爲提升組織文化及成員之能力，以適應環境變化，維持均衡，進而達成生存與發展目標之調整過程。然而這種改變的發生是在於組織的控制之內，是組織蓄意努力改變的，因而屬於計畫性的改變；未在控制之內的變化，則屬於非計畫性的改變（許士軍，1997）。通常非計畫性的改變是組織成長伴隨而來的，其改變是緩慢的。而人爲的計畫性變革，爲了達到效果，相對而言較爲急遽，故將引發較多的抗拒。

綜合上述，我們歸納「組織變革」的意義要點如下：

1.起因：因應內外環境之需要。

2.目標：改變組織之文化與模式，以求組織之生存與發展。

3.方式：透過結構、人員、技術等構面，進行全面、根本、大規模的改革。

二、變革的類型與層次

變革的類型與層次，國內外學者提出許多不同的看法，以下將擷取幾位學者的說法，予以說明：

1.勒維特（Leavitt, 1965）認爲組織的變革透過組織結構的變革、人員的變革、技術變革三種途徑來達成。

2.哈默（Hammer & Champy, 1993）提出組織變革包含作業程序、工作與組織架構、日常管理與評估構面。

3.何昭芬（1995）提出組織變革六個構面：策略性遠景、組織結構、作業程序、文化行爲、人力資源計畫、資訊科技。

4.哈默爾和普拉哈拉（Hamel & Prahalad, 1995）認爲企業變革可以分爲策略變革、技術變革、組織變革、人員變革與文化變革五類。

綜合上述，歸納組織變革方式可以分爲：策略變革、技術變革、結構變革、人員變革、文化變革、程序變革等。而組織變革可分爲五個層次，分別爲：維持現狀；規模變革，改變生產規模；維持現有功能與技術下的組織部門內的變革；主要的組織結構與技術的改變；部門變動及重新定義組織結構與關係之革命性的變革，如**表14-1**，在不同的組織變革層次中，組織變革所採取的策略層次應相同，其間組織所表現的特殊性亦不相同。但隨著變革幅度的增加，從維持現狀至結構的重組與新關係的建構，對組織所造成的衝擊與影響程度也由淺至深。

表14-1　組織變革層次

變革程度	操作／策略層次	特性
維持現狀	可能在操作與策略兩層次	維持現狀末改變，不涉及文化改變
規模變革	主要在操作層次	改變生產規模，不涉及文化的改變
技術性變革	主要的策略層次	組織部門的變革
策略性變革	主要的策略層次	變革主要發生在組織結構、技術應用、內部組織關係等的改變。常發生相關部門的合併，涉及部分文化的改變
革命性變革	核心的策略層次	變革來自移動和重新定義部門。產權、組織結構意識型態與人際關係的改變。涉及組織文化的大幅度改變

第五節　組織變革的抗拒

一、變革抗拒的定義

　　根據特佩等人（Tepper et al., 1998）對變革抗拒的定義：組織成員反對組織的目標或方針，並拒絕去完成，或致力於避免執行的要求，簡而言之，抗拒即反抗不接受的意思。另變革抗拒可以定義為：下屬為脫離有權者權力控制的一種抗爭，而其中的權力關係是時刻在改變的。

　　組織成員面對變革時通常有以下三種反應：一是積極支持，二是觀望態度，三是反對，即抗拒變革。組織成員積極支持或中立的

觀望態度，在推動變革過程中透過適當方式的運作將有助於變革成功。惟員工抗拒變革的心理是最不容易克服的，而員工對變革的態度則關乎變革能否成功。

學者皮德瑞特（Piderit, 2000）認為，將抗拒情形分為正面或負面的二分法（支持變革或是反對變革）則過於簡化抗拒。他指出，員工對於變革的反應至少分為情感的、認知的及行為三個構面。而且，隨著時間推演，員工對變革的反應將有所變化，其指出變革抗拒可定義為維持現狀趨勢的約束力，其實員工對於變革的抗拒並非來自於變革本身，而是導因於變革對他們需要的滿足所構成的威脅。員工的抗拒可能表現於實際行為上，如破壞妨礙或直言不諱的反對，或是態度上，如減低對組織的承諾，而這些抗拒的態度或行為都將對同儕產生交互影響。

二、變革抗拒的成因

組織進行變革過程中，必然會發生抗拒的現象。至於抗拒的成因，國內外學者提出許多不同的看法，以下將擷取幾位學者的說法，予以說明。

1.謝安田（1992）歸納一般抗拒變革的原因如下：
　(1)安全的需求：人們處於已知狀態，總認為現況較改變後的不確定情況更為安全。
　(2)習慣：人們習慣於原有的處理事物方法，故不願配合改變。
　(3)誤解：由於選擇性知覺之故，人們對事情的看法受到個人態度、經驗及信仰的影響，易產生誤解。
　(4)可能的經濟損失：人們害怕因新發展、改變將導致經濟收

入之減少。

(5)增加成本：增加的成本包括時間、精力與金錢。

(6)權力平衡：當變革威脅到一個單位或團體的獨立自主時，將引起抗拒。

(7)可能的社會損失：員工間複雜的關係將受到變革影響，而群體的分散也使已確認的地位受到破壞。

(8)控制的怨恨：組織開始改革時，員工將被管理者的監督權威所提醒，這種控制的增加使人們有自主性與自立性因此減少的感覺。

2.許士軍與洪春吉（1997）認為，抗拒變革並非是一種非理性的行為，而這種行為與個人、群體及組織因素間，存著某種關係。因此認為變革抗拒可從這三方面討論：

(1)個人因素：由於組織變革可能影響組織內的權力分配，若對某些人的現有地位和力量構成威脅時，自然會引起其對變革的抗拒。另外，當變革與人的價值觀念、友誼關係、安全感發生衝突時，亦會造成抗拒情形。

(2)群體因素：當改變或破壞現有工作群體關係及規範時，也會引起群體成員對於改變的抗拒。

(3)組織因素：變革抗拒可能與組織結構有關。一般而言，屬於機械式組織架構者，傾向維持原狀，較不利於變革。再者，組織之非正式價值組織也可能是抗拒變革的主因。如公司重視人員間和睦相處，若推行計畫將使同事之間互相競爭時，將遭到較強烈的反對。

3.霍奇和強生（Hodge & Johnson, 1970）認為在下列狀況，最容易產生變革抗拒：

(1)當變革將可能使個人地位降低時。

(2)當變革引起恐懼時。

(3)當變革影響工作內容時。

(4)當變革降低個人權威或自由工作機會時。

(5)當變革改變工作規則時。

(6)當變革改變群體關係時。

(7)變革時並未向員工解釋，且員工未能參與變革計畫時。

4.羅賓斯（Robbins, 1997）認為個人對變革會產生抗拒的原因有以下五點：

(1)習慣：人們常用自己熟悉的方式處理事物，因而當人們面臨變革時，固有既成的習慣就成了抗拒的原因。

(2)安全感：人們對安全感有高度的需求，而變革的不確定卻是安全感最大的威脅。

(3)經濟因素：害怕自己已擁有的事物可能因變革而招致損失，或降低原有的收入水準。

(4)害怕面對不確定性：基於對變革後的情況無法預期或掌握，而產生不確定的恐懼。

(5)選擇資訊過程偏差：在選擇資訊過程中，人們將因個人認知不同而對資料進行篩選，形成偏差。

5.阿戈斯（Agocs, 1997）認為抗拒不僅來自於組織個體成員的抗拒，也來自於組織的抗拒。例如，個體基於習慣、慣性，或對變革未知的恐懼，恐懼缺乏變革後所需的技能，或變革後喪失權力的恐懼，而產生變革抗拒。組織對於變革的抗拒則來自於慣性、加重成本、嚇人的龐大資源、對既有支配團體權力基礎的威脅、舊價值信仰的威脅，以及對於替代方案的無知覺等。

　　根據上述學者的研究，變革抗拒成因大致可歸納為個人因素及組織因素，茲整理為**表14-2**。

表14-2　變革抗拒成因

研究者 / 抗拒構面	發表年代	個人因素	組織因素
謝安田	1992	安全需求；習慣；誤解；可能的經濟損失；權力的平衡；可能的社會損失；控制的怨恨。	沉沒成本。
許士軍	1997	重新權力分配，使現有的地位和力量構成威脅；與價值觀念、友誼關係、安全感發生衝突時；當改變或破壞現有工作群體關係及規範時。	屬於機械式組織架構，不利於變革；變革與非正式價值衝突。
Hodge & Johnson	1970	個人地位可能被降低；引起恐懼；變革影響工作內容；降低個人權威或自由工作機會時。	變革改變工作規則時；變革改變群體關係時；變革時未向員工解釋，而員工未參與變革計畫時。
Robbins	1993	習慣；安全感；經濟因素；害怕面對不確定性；選擇資訊過程偏差。	
Carol Agocs	1997	習慣；慣性；對變革未知的恐懼；恐懼缺乏變革後所需的技能；恐懼喪失權力。	組織慣性；沉沒成本；嚇人龐大的資源；對既有支配團體權力基礎的威脅；舊價值信仰的威脅；對於替代方案的無知覺。

三、變革的負面效應

　　組織變革往往對員工產生一些負面效應。因為改變可能使他們失去原來的工作、降職、家庭衝突或自尊受到威脅。員工認為變革使他們感到焦慮和不確定性，特別是關於變革對他們的工作、生涯發展、工作夥伴與向誰報告關係的影響（Ashford, 1988）。同時，

工作上的改變也可能造成他們擔憂很多難以確定的未來，包括地位、權力、職位和工作的聯繫。

學者卡倫（Callan, 1993）指出，當組織大幅變革期間，有些人可能會完全失去控制，他們可能會有情緒上的反應，經常與管理人員或工作同仁起爭執，甚至在工作時怠工或下班時間酗酒進而影響明日工作。所以從心理反應來看，組織推行變革活動所帶給員工的心理緊張與壓力的感受是相當普遍的現象。我們瞭解，個人對於變革產生壓力承受的高低情況，受到個人對結果掌握程度所影響。壓力最高是在個人不知是否會贏或輸之時，當個人對掌握機會、限制取消或避免損失等情況毫無把握或心存懷疑時，其抗拒最大，而當個人已確認輸贏或輸贏結果不重要時，壓力感受最低，其抗拒也最低。只是任何改變往往是在一種不確定的狀態，它可能帶來機會、限制或是需求，因此說變革是抗拒的主要製造者一點也不為過。

第六節　降低變革抗拒的管理策略

關於組織發展的相關文獻指出，管理變革與管理變革抗拒可以藉著策略發展或利用組織發展中的干預手段來進行，例如：訓練、溝通方案、對質的會議、團隊建立、組織診斷或回饋等（Agocs, 1997）。另外，也可透過不同組織變革工具的使用，進而達到消弭變革阻力抗拒的功用。

常見的組織變革工具可分為屬於組織制度層面的變革工具，以及屬於社會層面的變革工具兩大類。其中組織制度層面的變革工具包括資訊系統建立、組織結構設計、薪資制度、人事制度的變革等，但其主要的功能在於修正組織正式化的溝通機制，及透過人力資源相關管理制度的修正，達到激勵員工、重塑組織氣候、文化的

目的。

　　而屬於社會層面的變革工具則包括：團隊管理、領導者的領導風格、組織氣候、企業文化等工具的使用。它的功能主要在於員工態度與觀念的改變及變革抗拒的化解。由於非預期及非理性變革抗拒通常起因於人際溝通不良、關係不佳等社會性因素，因而近來組織變革理論對於社會層面變革工具的運用益加重視。

　　關於減少組織變革抗拒的方法，本書擷取幾位學者說法介紹如下：

1.吳定（1984）認為減少組織變革抗拒可以採取下列做法：
　(1)增加組織成員對變革計畫的參與。
　(2)增加對組織成員的溝通，以消除其疑懼及誤解。
　(3)增加組織成員對變革計畫的認同與支持。
　(4)經由教育訓練方式，減少組織成員的抗拒行為。
　(5)採取物質獎勵與精神獎勵方式，鼓勵組織成員執行變革計畫。
　(6)增加組織成員對變革推動者與管理者的信任。
　(7)採取組織成員諮商方式，聽取其意見。
　(8)實施變革計畫時，其深度廣度應循序漸進，行動勿太激烈。
　(9)組織變革的績效標準應合理可行。
　(10)應用「立場分析理論」，增加變革驅策力並減少變革抑制力。
2.科特和施萊辛格（Kotter & Schlesinger, 1979）提出六種途徑，以減少變革抗拒情形：
　(1)教育與溝通：教育員工充分暸解變革之必要性與變革之內容，減少誤會或對未知的害怕，進而減少抗拒的行為。

(2)參與投入：讓員工參與決策的制度，一方面可減少其排斥感，另一方面亦可提升決策品質。

(3)協助與支持：提供諮商輔導、訓練或其他必要之協助，以降低抗拒之潛在因素。

(4)協商與協議：以補償或其他的方式協商來減少抗拒。

(5)操縱與吸納：操縱有利或不利之資訊，以特殊之代價吸納抗拒之關鍵人物，以化解抗拒之阻力。

(6)明示或暗示及強迫：採高壓方式直接調動或處理抗拒者、排除抗拒之因素。

3.科斯特利和托德（Costley & Todd, 1987）（杜新偉，1999）認為要使變革抗拒減至最低，須從三部分進行：

(1)導入少量的、漸進式的改變。

(2)教育、訓練以及示範說明。

(3)員工參與變革的規劃執行。

4.羅森堡（Rosenberg, 1993）認為下列三種方法可以降低抗拒之程度：

(1)給予員工足夠的時間，去思考變革的意義，並為變革後之新狀況做準備。

(2)儘量提供充分之資訊，使之瞭解並樂於接受變革計畫。

(3)放鬆控制，允許員工透過參與方式，提供意見並修訂變革計畫。

5.米德爾密斯特和希特（Middlemist & Hitt, 1981）認為為期變革計畫順利進行，可採下列做法：

(1)深入解釋及諮商，做好充分之溝通。

(2)深入規劃變革計畫之內容。

(3)將對員工之影響降至最低。

(4)謹慎設定新績效標準。

(5)容許員工參與變革活動。

(6)讓員工分享變革所獲之利潤。

6.達克（Duck, 2009）之過渡管理團隊（Transition Management Team, TMT）運作方法：其由公司領導階層所組成，直接對最高執行長負責，專注於變革過程之管理，確保變革順利完成。其重點如下：

(1)建立變革所需的前提架構，並提供指導，建立共識。

(2)激勵對話與充分的溝通。

(3)提供適切之資源。

(4)協調並聯繫整理各項計畫。

(5)確保各訊息、活動、政策、行為維持和諧一致。

(6)提供合力開創的機會。

(7)預測、辨識，並處理人的問題。

(8)讓關鍵的人員有所準備。

7.謝安田（1992）認為減低抗拒的方法如下：

(1)員工參與決策。

(2)有效的溝通。

(3)領導者的信任與忠誠。

(4)衝突的減少。

(5)員工的諮商。

(6)獎勵建議制度的建立。

(7)重視儀式、尊重過去。

(8)臨時性的試行措施。

(9)訓練的使命。

(10)立場的分析。

根據上述降低抗拒變革的方法，我們可以將抗拒變革的管理方

法簡單整理為三方面：

1. 變革計畫內容：包含鼓勵相關人員參與研訂、設立獎懲措施、詳盡規劃等。
2. 人員：包含最高領導者須親自參與、慎選執行變革者，並掌握非正式之領袖。
3. 變革推動方式：包含教育訓練、溝通協調、協助解難、威脅利誘等。

第十五章

知識管理與內容管理

- 重估媒體組織的資產價值
- 媒體組織的知識管理觀
- 媒體組織的內容管理

第一節　重估媒體組織的資產價值

　　早期的會計報表中有一張非常重要的報表就是「資產負債表」，這張表格以左右兩欄區分出企業的資產面和負債面的各項數字。所有的管理者、投資大眾在看一家企業營運的好壞時，首推資產負債表。不過，因應企業無形資產也是企業重要的競爭力概念（例如專利、商譽），以及無形資產也可以量化計價買賣（例如品牌、商標），許多管理者也開始重視企業無形資產的價值。

　　事實上，傳統的財務報表不僅無法列出許多企業的無形資產，甚至二十世紀以來所重視強調的企業人力資源，在報表上不但無法顯現，甚至人力項目是被視爲「成本」，列爲費用項目，而不是視爲「資源」成爲有價資產。不過，財務報表與會計原則涉及複雜的環節，在此不做分析。但是，將企業人力資源視爲資產的管理觀念，早已深植一般管理者的觀念中。例如以前強調「人事管理」，現在則稱「人力資源管理」。

　　以媒體而言，如果必須列舉媒體的資產項目，則以媒體整合生產、文化、廣告等各產業，所能列舉的資產項目相當多元，但是如考量到媒體相較於其他產業所特有的有形與無形資產，相信人才與產品（訊息內容）都是考量的焦點。因爲媒體產業的利潤來源之一，是來自於人力資源所創造的產品（訊息內容），而這些媒體的訊息內容主要價值，乃是由人力資源所創造出來的知識，所以人才與內容知識密不可分。

一、媒體組織的資產核心：知識

近年來，組織的概念愈來愈強調人力資源的發展，藉由各組織成員不同能力、技術的結合，進而產生出各種形式的綜效，「知識」的產出即是如此，而這在媒體產業特別明顯。因此，在知識經濟時代中，企業管理的核心是所謂的知識工作者。放眼未來，什麼是掌握二十一世紀的競爭利器？「知識管理」無疑是最熱門的話題，繼勞力、資本之後，知識已經成為二十一世紀最主要的競爭利器。

當代管理學大師彼得‧杜拉克在《後資本主義社會》一書中即指出，人類社會正處於一種變動的過程中，未來的社會是後資本主義社會，在此種社會形態中，知識則成為最具關鍵性的資源。以知識創造社會財富的觀點而論，人類已經歷了工業革命、生產革命與管理革命等三個階段，而在此過程中，知識的重要性與關聯性則是與日俱增。在工業革命中，知識的應用導致新產品與新工具的產生，例如大型製造廠；而在生產革命中，知識與工作相結合，泰勒的科學管理展現出高效率與高生產力的科學邏輯；在第三個階段管理革命中，知識與知識相聯結，其特徵為知識與專門知識的集中運用，以及系統而有目標的解決問題，這也正是人類當前正身處的階段（Drucker, 1993; Nijhof, 1999）。

二、媒體組織的人力資源日益重要

媒體組織的人力資源，尤其是新聞部門，就是一種知識工作者的形態。知識工作者的特色是不需要依賴組織層級或設備生存，他的價值可以很容易地在不同的組織間移轉。例如媒體記者依賴本身的採訪專業、日益累積的人脈資源與新聞路線等，媒體記者的知

識生產方式，並不需要特別依賴如筆記型電腦、印刷設備、網際網路、組織招牌等，其間均有不同的替代方式可以達到生產目的。甚至只要換個媒體工作、申請一個新的電子郵件帳號、一台筆記型電腦，媒體記者就可以開始發揮生產力，建立他的工作價值，繼續生產他的知識。因此，媒體產業的人員流動變得輕而易舉，而媒體也必須學習在訊息產製流程中，將部分人力資源轉化成的知識價值繼續存留於組織中，以維持組織的運作。這股動力，帶動企業對知識及智慧資產的重視，相對地，如何引進、累積、保有、保護及不斷再生企業的知識及員工的知識，就成了一個重要的課題。

因此，媒體組織必須更為重視的無形資產，應該包括了人力資源、訊息內容，以及兩者綜效而產生的知識價值等。

第二節　媒體組織的知識管理觀

媒體組織迫切需要知識管理，究其成因，在於媒體產業就是一個知識生產行業，媒體的人力因素如新聞路線的培養與建立、經驗的傳承等；產品因素如新聞資料庫的內容管理與再運用等；市場因素如市場競爭與生存的法則、經銷管道與分銷系統等；另外如技術因素等，皆是媒體組織可產生與運用的無形知識價值。所以媒體管理者更需要具備知識管理的觀念。而一個知識管理型的組織，也是一個不斷創新求變的組織實體。

一、知識管理概念

知識管理是一個十分熱門的話題，當今企業管理領域最熱門的顯學乃是「知識管理」（Knowledge Management, KM）。這就好像

過去工業時代注重「生產管理」；龐大的組織注重「財務管理」；消費時代重視「行銷管理」；或晚近二十年注重「資訊管理」一樣。近來科技發展與網際網路帶動的新經濟浪潮，讓世人體會到經濟的動力，正由以往的資本及企業組織，移轉到知識及創新精神，所以知識管理在近年成為一門顯學。

　　一般而言，廣義的知識包含資料（data）、資訊（information）、知識（knowledge）及智慧（wisdom）等不同層次，有助於決策的資訊及能力。這些知識也許見諸文字或檔案格式的報告或表格中；也許深埋於往來的電子郵件；或者是資深管理者與組織人力資源者的腦海中。而知識管理就是將企業內的知識，當成一個資產加以管理，以期對企業價值發揮最大的用處。在知識經濟中，企業如能有效引入、累積、流傳及善用知識，對企業價值將會有很大的助益。

二、媒體導入知識管理的思考點

(一)如何導入與建置知識管理系統

　　既然知識管理的重要性無庸置疑，且媒體的產業特性使管理者更須有知識管理的概念，那麼媒體組織如何導入知識管理呢？可以考慮應用管理技巧中常用的5W2H法，進一步仔細思考如何導入與建置知識管理系統（鐘裕堯，2003）：

　　1.Why：

　　　(1)為何要導入知識管理系統。主要目的為何？策略意義為何？

　　　(2)企業或部門導入知識管理系統的戰略性目標為何？戰術性目標為何？降低成本？提升競爭力？或是改善作業流程品質？

2.What：

(1)應該由企業中的什麼部門或什麼領域開始實施知識管理？

(2)知識管理系統應具備哪些功能？哪些功能應最先導入？

3.How/ How to：

(1)如何導入知識管理系統？優先順序如何？

(2)組織及作業流程應如何調整，以配合知識管理系統的實施？

4.How much：

(1)企業或部門對於知識管理系統所編列的預算爲何？

(2)導入知識管理能產生的價值爲何？

5.Who：

(1)應由誰或什麼部門負責規劃及導入知識管理系統？

(2)最先實施知識管理的對象，應該是企業中的哪些部門或成員？

(3)企業中負責知識管理的組織形態和層級爲何？如何調整？

6.When：

(1)導入知識管理系統的時程爲何？

(2)優先緩急次序爲何？

7.Where：

(1)應該由什麼部門最先導入？

(2)實施知識管理的組織所在的實體位置，與組織在網路中的虛擬環境，如何相互搭配？

(二)知識管理運作時須考慮之四大要素

而在微軟的「實踐知識管理」白皮書中，提出四個知識管理運作時所要考慮的四大要素（張建清，2000）：

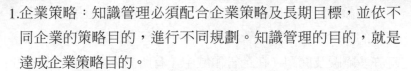

1.企業策略：知識管理必須配合企業策略及長期目標，並依不同企業的策略目的，進行不同規劃。知識管理的目的，就是達成企業策略目的。

2.組織：知識管理必須配合企業組織結構及動態，也要考慮員工的特性，加以規劃。主要的目的，是形成一個分享及鼓勵創新的組織。

3.流程：企業管理的目的，是增進企業現有的工作流程，以提供更好的服務或產品給顧客。知識管理的重點，是改善流程，而不是新增獨立的工作流程。

4.科技：善用資訊科技，可讓企業的運作更有效率。但科技的運用也必須配合使用者習性、行動力及現有架構才行。

(三)知識管理之知識利用流程

而安達信顧問公司也就知識管理提出一個知識利用的流程：

1.知識的彙集與再利用：企業現有的知識，必須要有一個很好的分享機制或系統，讓需要的員工可以找到。

2.發掘問題與透過運用知識以解決問題：對於企業的問題，有一個很好的系統，可以協助員工透過有系統的方式，很有效率地找到問題及解決之道。

3.組織學習與累積知識：在企業運作中，有一個機制可以促進整個企業，持續地、自發地學習及累積知識，以累積企業的知識庫。

4.革新與創建知識：最有價值的知識，是從創新中而來，也就是所謂能增加附加價值的能力。企業必須要有一個機制，尋找跳躍式的進步，才能勝出。

　　知識管理在知識經濟時代的重要性是無可置疑的。不過，從實用的角度來看，知識管理的一些手法，要應用在一般企業，仍會有許多障礙及問題。在企管領域中，有所謂先合理化再標準化的觀念。在知識管理上，也是相同的，除非企業經營者及員工都先成為知識工作者，否則要推行更多的知識管理活動，還是會困難重重。尤其如果沒有先將企業為何要推展知識管理的目的定義清楚，到頭來很可能會讓原本有用的資訊，成了一堆雜亂無章的資料。因為知識管理的重點，並不在於技術層面的問題，或執著於狹隘的單一業務與流程的整合，而是組織上下成員是否澈底瞭解知識管理的目的，是否瞭解知識管理與企業核心業務之間的密切關係，以及規劃知識管理系統所需要的整合性思維。

第三節　媒體組織的內容管理

　　近年來企業e化正如火如荼的進行，如何將企業最重要的知識傳承、運用並創造價值，以增加企業競爭力，正是每個企業現階段刻不容緩的工作。而知識管理未來將成為企業e化的核心，知識內容的管理流程，通常是將企業所蒐集、觀察到的各種「資料」（數據、紀錄、文件等），透過文字化描述、分類、計算、調整、精鍊等過程轉變成「資訊」，經過處理後的資訊再經由比較、驗證、關聯、溝通轉變成「知識」，於實務應用中展現知識的價值。對於媒體而言，最重要的莫過於內容管理（content management），但在傳播領域，早期對於內容管理的論述不多，晚近則因應網路化與科技發展，而有所謂的出版數位化革命或報業自動化等論述。

一、內容管理重要性與日俱增

　　由於知識經濟時代的來臨，知識對企業來說是產生客戶價值的重要因素，雜亂無章的資料無法產生企業的競爭力，因此舉凡公司內的各式技術文件、上百種產品資訊、即時訊息、常見問題解答（FAQ）等，都是提供給客戶的重要服務內容，若能對這些內容做一有效且妥善的管理，不僅可以節省公司處理的時間及人力，且使內容具重用性、彈性和即時性，更可以為客戶提供正確且即時的服務，以因應網際網路時代的即時需求、即時回應的特性，也將會為公司降低成本，創造更多的商機，獲得更高的利潤，更可為客戶創造更高的價值，提高整體顧客價值鏈的滿意度。因此內容管理將是成功客戶關係的重要步驟，可以作為電子商務的基礎，也是企業提升整體競爭力的第一步。

　　媒體是一個生產訊息內容的產業，所以內容產品勢必隨著時間的累積，而形成龐大的各式內容資料庫，例如新聞資料庫、影像資料庫、各式調查資料庫、文字資料庫、訂戶資料庫、經銷資料庫等。尤其產品數位化的技術日新月異，使資料的保存、整合、再製變得更為容易與廉價。因此，媒體的內容管理日益重要，而媒體要實踐知識管理，首要在於建立內容管理系統。

二、內容管理的概念

　　但內容管理究竟是什麼？哪些內容需要管理，又應如何管理呢？內容管理不只是文件管理（document management），也非傳統的資訊管理範疇而已，目前內容管理也尚無統一的定義，嘉德集團（Gartner Group）從內容管理的範圍及形式進行分類，認為內容

管理包括企業內部內容管理、Web內容管理、電子商務交易內容管理和企業外部網路信息共享內容管理。而內容是指任何類型的訊息，可以是文件、檔案、圖形、影像、Web網頁、資料庫表格、聲音、視訊等等。整體而言，內容可以是任何訊息的集合。管理是指在內容上進行處理的過程，包括蒐集、切割、分類、權限、審核、轉換、公布、更新、刪除、儲存、版本控制、版權宣告等，目的是使內容能夠最正確、最即時的傳遞給適當的人，因此內容管理即是協助企業或個人，將所有混亂的訊息內容進行管理，使達到內容的即時性、正確性、重用性、安全性及彈性，並因此為企業提升競爭力，對顧客創造新價值的過程（陳貞期，2003）。

內容管理是知識管理的基礎，但是一般談論內容管理的書籍，多是以網路化的內容管理為主軸，以電子商務為切入點，因此還會論述相關的資訊管理系統，或資料探勘、XML等技術性協定。而以媒體組織為焦點的內容管理則尚未有專書論述。但是，內容管理的概念應該為媒體管理者所重視與作為組織發展的要項之一。

三、內容管理流程

對企業而言，內容管理是提升競爭力的第一步，而內容管理系統則是可以協助進行內容管理的一種工具或一套工具的組合，Chase Bobko公司提出一個內容管理系統模式如**圖15-1**（陳貞期，2003）。

而*Content Management Bible*的作者博伊寇（Bob Boiko）則再將此一模式做更清晰及簡明的描述（**圖15-2**）。

綜合以上的模式，可得知一個好的內容管理系統應具備以下的元件（引自陳貞期，2003）。

1.蒐集系統（collection system）：對資料進行蒐集、取得、分

節、編輯、整合及轉換內容等工作，並可對內容元件進行定
義及搜尋。

2. 管理系統（management system）：管理系統負責元件、內容
及公布模板的存取管理，並可記錄內容的版本、工作流程的
狀態、權限的設定及更新處理等等，也可說是快速提供蒐集
系統與出版系統正確及有效內容的管理系統。

3. 出版系統（publishing system）：出版系統負責將內容從資料
庫中快速且自動的，依所建立的出版模式（發布模式）送至
各種出版媒體上，如Web、電子出版品、PDA、WAP、印刷
品、XML資料交換等等。

4. 資訊流處理系統（workflow system）：資訊流處理系統能確
保整個內容從蒐集、儲存及公布可以有效及正確地運行的整
個流程。

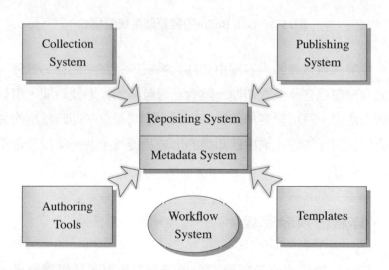

圖15-1　Chase Bobko內容管理系統的模式

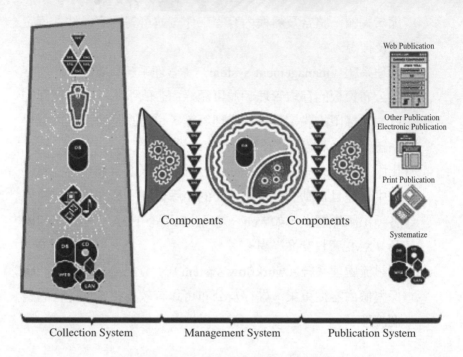

Components   Components

Web Publication

Other Publication
Electronic Publication

Print Publication

Systematize

Collection System   Management System   Publication System

圖15-2　Bob Boiko內容管理系統的模式

　　企業龐雜無章的內容經由此四大系統的蒐集、儲存、管理、發布處理，在建立及整理初期，雖會花費較多的人力及時間，但只要一切上軌道，將可對客戶或員工，做到即時需求、即時反應的最大效能，並因而加速企業內部知識的形成及獲得，進一步提升企業對外的競爭力。

四、媒體的內容管理

　　如以一般論述電子商務的內容管理理論對照於媒體組織，則是以網際網路為主要發布媒體的新聞電子報資料庫。但通常有發展電子商務的企業談及的內容管理是網際網路內容管理（網站內容

管理），但媒體若定義出知識管理與內容管理的範疇，則所結合的「內容」，將不會僅局限於網站內容資料庫，而是知識化的、資訊化的、產品化的，進而資產化的各式內容。以下試舉幾個例子說明內容管理的範疇與觀念：

1. 產品化的知識：包括各式由媒體工作者產製出來的內容，例如新聞媒體的新聞內容，如報紙、廣播、電視、雜誌、網路等媒體記者採訪而來的新聞資料，以及新聞資料整合而成的相關新聞資料庫。媒體產品化的內容也包括非新聞資訊的各類內容。

2. 生財工具化的知識：例如經過網絡化的報社分銷系統、分類廣告的經銷系統、記者採訪寫作系統、數位化的作業流程等。

3. 無形資產化的知識：如同警察有特別的線民一樣，記者採訪新聞也有特別的消息來源。例如某些政治記者可以透過特別的管道取得特別的內幕消息、財經記者有特別的股市行情。記者通常因為有了媒體組織所賦予的光環，因此能特別容易的取得某些資源，但是許多記者卻將這些透過媒體所取得的資源視為自己的財產，當跳槽或離職時，也一併視為個人資產而帶走。

舉凡對媒體內部與外部、管理或市場競手，媒體的各種內容都可以透過再製、裁切剪輯、包裝、整合、改善作業流程等等，而使媒體的內容管理產生更廣泛的議題與發展。

內容管理並不只是一種技術，而是結合組織成員的活動、產品、知識與人力資源的綜合運用，不只在於技術層面，也在於規劃與管理、企業形象與公關、客戶關係，甚至影響市場與競爭者，牽動產業發展。所以談媒體的內容管理，在範圍上已遠遠突破了傳統

對內容管理的界線。如果透過審慎規劃與管理，在效能上能更增加群效的結果。對媒體管理者而言，是相當重要的觀念。

第十六章

媒體的危機管理

- 危機的定義及預測方式
- 發言人制度
- 企業危機處理要領
- 個案討論：媒體危機處理實例

第一節　危機的定義及預測方式

一、企業危機的定義

　　危機的英文字 "crisis" ，《韋氏大字典》謂，它是「一件事的轉機與惡化的分水嶺」，又可解釋成「生死存亡的關頭」、「決定性的一刻」和「關鍵性的刹那」。《遠東英漢字典》也說，危機乃指難關、危急存亡之際，如同疾病的轉捩點，可能好轉也可能惡化。這個轉捩點的涵義，如果加以延伸，與分水嶺、臨界點等，頗收異曲同工之效。

　　由此可知，危機是在一段不穩定的時間與不安定的狀況下，急迫需要做出決定性的變革。所以，危機往往存在於一念之間。危機管理所牽涉的範圍相當廣泛，對研究者而言，如何清楚而明確界定研究概念便顯得相當重要。研究者如何界定研究主體，將顯示出研究者是以何種角度面對研究主體（Coombs, 1999）。由於危機具備複雜的特質，危機管理者如未能先理解其背後意涵，在因應管理過程，勢必徒增許多困難而功敗垂成。因此，唯有先對危機特質與發展進行瞭解，才能深切體認危機管理之意義。

　　對於「企業危機」的界定，各方之意見有：

1.孫本初（1996）、明居正（1998）一致認同赫爾曼（Hermann, 1972）所提出的判定「危機情境」的三項要素，對組織或決策單位而言：

　　(1)是未曾意料而倉猝爆發所造成的一種意外驚訝。

(2)可反應的時間短促，時間有限、壓力大。

(3)通常事件會威脅原價值或目標。

2.黃新福（1992）對米爾本（Milburn, 1972）認為危機情境的特徵之敘述：

(1)決策者察覺事件發生受威脅的價值具重要性，必須加以關切。

(2)在價值損失之前，可供決定並採取行動的時間相當短暫。

(3)其非預期，因此無計畫或任何現存方案可用來處理危機，且其界定會隨不同層級或環境而有不同意義。

3.黃新福（1992）彙整達頓（Dutton, 1986）、雷利（Reilly, 1987）、魏克（Weick, 1988）、羅森素（Rosenthal, 1989）等四位學者對危機綜合提出的觀點為：

(1)危機通常和威脅或逆境意涵相隨發生，個人、群體或組織必須有所因應，否則其潛在負面影響必產生。

(2)負面影響範圍擴大，如無法有效控制，可能威脅組織的生存、發展。

(3)事件前之徵兆和結果間的因果關係薄弱，常會誤判而致生嚴重後果。

(4)會使管理者在時間壓力及不穩定、不確定的情境下，做出重要的決策，造成對社會制度、組織的利益、結構之價值與規範，有衝突與破壞性威脅。

(5)危機本身具有不確定性之特徵，故很難以完全理性的方式來預估。只能做廣泛、充分的事前預防和應變計畫，卻不能完全避免。

(6)危機會來自於內、外環境因素，其洞察、感應有賴管理者與決策者的認知和經驗。其重視或忽略，對組織之價值或結構影響層面相當大。

4.吳佩玲（2001）敘述奧古斯丁（Augustine, 1995）的經驗論
　點：「管理無法避免危機」；「幾乎所有危機都蘊含成功的
　種子及失敗的根源」。

5.朱延智（2002）綜理出布思（Booth, 1993）、卡思林
　（Kathleen, 1996）、萊賓格（Lerbinger, 1997）、布蘭德
　（Bland, 1998）、菲斯曼（Fishman, 1999）、米特羅夫
　（Mitroff, 2001）等六位學者對危機的界定：

(1)危機是個人、群體或組織無法用正常程序處理，而且突然
　變遷所產生壓力的一種情境。

(2)一個主要事件可能對企業帶來阻礙正常交易，及潛在威脅
　生存的負面結果。

(3)對公司未來的獲利率、成長，甚至生存，發生潛在威脅的
　事件。具有三種特質：

　‧管理者認知到威脅，且會阻礙公司發展的優先目標。

　‧沒有採取行動，情境會惡化且無法挽回。

　‧突然間所遭遇。

(4)嚴重意外事件造成公司人員的安全，或公司環境、產品信
　譽被不利宣傳，而使公司陷入危險邊緣。

　‧發生不可預測事件。

　‧企業重要價值受到威脅。

　‧時間壓力：企業對外回應時間極短。

　‧危機溝通情境涉及多方面關係的劇烈變遷。

(5)危機是一個事件實際威脅或潛在威脅到組織的整體。

6.日本學者瀧澤正雄（1995）認為「危機即事故發生的可能
　性」。增永久二郎（2000）直接指出「危機妨礙到公司的存
　亡、高級幹部和員工的生命」。

7.我國近代學者、危機管理專家則有以下看法：

(1)邱毅（1997）強調：「危機本身是一段不穩定的情境，代表在轉機與惡化之間的一個不穩定階段」。

(2)邱強（2001）認為「危機可以預防，所以才做危機處理；沒有處理不了的危機」，「從小危機防範大危機；任何小危機都可以作為檢討危機預防系統的指標，即無時防有，由小防大」。

(3)朱延智（2002）認為：危機的發生不會僅僅是單純的某一部分出現問題，某一危機的發生，通常是其他危機的連鎖反應。危機的產生是兩個（含兩個以上）的危機因子結合所致，而危機因子即危機特質的背後因子。危機特質有：

．突發事件（以及由突發而帶來驚異性）。

．威脅到企業的基本價值或高度優先目標。

．對企業主及員工心理震撼大。

．危機資訊相對缺乏。

．必須在時間壓力下明快、智慧地處理。

．處理結果絕對影響企業的生存與發展。

二、危機處理與危機管理的差別

危機處理狹義解釋，為當危機發生時，要準備應變的措施，謂之危機處理。換句話說，危機發作期間，最簡單的處置辦法，就是準備應變。而廣義的危機處理解釋為預測危機，並預先防範危機發生，一旦發生，就要妥為因應，以減少傷害，亦即任何防止危機發生和減少危機傷害的做法都算危機處理，嚴格講，這已進入危機管理的層次。可見，危機管理的範疇涵蓋了危機處理，而危機處理絕不能自外於危機管理。

什麼是危機管理？針對潛在或當前的危機，基於動支的資源最

少、使用的時間最短、波及的範圍最小、損害的程度最低之理念，有組織、有計畫、有步驟地，採取最有效、最可行、最切實的對策和行動，通過必要的危機意識、危機處理、危機控制，以達危機解除為目標，稱之為危機管理。處理與管理，兩者有層次低和高之別，亦有範圍小和大之差。危機處理的層次較低，危機管理的層次較高。前者範圍僅止於處理而已；但後者卻涵蓋危機意識、處理、控制到解除。故廣義的危機處理，實際上就等於精義的危機管理。不過，在實務上，可不斤斤計較兩者之間的差別，把問題解決了，危機化解了，終究比什麼都重要。

三、預測危機的方式

(一)企業危機預測徵候——目測的表面現象

1.企業遭遇的問題愈來愈多。
2.特別受到政府、議會、新聞界或特定人士的關心。
3.傷害到公司或公司主持人形象。
4.危及企業的根本並影響正常營運。
5.嚴重威脅公司的生存與發展。

(二)企業危機預警訊號——危機影響值——預估的量化具象

危機影響值，係指假設各種狀況，在危機發生後，完全不加干預造成的影響，包括生命財產或有形與無形的損失，以數字0到10，來表示影響的大小或衡量壓力的強弱，此即「危機影響值」。如圖16-1所示。

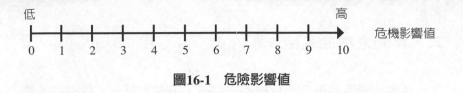

圖16-1　危險影響值

假設以下五種情況：

1.危機惡化的程度、速度，以及企業體能承受多久。

2.危機發展到什麼地步才會引起新聞界和政府的注意。

3.耗費多少時間金錢來處理危機，才不會影響企業正常業務。

4.受害人與罪魁禍首差別很大，後者一定或多或少會傷害到個人或公司的形象。

5.潛在危機對營運所發生的有形與無形損害。

分別取出五個數字（介於0～10之間），先加起來，再除以5，求得的數值，正是危機影響值（仍介於0～10之間）。值得注意的是，即使求出的數值稍有偏差，也比不做假設或不求甚解的情況好。

四、預測危機的制度

危機預測有其方法之外，制度的建立也應一併考慮進去，這種預測危機的制度，實際上常被稱作危機預警制度，就是根據抽象的危機徵候，或具體的預警訊號，察覺出危機有多大的可能發生機率，有可能在什麼時候發生、什麼地點發生，然後及早策劃因應，讓危機不發生，即使發生也只受到最小的損害。但若預警制度系統備而不用，或備用而不處理，跟毫無制度一樣，全都不應該。

五、預測危機的風險

企業危機雖然跟政治危機不盡相同，但在本質上，危機可能造成一家企業倒閉和一個國家滅亡，其風險性是相同的。因此，如何來管理企業危機，乃成了經營管理與風險管理的共同課題。

經過四十多年的發展與演進，風險管理的理論與實務，均已逐漸在危機管理領域中，扮演舉足輕重的角色。企業危機的風險管理問題，其重要性遠駕乎預測之上。因為風險的大小，直接影響到處理危機時的困難度，風險大者，亦屬高難度者，反之則輕鬆多了，尤其是心情上的輕鬆。

風險管理範圍，學者多有不同見解，但可概略分為下列三個階段：

(一)第一階段：假設狀況

此階段稱為不確定性的消除與減免，要做到這個地步，必須使出全部的力量，把未知轉變成已知，此即假設狀況，目的在預測災害事件的發生及其可能的影響與後果。在這個階段，有三項基本工作：

1.風險辨認，找出事實真相。
2.調查意外災害事件的本質與原因，包括直接原因（即災因）及最終原因（即災源），嘗試做技術的風險評估。
3.按損害頻率及損害幅度，將風險予以數量化的衡量。

(二)第二階段：風險控制

控制的著力點，應擺在不確定與災害事件之間，亦即力量用來控制災害事件的發生，其實這就等於先控制某一特性的災因，及導致此一災因的災源。

在這個階段的風險管理，有幾種方法可以交互運用，即：規避、損失預防與移轉法等。

(三)第三階段：危機管理

在災害事件發生後，所有的力量要結合起來，以緩和並控制災害事件對企業本身、鄰近社區及整個社會的影響，換句話說，此時應立即採取三個步驟：

1. 紓解一般大眾的恐懼與焦慮，期能贏得充分信賴，並維護企業形象。
2. 受到傷害者，應馬上給予公平、合理的賠償。
3. 透過保險及其他損失融資途徑，來取得企業受損部分的理賠。

關於風險這個問題，常聽人說要根除風險，要杜絕風險，這句話顯然有語病。因為天下事沒有一件沒有風險，或多或少罷了。根除或杜絕風險，根本做不到，就是想做到，不但是無益，反倒是有害。一件工作愈龐大、愈繁雜，所須承擔的風險也就愈大。正確的風險觀念是，不奢望完全排除風險，而是承擔適當的風險。

🔊 第二節　發言人制度

發言人的主要職責在於管理企業發布訊息內容之正確性與一致性（Carney & Jorden, 1993），對溝通公眾而言，發言人往往代表企業本身，因此發言人的任命派遣過程也應極為謹慎（Fearn-Banks, 1996）。多位危機專家皆建議，企業在危機溝通的預防與準備階段，即應做好選擇、訓練一批發言人的任務，而發言人的機制也必須隨時存在，以便一旦有人提出問題時，立即予以事實性的應答。此外，發言人不但要恪守公關人的誠信原則，也要善於解說及辯護企業立場。雖然組織中擁有多位媒體發言人，表面上好像和「對外只有一種聲音」（speak with one voice）的觀點有所牴觸，其實不然。

庫姆斯（Coombs, 1999）認為，企業基於以下兩個理由而應設有多位發言人之溝通機制。第一，由於危機具有「不確定」的特質，很可能當危機事件突然發生時，企業發言人正在千里之外度假，未能及時趕回參與危機管理小組的機制運作；此外，當危機情勢一旦拖延好幾日時，相信也沒有人能連續在如此龐大壓力而又體力透支的情況下，扮演好其分內角色，因此，企業不應只依賴一位發言人。第二，「對外只有一種聲音」的觀點並不等同於只有一位發言人，而是指對外訊息內容的一致性。由於很少有人能對企業中的各個業務主題均相當嫻熟，企業所遭逢的每個提問，最好應由對此領域最合適的人來回應。

事實上，在團隊工作前提下，只要這些發言人做好相關資訊之協調與交流，多位發言人還是能對外傳達一致的訊息內容。發言人和危機管理小組成員最大不同，在於發言人必須與媒體正面接

觸。由於發言人和媒體互動過程，常非只是單方面的傳達企業所欲對外說明的訊息內容，而是必須回應媒介的主動提問。因此，如何「聽」（listening）和「回應」（responding）媒體提問，便顯得格外重要。假使發言人未能正確傾聽媒介提問，就可能產生答非所問的情況。此外，對於回應媒介提問的時間也必須講求快速，因為媒介從業人員總是殷切期待企業給個說法。發言人必須真誠回應媒體從業人員，而不是與其爭辯。如此並不是要發言人讓不正確訊息到處流傳，而是在應答這些提問時，適時加以更正不實資訊，但卻不可據此和持錯誤資訊提問的媒介發生爭辯。誠如所知，媒介提問並非全然友善，有時也可能出現尖銳、敏感的問題，庫姆斯（Coombs, 1999）因此整理出發言人可能經常面臨的難題與回應之道。這些難題包括：冗長而複雜的提問、問中有問、植基於錯誤資訊的提問、提問人要發言人對提問中的預設選項做出回應等。面對這些複雜的媒介提問，媒體組織發言人該如何予以回應？

其實，發言人在面對冗長、複雜之提問時，可請求提問人再次重述、改述或對提問內容做更為清楚的解釋，這個策略除可讓發言人有機會增進或釐清提問者之用意外，也可為發言人爭取較多時間建構應答內容。此外，面對一個提問中包含許多問題的「問中有問」，發言人則可選擇其中最適合組織立場的問題回應，或是逐一回應該提問中的所有問題。不過，如果發言人選擇後者，就應拿捏好如何面面俱到的掌握問題。至於植基於錯誤資訊的媒介提問，發言人在應答過程除應予以更正外，也必須確認當下記者會中，該錯誤危機資訊不會再繼續存在。當提問人要媒體發言人對提問中的預設選項做出回應時，發言人必須審視其所預設選項是否對組織公平。

舉例而言，如果發言人發現該提問的所有預設選項，不外乎將組織形塑為無情、愚蠢等形象，那麼發言人又何苦對號入座。換

言之,一旦察覺提問人的預設選項對組織立場不盡客觀,發言人應予以解釋其中不合理之處,並且發展較爲適切的說詞以回應媒介提問。無怪乎許多學者皆認爲,發言人應接受如何與媒介應對之相關訓練。

總結來看,危機情境中的訊息流通與組織危機溝通管理有著密切關聯。企業在危機事件中對外提供的訊息不足,或是溝通管道不暢通,將有礙組織危機溝通管理成效。因此,組織在危機溝通的預防與準備階段,應事先規劃與建置各項有助於危機溝通管理成效的溝通機制。

危機管理小組以及危機管理中心的溝通機制,有助於企業針對危機事件的內部溝通、協調與管理作業,而危機溝通團隊與危機通訊中心的機制設立,則有助於企業掌控對外溝通、聯繫管道,而企業更應該瞭解,媒體發言人的溝通機制,更是連結組織內部與外部溝通的重要環節。

))) 第三節　企業危機處理要領

國際危機處理專家邱強(2001)以多年經驗特別強調:危機處理成功的關鍵在於「重點」與「速度」——抓到重點,而且速度要快。抓到重點是指當危機浮現時,判斷出會造成最大衝擊的問題而優先處理;速度快的目的是防止危機的擴大和失控,即迅速發現危機、迅速遏止危機發展及迅速處理危機。一般企業之所以產生危機,可能原來的制度或系統出了問題。企業在危機狀態,不可完全仰賴正常作業系統。因此在處理危機時,應試著找出方法來克服不健全之處。危機處理小組要用有問題的系統來處理、解決危機是不可能的,因此必須另建立簡捷、直接的指揮系統。危機處理是一項

系統工程，忽視任何一項環節，都可能產生或多或小的失誤，甚至失敗。

　　面對複雜多變的危機，決策者常處於有限理性（bounded rationality）的情況，明確的步驟、要領可以減少其帶來的傷害。因此提出處理危機的九大步驟：

　　1.專案小組全權處理。
　　2.蒐集企業危機資訊。
　　3.診斷企業危機。
　　4.確認決策方案。
　　5.執行處理戰略。
　　6.處理危機重點。
　　7.尋求外來資源。
　　8.指揮與通信。
　　9.提升無形戰力。

　　企業危機隨著環境時時在變化，決策處理過程也同樣要有彈性。尤其忠實記錄危機之變化和處理過程，將可有效作為提升能力、再學習的教材，也是檢討與評估的依據。危機狀態會令人產生緊張是無法避免的事，因此充足的心理準備，才可以保持敏捷的判斷力。多學慎處之道，使心情緊張時也能嫻熟運用技巧，適時申請協助與支援，使危機處理達到事半功倍的效果。

第四節　個案討論：媒體危機處理實例

　　新聞媒體所刊登的每一則新聞，必須能夠確保是正確而且可信的新聞，因為所牽涉到的是整個媒體的信譽。

2004年5月1日，英國最大日報《每日鏡報》在頭版刊出指控駐伊拉克英軍虐囚的照片，隨後報社董事會在5月14日發表聲明，為該報兩週前在不知情下刊出假造的英軍凌虐伊拉克囚犯照片，向英國女王麾下的蘭卡郡兵團及駐伊英軍致歉，且宣布該報總編輯摩根下台。

2004年5月12日，美國《紐約時報》轄下的大報《波士頓環球報》在B2版刊出一張含有美軍強暴伊拉克婦女圖片的照片，遭到讀者強烈抗議與對手報批判，《波士頓環球報》隨即在隔日5月13日刊出道歉啟事，為該報未經確認圖片真偽，且圖片中出現清晰的性行為而道歉。並在5月14日，由讀者意見調查員在言論版中再度針對此事做出說明，並引述攝影部門主管的話。同時，相關報導顯示，總編輯也轉述道歉之意。

這兩家英美知名的大報都犯了未經審慎查證的錯誤而發生了信譽危機，兩家報社都承認錯誤，也做了不同的危機處理。但無論如何，新聞媒體刊載了不真實的新聞內容，對於媒體的信譽影響至巨。

一、英國《每日鏡報》的例子

左圖為《每日鏡報》於2004年5月1日在頭版刊出指控駐伊拉克英軍虐囚的照片。鏡報總編輯摩根於5月14日因政府調查發現照片是偽造的而被辭退，並在頭版（右圖）以斗大的黑體字說：「對不起，我們上當了。」（歐洲圖片新聞社、美聯社）資料來源：http://udn.com

《每日鏡報》虐囚假新聞「當時深信為真」

【編譯馮克芸／綜合15日外電報導】

　　英國《每日鏡報》董事會14日發表聲明，為該報兩週前在不知情下刊出假造的英軍凌虐伊拉克囚犯照片，向英國女王麾下的蘭卡郡兵團及駐伊英軍致歉，且宣布該報總編輯摩根立即下台。

　　鏡報董事會在聲明中說，該報刊出照片時，深信這些虐囚照片是真的，「但現在已有足夠證據顯示，這些相片是假造的；《每日鏡報》成了某些人蓄意惡作劇的對象」。

　　《每日鏡報》自5月1日起刊出的系列虐囚照片，據說是由曾派駐伊拉克的兩名蘭卡郡兵團士兵提供。照片中英國士

兵用腳踹伊拉克囚犯頭部，以槍托毆打囚犯下體，且在囚犯身上小便，但相片中皆看不到士兵的臉孔。

英國首相布萊爾（Tony Blair）、國防大臣胡恩（Geoff Hoon）等皆曾表示，這些照片是假造的。專家也指出，相片中的卡車、步槍和軟帽並非八千名駐伊英軍所使用的類型。

過去兩週，三十九歲的《每日鏡報》總編輯摩根堅定為刊出那些照片的決定辯護，且拒絕辭職，他的強硬姿態激怒了許多人，他們認為不實的煽動照片使駐伊英軍名譽受損，且面臨生命威脅。

《每日鏡報》董事會的聲明說：「摩根不適合繼續擔任《每日鏡報》總編輯，因此他將立即下台。」現任副總編輯凱利將代理總編輯之職。

有關摩根究竟是被革職還是自行辭職，倫敦傳出矛盾的報導，《每日鏡報》發言人告訴法新社：「我們不做任何簡報，也不針對個別問題提供詳細回答。」但該報一位要求匿名的記者說，摩根「做了令人尊敬的事」。

值得注意的是，《每日鏡報》雖坦承那些照片是假造的，但該報董事會在聲明中堅稱，有關英軍虐囚的指控已經紅十字會及國際特赦組織證實，英國國防部必須處理此事。

聲明說：「首相、國防部長及陸軍部長曾宣稱我們的照片是惡作劇，這種說法是正確的。但他們堅稱並無尚未處理的虐囚事件，這並非事實。」

《每日鏡報》是英國最大的日報，此事是英國新聞史上的重大敗筆之一，幾可與1983年《星期泰晤士報》刊出所謂希特勒「日記」醜聞相提並論，那些「日記」後來證實是虛構的。（取材自《聯合報》，2004年5月16日）

虐囚照片　證實偽造　英《每日鏡報》道歉、總編輯免職

摩根黯然去職態度仍強硬　堅稱刊登的是真相

政府視而不見是他們的問題

【閻紀宇／綜合倫敦15日外電報導】

　　英國小報《每日鏡報》本月1日刊登的駐伊拉克英軍虐待伊國囚犯照片，已經證實為偽造之作。《每日鏡報》今天在頭版刊登道歉啟事，其母公司「三合一鏡報」則在昨天將總編輯皮爾斯‧摩根免職，由副總編輯凱利暫代。

　　英國廣播公司今天引據國防部發言人指出，在《每日鏡報》就刊登偽造的駐伊拉克英軍虐待伊國囚犯照片公開道歉並將總編輯免職之前，英國當局曾因虐囚疑案逮捕、偵訊四名英國軍人，但隨後即予釋放並未指控他們任何罪名。該發言人並表示，《每日鏡報》曾協助國防部調查偽造的英軍虐囚照片之來源。

　　《每日鏡報》以「抱歉……我們被愚弄了」為標題，刊登由母公司發布的啟事，表示《每日鏡報》先前經過嚴格查證，認定這些虐囚照片真實無誤，因此才會刊登。但後來有充分證據顯示，這些照片是有心人士刻意且惡意的偽造，因此該報除了要為此事道歉，更要向名聲受損的英軍「女王蘭卡郡軍團」以及英國陸軍駐伊部隊表達最深刻的遺憾。

　　不過剛剛丟官的《每日鏡報》總編輯摩根仍然態度強硬，他昨天下午被《每日鏡報》母公司總經理貝莉女士召見，貝莉要求他公開向社會大眾道歉，但他當場拒絕，並隨即離開公司總部。摩根昨天早上接受英國ITV新聞頻道訪問時仍堅稱：「我只想說，《每日鏡報》刊登的是真相。我們揭發了一缸子的醜聞，如果政府對此寧可視而不見，那是他們

的問題。」

　　《每日鏡報》在5月1日刊登了一篇報導「英國部隊虐囚之恥」，描寫一名十八歲到二十歲的伊國囚犯，被英軍女王蘭卡郡軍團的官兵從伊南大城巴斯拉抓出來，送上一部卡車百般凌虐，八個小時後才將他拋下卡車，至今生死未卜。

　　這篇報導附有四張據稱是兩名英軍士兵提供的照片，顯示施虐英軍在戴著頭罩的囚犯身上撒尿、以槍托撞擊囚犯下體、以突擊步槍瞄準囚犯頭部、坐視囚犯流血不止。這些慘不忍睹的照片曝光之後，輿論自然是一片譴責撻伐之聲。

　　然而英國媒體、政府與軍方隨即發現這幾張照片疑點重重，進一步調查之後果然證實，它們是有心人士利用道具演出的偽造之作。照片中的那部卡車已經尋獲，不過地點卻是英國本土普瑞斯頓的一座軍營，與伊拉克毫無關聯。英國司法當局正在深入調查這些照片的真正來源，《每日鏡報》也表示願意全力合作。

　　英國《衛報》今天指出，《每日鏡報》母公司的大股東對這樁誤用照片案極為重視，尤其是幾名來自美國的大股東，更對事態發展感到震驚，他們的態度是導致摩根黯然去職的主要因素之一。（取材自《中國時報》，2004年5月15日）

二、美國《波士頓環球報》的例子

《波士頓環球報》美軍強暴假照片　軍裝演員演的

【編譯馮克芸／綜合15日外電報導】

　　美國大報《波士頓環球報》13日刊出啟事，為該報12日登載一張含有美軍強暴伊拉克婦女圖片的照片致歉，理由是

圖片真偽未經確認，且圖中出現清晰的性行為。

網路媒體《世界網絡日報》（*World Net Daily*）調查透露，那張相片來自美國及匈牙利色情網站，早已在阿拉伯世界宣傳人員圈內流傳多時，且相片中是穿軍裝的演員假裝強暴女性。

《波士頓環球報》是《紐約時報》轄下的一份日報，該報12日在一篇波士頓市議員透納開記者會、出示了美軍強暴伊拉克婦女圖片的文章中搭配照片，照片中，透納拿著四張他所謂來自伊拉克的圖片。

這張照片登在12日《波士頓環球報》B2版，起初約三欄寬，相片內圖片約2.5公分長、2.5公分寬，透納聲稱的強暴場景清晰可見，後來該報在副主編拉金要求下換版，把那張照片縮小。

當天許多報皆未報導這場記者會，但《環球報》大都會版決定讓這則新聞見報，同時提出問題，讓選民判斷透納的舉動。不料新聞及照片刊出後，許多編輯深感震驚，且該報立即接到大批讀者抱怨電話，讀者多表示「噁心」及「憤怒」。

除了讀者強烈抗議，《環球報》也迅速遭對手《波士頓前鋒報》、許多電視談話節目及網站批判，值此美軍虐囚案沸沸揚揚之際，「反美國」、「想把布希拉下馬」或「敗壞美軍名譽」的指責交相而來。

《環球報》在道歉啟事中坦承，該報在未經進一步查證的情況下，就刊出那張具有色情意味的相片，但啟事中未直接回應《世界網絡日報》的說法。《環球報》讀者意見調查員克莉斯汀·齊德蘭說，她未能找到那張相片出處。

齊德蘭在14日的言論版中再度針對此事做出說明，她表

示，該報刊出一張明顯含有性行為的相片，說是疏失還太輕描淡寫了，她說：「對此事我們毫無藉口。」她還引述攝影部門主管凱蒂‧艾德瑞契的話說：「我們應該有層層查核及協調，但事實上沒有。」

凱蒂‧艾德瑞契稱此事「難堪至極」。

《環球報》總編輯巴隆也說：「我們為（新聞）判斷及程序失誤道歉。」巴隆說，基於圖片的淫穢性質及未查證，這些圖片不宜見報。但巴隆告訴齊德蘭：「我們不會開除任何人。」（取材自《聯合報》，2004年5月16日）

第十七章

媒體應注意的法律問題

- 對著作權的認識
- 誹謗罪對媒體的影響
- 媒體的查證
- 對於人格權具體的保護、救濟的方法與程序
- 行政法規相關規定
- 刑事法規對名譽的保護
- 新興電子媒體衍生之法律問題

　　媒介組織的新聞部門在處理每日眾多的消息時，一方面由於截稿的時間壓力，一方面因為新聞事件的採訪難度，以至常常會出現因為一時的疏忽大意，無法做好查證的工作，而造成錯誤出現，在現在民智大開的狀況下，閱聽人興訟的事件早就已經不是新聞，媒體如果查證不確實或是蓄意誇大，都隨時可能吃上官司，在美國的許多案例可以證明，民眾已經很清楚自己的權利是不容被媒體隨意侵奪的，尤其是現在有所謂的懲罰性賠償，對於被告所要求的賠償金額，幾乎可以讓一家媒體關門，其影響不可謂不大，因此，作為一個媒體組織的經營者或管理人，對於新聞室在每日的新聞處理中會遇上哪些問題，就必須要非常清楚了。

　　一般而言，媒體處理新聞最常碰上的法律麻煩就是侵權（包括著作權和人格權等 ）與誹謗罪。現在民眾的法律常識愈來愈豐富，任何一點新聞的處理不當，不論是誇大或渲染，都可能引來吃官司的危險，作為一個媒介組織的經營管理人，更是要對這些問題念茲在茲，不可不慎！因此，本章針對新聞室在處理新聞時最容易出問題的部分，如認識著作權，瞭解誹謗罪，同時也就一個媒介組織的負責人來說，如何督導或要求新聞部同仁做好新聞查證的工作，並透過兩個實際的案例加以說明，另外就是對於人格權、名譽權的保護，分別從救濟和刑法的角度提出說明，使同學一旦進入媒體工作，或是實際從事媒介組織管理工作的時候，不致因為並不是法律科系出身，對法律條文不熟稔而誤蹈法網，不但讓自己惹來麻煩，更重要的是，也會讓服務的媒體造成名譽或是財產上的損失，這對任何一位媒介組織的管理人來說都是不樂見到的。

第一節　對著作權的認識

　　首先，我們來看看什麼是著作權？而受到「著作權法」保障的又包含哪些方面？簡單的說，所謂的著作權包括了著作人格權及著作財產權。著作人格權是用來保護著作人的名譽、聲望和他的人格利益，這包括了有公開發表權、姓名表示權和禁止別人不當竄改著作，因而損害著作人名譽之禁止不當改變權等三種權利，它具有一生的專屬性，不可轉讓或是繼承。在著作財產權則可賦予權利人經濟利益，這包括了重製權、公開口述權、公開播送權、公開上映權、公開演出權、公開展示權、改作權、編輯權和出租權等，這些權利都可以轉讓或授權。那麼，受到「著作權法」保護的有哪些？根據「著作權法」的規定，屬於文學、科學、藝術或其他學術範圍之創作，包含語文著作、音樂著作、戲劇、舞蹈著作、美術著作、攝影著作、圖形著作、視聽著作、錄音著作、建築著作、電腦程式著作及表演著作等，都歸「著作權法」保護。但著作權之保護僅及於該著作之表達，而不及於所表達之思想、程序、製程、系統、操作方法、概念、原理和發現，總的來說，作為一個新聞編輯人員，除了應該尊重自己的創意，更應該尊重別人的權利。我們經常發現有媒體不當的使用了別人的畫面、圖片或文章，這中間的原因，也許是一時疏忽，也許是不瞭解法律，當然也免不了有想要混水摸魚、占點小便宜的不肖媒體，不論如何，只要觸法，任何理由都是不成立的，因此，媒體主管便應當時刻將這些法令告誡所有的採訪、編輯人員，不能輕率大意，在國外，有許多非法盜用的案例，可是會把媒體告得傾家蕩產的。

第二節　誹謗罪對媒體的影響

　　報禁開放十多年來，媒體百花齊放，充分發揮「第四權」的監督功能，但卻也發現有愈來愈多的媒體記者，一不小心就觸犯刑法中的加重誹謗罪，引發輿論界的重視，希望能推動誹謗罪除罪化，先進國家如美國，就是以民事損害賠償來取代刑責處罰；不過，大法官做出的釋字五○九號解釋，認為不實施誹謗除罪化，並不違憲，否則有錢人豈非可以任意誹謗他人名譽？

　　名譽是人的「第二生命」，各國無不於民法、刑法中設有規範，藉以保護和救濟。我國現行刑法第三百十條也明定：對於所誹謗之事不但能證明為真實，而且與公共利益有關，並不涉及私德者，誹謗罪不成立。第三百十一條也明定免責條件，以善意發表言論而有因自衛、自辯或保護合法之利益者、公務員因職務而報告者、對於可受公評之事而為適當之評論者、對於中央及地方之會議或法院或公眾集會之記事，而為適當之載述者不罰。

　　通常，公眾人物之隱私權比一般民眾為少，必須接受媒體較大程度的報導和批評，中外皆然，但媒體記述仍不得涉及個人隱私或虛構事實，否則就可能要負民、刑事責任；但有關刑責部分，卻要求由媒體來「證明為真實」，媒體基於保護新聞來源，無法舉證時就得處於劣勢，也因此長久以來，要求將誹謗罪除罪化的呼聲就此起彼落。

　　大法官的解釋文，明確點出「惟行為人雖不能證明言論內容為真實，但依其所提證據資料，認為行為人有相當理由，確實其為真實者，即不能以誹謗罪之刑責相繩，亦不得以此項規定而免除檢察官或自訴人於訴訟程序中，依法應負行為人故意毀損他人名譽之舉

證責任，或法院發現其爲眞實之義務」。將現行要求行爲人必須證明自己行爲不構成犯罪的不合理情形條件放寬，是這號解釋最積極的意義。

事實上，屬英美法系之美國模範刑法法典，並未將誹謗列爲刑事犯罪，美國法院一向認爲，輿論對公共事務本有批評監督之權利，社會大眾對於公共事務亦有「知的權利」，這兩種言論自由之權，與處理公共事務之公務員個人名譽的保護，難免發生衝突，對於憲法所保障之言論自由，如果有不實陳述時，是否應該負責？美國聯邦最高法院於1964年曾做成判例，除非被告有「實質惡意」，否則不能請求損害賠償，美國不科以刑責的做法，也是目前經常有人引爲宜將誹謗罪除罪化之立論。

至於解釋理由書指「一旦妨害他人名譽均得以金錢賠償而了卻責任，豈非享有財富者即得任意誹謗他人名譽」此一說法，只說對了一半；國外常有些媒體、出版社，因爲被判賠高額的賠償金而倒閉，沒有人會跟自己的財富過不去，國內民眾所畏懼誹謗責任，還是伴隨刑事附帶民事的損害賠償，這才是問題的重點所在。

楊肅民（2000）指出，日前新聞界動輒得咎，沒有「實質惡意」的報導也常挨告，民眾自我意識提高，懂得保護自己權益不受損原本是好事，但有人卻濫訴成習，加上實務運作，對於這類告訴或自訴，法院原本非有必要應先傳原告，但卻常先傳被告，導致新聞記者常跑法院，而怕麻煩的後果，將使媒體「第四權」的批評、監督尺度先自我設限，產生所謂的「寒蟬效應」，這樣的結果將嚴重影響自由言論所能發揮的功能，戕害憲法所保障的言論自由。

第三節　媒體的查證

　　此部分利用實際案件，來說明媒體管理中，尤其是在新聞業的新聞查證的重要性，黃錦嵐（2004）由兩件新聞誹謗案例，藉由事件的發展、媒體的報導及問題的討論，以說明媒體在查證新聞時所應注意的要件。

案例一：《新新聞》誹謗副總統呂秀蓮案──有查證等於沒有查證的案例

　　《新新聞》報導副總統呂秀蓮「嘿！嘿！嘿！」官司四月底敗訴定讞後，《新新聞》批評最高法院判決違法違憲，使新聞自由蒙塵，諸多媒體基於唇亡齒寒的危機意識，幾乎異口同聲聲援，如今，事過境遷，平心而論，《新新聞》是因查證新聞不確實，以致侵害副總統呂秀蓮的名譽權，與新聞自由尺度其實是無多大關係。

　　《新新聞》報導副總統呂秀蓮「嘿！嘿！嘿！」新聞，始於總編輯楊照自稱接到副總統呂秀蓮的電話，提及「嘿！嘿！嘿！」一段緋聞新聞。

　　《新新聞》的查證動作，是由編輯楊舒媚專訪陳總統夫人吳淑珍、總統府顧問蕭美琴、副總統辦公室發言人蔡明華等三人，結果，吳淑珍說：「整件事情我是聽你轉述，可能有斷章取義的嫌疑，如果是這樣，對副總統是不太公平。」；蕭美琴是一直驚呼說：「很難相信！」、「怎麼可能？」；蔡明華更明確說：「副總統不可能親自打電話對媒體高層放話！」

　　憑上述查證專訪，《新新聞》就在封面以「鼓動緋聞，暗鬥阿

扁的竟然是呂秀蓮」為標題，大幅報導總統府緋聞風波。

【討論】

上述的查證動作，《新新聞》自認為已盡到合理的查證，但是，高院、最高法院的判決都認定有過失，最高法院發言人李錦豐發布判決新聞時，說得更直接：「《新新聞》有查證等於沒有查證！」應負過失侵權責任。

《新新聞》事件凸顯的媒體管理首要課題是：媒體人查證新聞，常陷入自以為是的確信，輕忽舉證是否足以昭公信問題，應深切反省、警惕。

媒體人常以為：反正新聞主角的周遭關係人都訪問過了，不管回答是肯定、驚訝、懷疑或否定，當然已盡到合理查證責任。

殊不知，查證若與待證事實不符，有些查證，是有查等於沒有查的，而且事證永遠都可能不夠的。

《新新聞》所要查證的重點是：呂秀蓮有沒有傳播緋聞？有沒有打電話給楊照？

前項疑問，《新新聞》的查證方式，是訪問吳淑珍、蕭美琴、蔡明華等三人，查證方向是對了，但吳淑珍等三人的回答，若非否定，即是質疑，對於問題核心，有答根本等於沒有答，如何說已盡到合理查證？可是，《新新聞》卻自以為已盡到查證責任。媒體人的這種自以為是的確信，所涉及的，與新聞專業素養無多大關聯，反與邏輯思考訓練關係較深。其實，常犯下此等自以為是的確信謬誤者，不止是媒體人而已，連法官的判決書、檢察官的起訴書中，也經常可見類似草率查證謬誤。

例如，被告提出刑求抗辯，法官為了調查警方是否對被告刑求，竟然傳喚有刑求嫌疑的警員，問他（們）有沒有刑求被告？

試想：若眞有刑求，這些警員必須擔負凌虐人犯刑責，除非法官、檢察官掌握到刑求證據，否則，哪個呆瓜會承認刑求？法官這種查證、調查方式，不是有查等於沒有查嗎？

法官用這種方法查證、調查刑求案，至少超過二十年，直到去年最高法院才通過一則判例予以糾正。

至於呂秀蓮有沒有打電話給楊照？《新新聞》根本沒有辦法舉證證明，沒有錄音，也沒有電話通聯紀錄可供查證，這是《新新聞》敗訴的另一關鍵，也是媒體人應深切反省、警惕的。

審判中，《新新聞》主張缺乏調查公權力，將電話通聯紀錄的查證責任推給法院，當法官查不到通聯紀錄時，又推說通聯紀錄已被銷毀。

其實，《新新聞》的說法，在法律上是站不住腳的。呂秀蓮是否有打電話給楊照？是報導是否有合理依據的待證事項，楊照主張有，就應負舉證責任，至少應提出證明方法，以證明報導屬實或有合理依據。

《新新聞》聲請法院調查通聯紀錄，算是提出證明方法，是合理的，但是，當法院查不到通聯紀錄時，等於證明方法失敗、無法證明，《新新聞》無憑無據就說通聯紀錄已被消音或銷毀，顯然就是辭窮、賴皮、推卸舉證責任了，在審判中，副總統呂秀蓮的辯護律師一再強調：「《新新聞》的查證動作並不符合新聞規範的基本要求！」高院與最高法院法官都同意這說法，但案經最高法院判決，主流媒體報導都未凸顯此項主題，事實上，此一主題正是《新新聞》敗訴的核心所在。

從法律責任上看，新聞查證，有時是爲了平衡，有時是爲了補強，新聞欠缺平衡，只是報導不夠周延，還不至於有民刑事責任，但若事證補強不足，即有民刑事責任之虞。

在《新新聞》案中，查證應側重在補強，使所謂緋聞新聞有

確實的依據，因此，查證若獲得肯定的答案，如吳淑珍、蕭美琴、蔡明華三人之中，只要有任一人說：「似乎曾聽呂秀蓮私下這麼說過。」《新新聞》的總統府傳緋聞報導，即有依據可循，不致流於空穴來風。

可是，《新新聞》訪問吳淑珍等三人的查證，事實上卻淪爲平衡，只是讓相關人士有說話、表示意見的機會，聊備一格，其內容無關緊要，說不說都無所謂。

就這麼一點差別，使《新新聞》的查證被最高法院認定是「有查等於沒有查」。

當然，若《新新聞》能舉證證明呂秀蓮曾打電話給楊照，即使通電話的時間有差錯，甚至不知兩人通電話說些什麼，都能爲《新新聞》報導依據加分。

《新新聞》在訴訟中一再力爭，有關鍵證人——總統府幕僚曾昭明，應到庭作證而未到問題，則凸顯媒體管理的第二項重要課題：媒體人報導新聞，應時時刻刻注意所舉證據是否可能發生危險。此項危險包括物證（例如錄音、錄影）的遺失、隱匿、變造，也包括人證的隱退、匿居、改變證詞。

新聞採訪中，因不同動機，有人願意提供機密新聞的消息或線索，但卻不願具名或出面作證。也有人起初願意出面指證，中途受壓力，或受誘惑，或不明原因，臨時變卦改變說詞，甚至整個人失蹤不見。

這些屬於人的變數，是媒體人報導新聞應考量的關鍵因素，且是難以推卸的查證責任。

屬於人的證據容易生變異，屬於物的證據，例如錄音、錄影，也未必穩如泰山，因爲物證也是由人保管、使用的，仍有可能消音、毀滅、隱匿。

就記者立場，乍得重大獨家，一時見獵心喜，頭容易昏，愈

查證愈覺得消息屬實，消息一旦曝光，衝擊隨之而來，消息來源是否還願意出面證實，往往被忽略，因此，媒體內部須有分層控管機制，審核各種可能的變數。

《新新聞》一案，消息線索來自總編輯，凸顯出媒體控管的第三項重要課題——即使新聞線索來自高層，也不要減少審核控管的機制。其中原因，一則長官若是確信不疑，下屬更是難以辯難、質疑；二則審核控管少了幾層，長官要是不夠英明或一時失察，基層記者只好一同陪葬。

對於新聞媒體而言，長官交辦的新聞線索，往往潛藏著控管的危機，愈是高層的長官，離開第一線採訪可能愈久，接受控管監督審核愈少，這是媒體管理上不得不防的大關節，最重要的是，這個關節必須總編輯自己有所體認，一視同仁接受嚴格控管審核，才能把持，不能靠基層記者抗顏力爭來維持。

曾昭明在《新新聞》事件中的角色，確實是耐人尋味，迄今為止，他未曾出過庭、作過證，按說，他早出國、晚出國，事隔數年，總有回國的一天，為何他不出庭？他正是媒體人應特別防範的變異關鍵證人！

案例二：《勁報》誹謗宏仁集團董事長王文洋案——僅憑片面之詞就連續兩天在一版報導的誹謗案

報紙誹謗案中，《勁報》誹謗宏仁集團董事長王文洋一案，是最脫離新聞規範、最具有警惕性的案例。

2000年8月間，一名自稱「吳芳慈」的女子傳真一份函文給《勁報》，投訴王文洋始亂終棄，《勁報》派記者電話聯繫，就在「吳芳慈」始終未親自出面情況下，僅憑傳真函、電話採訪，就在8月

25日第一版刊登王文洋發生婚外情，生有一子，然後棄母子不聞不問，報導中母子都姓名、年籍俱全。

《勁報》在新聞報導中更明確指出，這名自稱和王文洋生子的「吳芳慈」，拿不出證據。

第二天，《勁報》追蹤報導，仍是第一版，這次「吳芳慈」拿出王文洋的承諾書，並提出她寫給王文洋的借據，上有王文洋的簽名與蓋章，同時刊出借據，通篇還是「吳芳慈」的說詞。《勁報》連續兩天的一版新聞，激怒王文洋提出刑民事告訴，本案在審判上爭執不大，刑事部分，高院很快就判決總編輯吳戈卿拘役五十天確定，民事部分，2002年12月間，也由最高法院判決定讞，《勁報》與吳戈卿除了應連帶賠償兩百萬元及遲延利息之外，並應在《中國時報》與《聯合報》第一版刊登道歉啓事，回復王文洋的名譽，只是，當全案判決定讞之時，《勁報》已停刊。

【討論】

《勁報》查證新聞之草率、輕忽，不止顯然違反新聞查證規範，更違反普通經驗邏輯。

既然「吳芳慈」何許人都不清楚，豈有輕信其言的道理？就算要聽人片面之詞，也要派記者見上一面，聽其言、觀其行，查其文件資料眞偽，免得代人背黑鍋都還不知道是爲誰背的？

其次，既然「吳芳慈」拿不出證據來，豈可將她對王文洋的人身攻擊指摘，一再刊登於一版新聞？既然涉及王文洋，且指摘歷歷，豈可不問王文洋一句即大登特登？

《勁報》在事件爆發後很快就停刊，新聞專業動作的不確實，恐怕也是原因之一。

))) 第四節　對於人格權具體的保護、救濟的方法與程序

　　名譽是指一個人在社會上應該受到與其個人社會地位、人格相當的尊敬或評價。因此，法律上的保護常隨個人主觀價值、社會觀念或法律評價而不同，例如，指責一般人「沒有法律常識」，並無問題，但指責一位律師「沒有法律常識」，則可能造成名譽之損害。因此，名譽權之保護因人、因地、因時而不同。言論自由的行使，如故意或過失逾越言論自由之範圍，侵害他人之隱私、肖像、姓名、信用，甚至生命、身體、自由，則應分別情形依法負起民事或刑事責任。

　　人格權包括名譽與生命、身體、自由、貞操、肖像、姓名、信用、秘密等權利，我國民法第十八條規定：「人格權受侵害時，得請求法院除去其侵害；有受侵害之虞時，得請求防止之。前項情形，以法律有特別規定者為限，得請求損害賠償或慰撫金。」所稱損害賠償可分為財產上之損害賠償，與非財產上之損害賠償（指精神上之損害賠償，又稱為精神慰藉金）。至於損害賠償數額之多寡，因名譽權與有形之財物不同，其計算自有差異。以下就民法相關規定，依受侵害情況分別加以介紹：

一、名譽權受侵害的處理方式

　　法務部所出版的《第二生命何價？名譽權的保護與救濟》一書指出，名譽權受侵害的處理方式如下：

1. 名譽權可能將受侵害時，可以請求法院加以防止。例如，對於對方未印好的雜誌或書刊，如果有侵害自己名譽時，可以請求不得印刷，已印好的可請求不得發售、散發；對於已沖洗之相片，可請求不得使用。

2. 已受侵害時，則可請求法院加以除去。例如請求除去張貼之誹謗海報；請求收回已經寄售的書刊。

3. 如有財產上的損害，得請求賠償。例如，著名商品被不法廠商冒用商標，致其商譽受損，得請求金錢賠償，但請求時應注意提出有受損害之有利證明。

4. 如所受損害不屬財產上之損害，也可以請求賠償相當之金額或請求回復名譽之適當處分。

   (1) 請求賠償金額：依民法規定，因名譽權受侵害而得請求賠償者，以相當金額為限。所謂「相當」，須顧合理性。依目前實務上所見，須考慮下列因素：

   ・實際加害情形與名譽所遭受的影響是否重大。

   ・加害人與被害人雙方之身分、地位、資歷。

   ・加害人行為之可非難性。

   ・被害人痛苦之程度。

   而相關具體撫慰金額，由法院依個案情形決定。

   (2) 回復名譽之適當處分：所謂回復名譽，具體措施如要求媒體更正、登報道歉等。如何才算適當處分，也要考慮被害人的主觀認知及必要性，否則事過境遷，大家都已淡忘之後再行提出要求登報道歉，豈非二度傷害？

   依以上方式請求時，還必須注意民法第一百九十七條第一項規定之時效問題，如時效已完成，即不得再行使該項權利。

二、遭受侵害之救濟方法與程序

　　名譽權或其他人格權受侵害，常會因為被害人所採取救濟方法不同，而產生不同程序。通常被害人在發現被害時，為防止損害之繼續或擴大，第一個步驟就是自己以口頭通知或書面通知（以普通信函或郵局存證信函，其中郵局存證信函較具有保全證據的效力），或聘請律師發催告函，通知加害人解決或補救，並採取以下方法，以便尋求救濟：

(一)私下和解

　　被害人通知加害人後，雙方可以自行私下和解。如和解成功，對雙方來說，是最省時、省事又省錢的方法。

(二)調解

　　調解的方式有兩種：

1. 依「鄉鎮市調解條例」辦理調解。當事人可以用書面或言詞向鄉鎮市調解委員會聲請調解，調解除有勘驗必要，須繳交勘驗費外，不收任何費用。調解成立時，經過法院核定之民事調解書，與民事確定判決有同一效力，經法院核定之刑事調解，其調解書在一定金額的案件也具有執行名義。
2. 私下無法達成和解案件，依民事訴訟法規定，有應先經法院調解及得聲請法院為調解情形，聲請調解時，不必繳交聲請費，但應說明相關法律關係及爭議之情形。調解成立時，與訴訟上和解有同一效力。調解如果不成立，視同起訴，法院

得依一方當事人之聲請，開始訴訟之辯論。

(三)向法院起訴

向法院起訴時，須繳交裁判費，裁判費用之計算，依所要求之賠償金額，每一百元交一元，提起第二審或第三審之上訴者，加繳裁判費十分之五，即每一百元交一‧五元，例如上訴請求十萬元，須交一千五百元。向法院請求時，依其受侵害之情形，可做下列主張，而在審理中如能在法官調停下，達成和解（與判決有同一效力），最爲簡便。

1. 防止可能受侵害者，可請求法院判命被告禁止爲海報、雜誌、報紙、書籍等之印刷、出售、散發或使用。
2. 除去已受侵害者，可請求法院判命被告將涉及誹謗之布條、看板、張貼物等除去。
3. 如有財產上之損害，請求賠償。例如請求法院判命被告給付若干元之賠償。
4. 關於非財產上之損害，得請求回復原狀或回復名譽之適當處分，如請求法院判命被告登報道歉。另可依法請求慰撫金之金錢賠償。在向法院起訴前，對於請求金錢賠償者，爲恐日後求償困難，可先進行下列主張：
   (1) 聲請法院對加害人之財產假扣押，例如公司商譽受損害，爲使將來順利求償起見而先行查封加害人之動產或不動產。
   (2) 對於金錢請求以外之請求，可以聲請假處分，例如聲請法院禁止已印好的書刊，不得售賣。聲請假扣押、假處分時，法院會依職權酌定相當的擔保金額。實務上累積的經驗通常會酌定爲請求賠償金額的三分之一，該項擔保金

額，依「提存法」第十八條規定，債權人得於供擔保原因
消滅，或已獲勝訴判決等情形時，聲請該管法院提存所返
還所提存之擔保金。

第五節　行政法規相關規定

　　名譽權之保護，在行政法規中亦有相關規定。例如「廣播電
視法」、「有線電視法」等均對於尚在偵查或審判中之訴訟事件，
或承辦該事件之司法人員，或與該事件有關之訴訟關係人，不得
評論，並不得登載禁止或報導公開訴訟事件之辯論。所謂的「評
論」，包括社論、短評、專欄、特寫、專訪、漫畫、圖片及其說明
文字，至於含有批評議論性質之新聞報導，如以讀者投書、更正、
辯駁書、廣告等方式，登載於出版品者，亦應受同等之限制。又本
條立法目的在防止因評論致影響承辦人員處理該事件之心理，故
「尚在偵查或審判中之訴訟案件」應解釋為自檢察官開始偵查之日
起，至偵查終結之日止，及自法院審判之日起，至判決確定之日止
期間內之訴訟事件。至於「訴訟事件」，則包括民事、刑事及行政
訴訟事件。而承辦該事件之司法人員則包括法官、檢察官、書記官
及通譯等一切承辦人；與該訴訟事件有關之訴訟關係人，則包括告
訴人、告發人、自訴人、原告、被告、代理人、辯護人及一切與該
事件有關之訴訟關係人。「兒童及少年福利法」對兒童之秘密、隱
私及個案資料，均有不得洩漏或公開之保護規定。另外，對少年及
兒童進行輔導或管訓時，亦有應注意少年之名譽及其自尊之規定。

　　人民之名譽權如受侵害時，依現行行政法規之規定，所能採取
之救濟手段，在不同領域中也有不同之方法。

(一)對加害人要求相當之回復措施

1. 一般人民或機關如被新聞媒體爲不實之指涉時，可要求更正或登載辯駁書；日刊之新聞紙，應於接到要求後三日內更正或登載辯駁書；非日刊之新聞紙或雜誌，應於接到要求時之次期爲之。

2. 對於電台及有線電視之報導，利害關係人認爲錯誤時：

   (1)得於播送之日起十五日內，要求更正。電台並應於接到要求後七日內、有線電視系統經營者應於接到要求後十五日內，在原節目或與原節目同一時間之節目中，加以更正；電台等如認爲報導並無錯誤之理由者，並應以書面答覆請求人。

   (2)要求給予相當之答辯機會。

3. 「著作權法」第八十五條規定：著作人之名譽受侵害時，雖非財產上之損害，被害人除得請求前述民事賠償外，並得請求表示著作人之姓名或名稱、更正內容或爲其他回復名譽之適當處分。

(二)申請行政機關爲適當之行政處分

出版品等違法侵害個人名譽時，被害人得申請主管機關依法做適當之行政處分：

1. 出版品、有線電視節目對於尚在偵查或審判中之訴訟事件，或承辦該事件之司法人員，或與該事件有關之訴訟關係人，加以評論、登載或報導禁止公開訴訟事件之辯論者，主管官署（在中央爲行政院新聞局，在地方爲省、市政府及縣、市政府）可依申請或依職權做下列處罰：

(1)警告。

(2)禁止出售、散布、進口或扣押沒入。

(3)定期停止發行。

(4)撤銷登記。

(5)罰鍰。

(6)停播處分。

(7)撤銷許可。

2.新聞媒體、電台或有線電視系統經營者，於接到利害關係人要求更正錯誤之報導，不以更正、不以書面答覆請求人或不予相等之答辯機會者，行政院新聞局可依申請或依職權對其為下列之處分：

(1)警告。

(2)罰鍰。

(3)停播。

(4)吊銷執照。

(三)請求評議

國內八個主要新聞團體為推行新聞自律工作，提高新聞道德標準，共同組成中華民國新聞評議委員會，此為自律性質之組織，一般民眾因新聞、評論、節目、廣告等播送，而利益受損時，直接受害之當事人可向新聞評議委員會提出陳述案，當事人對新聞評議委員會所為之裁決如有異議時，得於收文後十五日內申請覆議。

第六節　刑事法規對名譽的保護

一、妨害名譽罪的類型

(一)以被害人區分

我國現行刑法及特別刑法體系對名譽之保護甚為周密，其犯罪形態如以被害人區分，可分為：

1.妨害一般人名譽罪：
   (1)公然侮辱罪（「刑法」第三百零九條）。
   (2)誹謗罪（「刑法」第三百十條）。
   (3)散布流言或以詐術損害他人之信用罪（「刑法」第三百十三條）。
2.侮辱誹謗死人罪（「刑法」第三百十二條）。
3.妨害友邦元首或外國代表名譽罪（「刑法」第一百十六條）。
4.侮辱公務員及公署罪（「刑法」第一百四十條）。
5.其他侮辱罪：如侮辱辦理兵役人員罪（「妨害兵役治罪條例」第十五條）、意圖侮辱外國而損害外國國旗國章罪（「刑法」第一百一十八條）、意圖侮辱中華民國而損壞國旗、國徽及國父遺像罪（「刑法」第一百六十條）、侮辱宗教建築物罪等（「刑法」第二百四十六條）。

(二)以行爲時間區分

1.平時的名譽侵害：如前述犯罪類型均是。

2.選舉期間的名譽侵害，包括「公職人員選舉罷免法」所規定意圖使候選人當選或不當選而散布虛構事實罪（「公職人員選舉罷免法」第一百零四條、「總統副總統選舉罷免法」第八十一條）。

二、妨害名譽的形態

對於妨害名譽之形態，可分爲以下說明：

(一)侮辱與誹謗

◆侮辱之意義

侮辱是未指明具體事實而爲抽象之謾罵以致貶損他人之人格。例如公然罵「下賤、他X的」等，均構成公然侮辱罪。如以強暴方式侮辱他人者，還要加重處罰，如對人潑糞洩憤、當街掌摑他人等均是。

◆誹謗之意義

如指摘具體事實，損害他人名譽者，則爲誹謗。例如隨意傳述某人與他人有染，或在報紙或雜誌發表某人跳票倒債之不實報導等行爲，均構成誹謗罪。

此外，如以散布文字或圖畫方式誹謗他人者，刑法有較重之處罰規定，例如將上述事實在報紙或雜誌刊登報導之行爲即是。

◆侮辱與誹謗之區別

對妨害名譽罪，司法院解釋已明確指出：「凡未指定具體之事實爲抽象之謾罵者，爲侮辱罪。如對具體事實有所指摘，損及他人名譽者，則爲誹謗罪。」可知侮辱並未涉及具體之事實，故並無捏造事實之問題；而誹謗則因涉及具體事實，與指摘是否眞實有關。

如侮辱或誹謗之對象爲死者時，例如：公然指摘某人已逝之先人爲「惡棍流氓」，或撰文散布某人已逝之母親與別人有債務糾紛等不符事實之行爲，均構成侮辱或誹謗死者罪。

◆誹謗罪之不罰事由

保護名譽應有相當之限制，否則即可能箝制言論自由，反而有害於社會，因此不處罰行爲人於下列情形時的誹謗罪責：

1. 對於所誹謗之事不但能證明爲眞實，而且與公共利益有關，並不涉及私德者。誹謗罪是否成立，與能否證明事實之眞僞有關。但所指摘之事縱屬眞實，如與公共利益無關，且爲涉及個人私德之事，仍不許傳述或散布，才能兼顧公共利益及保障個人名譽。例如：指某人爲私生子之事雖爲事實，但某人有無爲私生子係涉及私德且又與公共利益無關，故仍應負誹謗罪責。

2. 以善意發表言論，而有下列情形之一者，不罰：

    (1) 因自衛、自辯或保護合法之利益者：如張三爲恐被指涉有竊盜嫌疑，而對別人陳述事實之原委或登載於報紙，指稱事發當時其並未在場，而是李四在場，使李四之名譽受損者。

    (2) 公務員因職務而報告者：如警察因調查案件，向長官報告調查之結果，內容涉及他人名譽。

(3)對於可受公評之事，而為適當之評論者：如對於某政府官員與私人企業間有不正當之利益輸送事實，在報章撰文評論其可能之法律責任。

(4)對於中央及地方之會議或法院或公眾集會之記事，而為適當之載述者：如報導立法委員在立法院開會時動手打人或罵髒話之事實。

(二)妨害信用罪

散布流言或以詐術損害他人之信用者，即構成妨害信用罪。所謂「信用」，專指經濟上之能力而言，例如：傳述某銀行將倒閉造成擠兌；又如傳布某公司股票大跌、即將破產等不實傳言。

三、救濟方法與程序

1.提出告訴：

(1)刑法上妨害名譽罪，均為告訴乃論。因此，被害人在知悉加害人之時起六個月內，得向轄區內之警察局（派出所）或地方法院檢察署提出告訴，請求偵辦。對於誹謗死者罪，死者之相關親屬得提出告訴。

(2)至於侮辱公務員或公署罪、侮辱中華民國國旗、國徽及國父遺像罪及「公職人員選舉罷免法」之散布虛構事實罪，均屬公訴罪，檢察官如知有犯罪嫌疑，即應開始偵查。

2.提出請求：對友邦元首或外國代表之妨害名譽罪及侮辱外國國旗國章罪為請求乃論之罪，必須經外國政府請求處罰，才予追訴。

3.提起自訴：除向警察局或地方法院檢察署提出告訴外，被害

人亦可直接向法院提起自訴，請求法庭審理。

4.判決書刊登報紙：犯刑法妨害名譽及信用罪，被害人或其他有告訴權人得聲請法院裁定將判決書全部或一部分刊登報紙，其費用由被告負擔。

5.附帶民事訴訟：被害人在案件起訴後，第二審辯論終結前，得附帶提起民事訴訟（免繳納裁判費），請求回復原狀及損害。附帶民事訴訟原則上與刑事訴訟同時判決。

第七節　新興電子媒體衍生之法律問題

　　隨著電腦網路的發展與普及，每個人都可以透過網路與他人相互溝通。然而，由於在電腦網路上發布訊息，往往可以使用化名或代號，因此便有人利用這種身分隱密之特性，而在網路上張貼新聞以誹謗、侮辱特定對象，更有甚者是利用電子郵件進行恐嚇。

　　法務部《第二生命何價？名譽權的保護與救濟》一書中指出，很多人都以為在電腦網路上任意發表言論，是因為目前無法可管，其實電腦網路的發展，並不能提供一個可以不被察覺而得任意發表言論的法律真空，如果在網路之討論區侮辱他人，因訊息已達多數人可以共見共聞之狀態，應受到刑法侮辱罪之規範；而在網路上發表毀損他人名譽之事，因網路之無遠弗屆，行為人顯有將該指摘或傳述之內容散布於眾之意圖，也觸犯刑法誹謗罪之規定。同時，該行為人不論故意或過失侵害他人的名譽權，還要負民事的賠償責任。

附　錄

- 附錄一　六大媒體前CEO談經營管理
- 附錄二　廣電三法合併修正案
- 附錄三　通訊傳播基本法

附錄一　六大媒體前CEO談經營管理

前言

　　這篇國內六大媒體前CEO的專訪，安排在本書主文之後，最主要的意義是我認為所有的理論都是來自於實務，如果不是因為各媒體操作的實務，集結了這麼多人的心血和經驗結晶，自然也就不會有所謂的理論。因此，如何正確地把媒介管理的理論應用在媒介管理實務之上，是一件再重要不過的事情。換言之，也唯有運用操作實務去印證學術理論，才能檢視出理論的確實或能否適應時代的趨勢與需要，尤其媒介管理的領域極廣，平面媒體和電子媒體都有各自的特殊性和專業技能，與一般管理學科有著相當的差異。因此，瞭解如何印證理論在實務之上，又如何將實務套用在理論之上，使兩者相輔相成，這不僅是技術，更是藝術。

　　在本篇附錄中，我們就不同的媒介組織專業領域，專訪了相關的主要業務負責人，也就是所謂的CEO（Chief Executive Officer），透過其對於各自領域多年的專業操作與媒體實務經驗，提供了研讀本書的讀者一面明鏡。透過他們的眼睛去看這個行業，透過他們的經驗去瞭解媒介組織的管理，透過他們的心得去探索媒介經營的下一步，這些難得的經驗，都不是我們能用金錢買來的。因此，在此向接受我專訪的六位國內著名傳播媒介的CEO，表達我最誠摯的謝意，因為他們關心媒介的生態，因為他們在乎媒體的未來，所以毫無保留的將多年的實戰經驗，鉅細靡遺的傳承給學習媒介管理的學生，謝謝這些前輩對於國內媒體的貢獻，當然更感謝他們對於學生

的厚愛。

我要再一次向這些傳播先進致上最誠摯的感謝，他們是：

前中國時報系總經理　黃肇松先生

前城邦文化事業總經理　何飛鵬先生

前台灣電視公司總經理　鄭優先生

前東森媒體集團副總裁　趙怡先生

前台北之音代總經理　梁序倫先生

前中時網路科技公司總經理　姚頌伯先生

因為有他們的傾囊相授，使本書更增光彩。

一、從媒體生態學看傳播環境

專訪前中國時報系總經理　黃肇松

我喜歡用一個詞來形容目前的媒體生態，係指"Communication"加上"Ecology"，"Ecology"是生物學，因此統稱為"Communication Ecology"，也就是「媒體生態學」，因為報紙也算是原野裡面的一個物種，如果整個環境變了，物種也就因而改變。在這個生態中，除了原有的報紙、雜誌之外，也會產生新的物種，可能會產生更壞的或者更強壯的，譬如有線電視、無線電視，再加上網路媒體，生態變得很熱鬧。這讓我想起一億八千多萬年前的恐龍，我們不知道那時究竟發生了什麼變化，想必也是生態變了，雖然恐龍是當時最Powerful的動物，但是如果沒有辦法適應當時的生態，就會跟很多物種一樣變成博物館中的展覽品。

從媒體生態學看傳播環境

報紙的歷史至今差不多二、三百年，曾經非常Powerful的，到現在還是很Powerful。舉例來說，立委在立法院質詢的時候，他不會說台視新聞怎麼講，他還是會說《中國時報》怎麼講，所以從多元性來看，它的內容五花八門。另外，從主控性來看，你可以在任何時間、任何地點，決定接近報紙這個媒體的時間與方式，你可以早上七點半拿一份報紙進洗手間，但是你不能搬一台電腦進洗手間。再從影響性來看，如我所言，報紙到現在還是主導輿論最主要的媒體，因此，報紙還是非常具Powerful的，而且還會繼續下去。

大家知道報紙存在有幾個危機：第一，閱報率下降：因為民眾的選擇多了，整個IT時代的特色就是"too many choices"；第

二，面臨收入銳減、資源銳減的危機：因為整個生態變成一個巨無霸的環境，裡面各種物種、各種媒體同時並存，因此造成閱報率下降，資源銳減，競爭力相形增加；第三，資源被瓜分：在環環相扣、僧多粥少的情況下，造成惡性競爭，不但發行惡性競爭，廣告也惡性競爭，最後造成內容的惡性競爭，譬如內容更流俗、更滿足感官慾望，甚至到最後，報紙不再問是不是真實，只問是不是好看、是不是能夠刺激人的基本的感官。所以單以報業來講，整個Communication Ecology存在著上述所提的幾個危機。

　　要解決經營的問題，簡單來說，就是要為報社找水源。在這樣的Communication Ecology裡，要如何找到適合經營的Size，這個Size必須是全方位考量的，假如說在台灣的報紙，如果只能夠適合某一種收入，那就必須要考慮到體積多大，才能適合長途跋涉找到所需的水源。《中國時報》一貫的目的就是要維持我們報紙所堅持的核心價值，《中國時報》在過去這五十幾年來，所累積出來的影響力，就是它最大的一個資源、最大的本錢，我們可以用這個資源來編一份刊物或成立出版社、旅行社、物流，還有其他如網路事業，這個在生物學上稱為個別物種對整體物種的一個影響力，把對組織有好處的元素拉進來，改善整體的經營環境。我們也經營一些其他的東西，例如地方產業、展覽、文化事業，最後在電視部分有我們的一個Alliance，例如我們的廣播，將廣播（不一定要辦廣播電台）的策略聯盟拉進來，這樣就可以成立很多平台，而這些過程都是很完整的。過去這幾年，它的收入如螞蟻雄兵，也許這個幾百萬、那個幾千萬，但累計起來也可以相當程度的紓解在本業經營上所遭遇到的困難，所以我們多珍惜一些時間，做比較良性的調節，或者說我們主要的目的就是將《中國時報》的核心價值永續經營下去，這個就是從整個Communication Ecology裡找出來的經營之道。

媒體走向Evolution而非Revolution

談到報業間的「策略聯盟」甚至到「合併」，也許五到十年內還不太容易，因為原有的媒體各有其政治立場及商業目的、商業動機，除了《中國時報》之外。《中國時報》與《聯合報》成立的物流公司，是屬於技術面的合作，是一個配銷的系統，其實早就該這麼做，因為以前的環境不太許可，現在也只是一個初步的機會。但趨勢可能會走向一個Evolution，而不是Revolution，就是指說不行的就倒了、就收了。因為台灣很小，就算你把別的報紙吃進來，也不一定能吃下他的報份。換言之，一加一不一定等於二，他的讀者有可能因此就不見了，說來也許有點殘酷，但在Communication Ecology裡就是汰弱留強。

News You Can Use

《蘋果日報》來台已經一年多，證明這類報紙的存在是有可能的，我將其歸類為Hit and Run，《蘋果日報》每天在量上的物超所值，是有市場的，但我們也瞭解，既然物超所值，付出的成本也相對非常大。不過從競爭者的角度來看，《蘋果日報》確實帶給我們滿大的衝擊，第一個衝擊就是《中國時報》與《聯合報》都降價了，降價之後，《聯合報》的情形如何我們不甚瞭解，但是《中國時報》自從降價以後，一年就差了六十億。

報紙還是被一般大眾認為是文以載道，應該提供一個知識性的、有意見參考性的，以及論壇探索的需求，我認為《蘋果日報》到現在並沒有Overtake原有的三大報，銷路沒有Overtake，影響力也沒有Overtake，因為《蘋果日報》不求影響力，所以也沒有Overtake的問題。以《中國時報》來說，大致來說是紋風不動，當然我們也

不能完全抹去他所造成的影響中是屬於比較正面的部分，例如目前
報紙所在的這個講求Leisure的時代，要如何才能不影響我們原有的
影響力以及Opinion外，同時讓讀者更賞心悅目，閱讀起來不吃力，
而且有其實用性，"News You Can Use"的概念，的確有其值得思
考的元素和方式。總結來說，《蘋果日報》這類型的報有一定的市
場，但在台灣他並沒有Overtake，同時，台灣的報紙證明了自己是
個意見導向的報紙，這方面，《中國時報》維持的最堅定，當然我
們在這個Leisure的時代，《蘋果日報》的版面設計各方面，拋開那
些聳動的標題或畫面，他的易讀性、方便性等等，也有值得深入探
討的地方。

　　廣告對報紙而言，其重要性當然可想而知，它促成了商品的流
通、交易的進行，在台灣報紙的廣告，還促成了人力資源的分配。
對報紙而言，廣告的收入皆占報紙收入的70%以上，在情況好的時
候，充分反應前面所提──好的內容、有大量的銷路，廣告便會
自然的成長，但當環境不好的時候，報紙除了內容要維持一定的水
準，銷路也因為受到生態的影響而下降，但是並沒有下降到像現在
的總廣告量的下降的情況。換句話說，現在報量可能下降15%，總
體廣告可能下降到40%，這個問題就很嚴重。所以在這個時候，一
定要摒棄以前有這麼多的量，就一定要有這麼多的廣告的思維，這
是種守株待兔的做法，因此必須要多想出一些加值的辦法，因為報
紙價格又不能降，如果降了以後會升不回來，但是在加值上，譬如
對廣告客戶，要直接對客戶化被動為主動，跟廣告主譬如汽車業的
製造商、製造產業的這些Manufacturer，讓廣告主認為登廣告是物
超所值的，就是要化被動為主動，化單一的服務為比較複式的、比
較加值的服務。以中國時報集團來說，我們會把不同的Case，例如
廣告是與影像比較有關的，會放在中天電視，若其傳播區域是超越
台灣的，我們則會提供網路的服務，讓他可以無遠弗屆，我想這個

就是從組織戰，來增加我們營收。另外就是廣告的效果，應提供最好的服務與廣告，讓廣告產品的交流更順暢、交易更容易發生。另外，在廣告刊出以後應加強售後服務，還有什麼方法可以提供給廣告主，讓廣告主知道廣告登出來後消費者的反應，像這樣的一個全面性的服務，可能還要再加強。

　　科技對於報紙產業的影響，都是正向的。以報業工作本身來說，照理是個先進的行業，應該本來就是Information Technology，當然以前半自動化作業的時候，打字員有三、四百人，現在因為記者打字，對於校對人員也經過一些必須要的調整，但是我認為，報業的自動化如果到最後不到MIS或者ERP，也就是如果不到管理、生產部分的話，都不算到終端。另外還有廣告，如果可以提早三天知道廣告分配、發行的補報等情況，就可預先安排，那麼許多中間的效能，甚至到整個集團的經營，就可以充分發揮。譬如說平台的建立，我覺得都還沒有具體而微，但是大致有發展的方向，但是要加速來推動，我覺得假如ERP能夠更運用在整個生產或管理上，將會更有效率，或者使個人產製有更高的效能，甚至包括資料的搜尋、版面的形成、顏色各方面，我們現在只算是三分之二的自動化，三分之一還在推動期間，但自動化還是要到最後，整個的效能才能夠更完整的呈現。

報紙Content如何應付網路挑戰

　　近年來在網路這部分的討論很多，雖然我不是專家，但是我一直認為如果我從網路上要來看新聞，或是享受閱讀的樂趣，網路並沒有辦法提供太多，但是它的快速、它的Link Catch、靈敏，造成網路已經是目前最有效的一個傳播工具，未來它會更有效，所以不論你喜不喜歡它，它都會在，這一點是無庸置疑的。這就回應我所說的，在這樣的一個新的媒體生態，不要將其視為毒蛇猛獸，人類的

進步是擋不住，同時也不需要去擋的，反而是要思考，如何把它的特點應用進來，變成自己的整體物種裡面，個別有效的物種，這就是我所提到生物進化的理論。當然也有人提到，網路只是個工具，Content還是記者、編輯、主筆提供的，也有人認為它會影響到母體的整個銷路，但是目前狀況是各自進行管制，就是母體的資訊產品，要提供多少在網路上，才不會影響母體在外的整個銷路或閱報率，這都只能個別去管控，而這裡就要分二階段，將它納進來後，要如何也把它變成有效的生產工具？所以，目前媒體最困擾的就是本業（傳統文本）還處於很高的競爭，而網路新媒體也處於高的競爭，雖然網路能夠快速Link Catch，大家都認為它應該Free，但資訊是有價的，並不是無價的，就是它如何能夠便宜一點，但現在如果說網路要收會費什麼的，就被視為大逆不道，這是不對的，網路的經營者應該共同建立一個合理的競爭環境，這是值得努力的。

　　上述所提到的幾點，同樣適用在網路興起後台灣的報紙，我看五年後台灣的報紙也不會變動太大，也就是說從主動性、多元性、便利性，或是影響性去看，報紙都還是最大的，但是你必須改，假如網路或是電視，一天已經播了十次的東西，你還是照本宣科、冷飯照炒，那當然就失去了競爭力，到底是媒體分工時代，但現在又出現了網路時代，報紙的內容該如何做改變？一方面網路的內容可以賞心悅目，這個報紙可能做不到，一方面它的論述、言論，以及畫面的圖文並茂、深入淺出，可以滿足大家除了資訊需求，還有一種閱讀需求，如何變成一個報紙內容的主流，而不是報紙也變成只是傳遞資訊的一個介面，如何讓報紙生命變得更豐富、更有趣，這是我們生存之道。如果這都能做到，報紙不會垮，網路也不會垮，網路的消息還要靠報紙來提供，就是你同時在經營這些企業，讓他各安其位，互相聯盟，將來這個媒體集團會是個非常具有影響力的集團，我想到目前為止，雖然初期還有點困難，但我還是非常看好

像時代華納、CNN、AOL網路公司，時代華納也有雜誌，雖然其發行的報紙不太有名，而現在經營也慢慢地正常，經過初期的一個陣痛，還是可以看出一個綜效。

組織應求扁平化、單純化、精銳化

報社的組織應愈扁平愈好，將來只要達成一個有限的生產內容，而能夠達到生產的內容的組織，即為記者、編輯、主筆這些核心，整體的運作再加上其他部門的配合，同時還應該利用其他的高科技傳播（如IT），愈精簡愈好，甚至不妨考慮聯合經營，像我們一個報團，廣告部及發行部就應該節省一個，而印刷最好獨立，除了承印自己公司的印刷之外，還可以承印外面的業務，把規模放大。整體來說，我們必須找出在這樣的經營環境下適合經營的方式，腦筋不但要變，還要更有創意，因為既然是火車頭，就要有帶領的作用，讓他更有成效，而不是變成負擔。我在幾年前到法國，見到某報的副總編輯，其所服務的報紙，現在報份大概五十萬份左右，全部的員工有九百多人，其中五分之三是編採人員，他用最有效的方法，最精簡的組織，報紙也能編出來能賣。因此，不應該分太多層級，只要有一個管理單位，二、三級就可以了，而且他的營業額可能還在我們的十倍或者八倍，以我們的人力，雖然銷路比較多，但是我們的人員可能還是他們的二倍半，營業額可能只有他的七分之一或八分之一，這是值得我們思考的部分，扁平化、單純化、精銳化這樣組織的規劃方向。

走進媒體，接受全方位的訓練

台灣的報紙在以前的特殊環境裡面經營，好像不那麼困難，而且起先規模都很小，所以在早期談不上什麼經營管理，把報紙編出來，有發行、有廣告就能維持，這中間經過台灣經濟社會解體，大

概從70年代之後，一個大家庭拆散成十個小家庭，所以從70年代到80年代或90年代，大概二十年的時間，因為Household大量增加，加上國民教育推動，同時在報禁的背景裡，所以報份就突然有大量的成長，而且是超成長，廣告每年也以相當程度的比例成長，一時之間認為日子就這樣了，所以在報社中很多東西都超成長，特別是物料，而整個內容在當時報禁環境下，也不需要多想，有大約十五年的時間，報紙的確是相當不錯的，但是到90年代，尤其是二十一世紀，所有都回歸現實，因為Communication Ecology的變化之後，經營管理的重要性就更形重要，我們要有對環境的探測、指引、警訊，以及對環境有靈敏的反應機制，我認為還是要相信編採系統，因為其較有經驗，也較瞭解在這樣的環境之下該如何因應，因為他們Has Been There。但是我也不反對，如果適當的引進外有的專業管理能力，也許使物種會有更有新想法。

　　報社或媒體業的經營管理跟其他行業是不一樣的，因為報紙面對著複雜的環境，需要有極為靈敏的因應措施，因此，建議讀者，應該抱持一個接受全方位的訓練的態度，不管是在廣告部或是管理處任何單位。在大學時代，除了新聞科系的核心課程之外，最好能選修一些管理學、經營理論的課程，對管理有基本概念及認識，例如，可去跨領域選修企管系或公共行政系的管理相關都不錯。另外如果進了媒體，也要抱持著我什麼工作都可以做的態度，因為都是一種歷練，像進報社不管是編譯、記者、編輯甚至美術設計都無所謂，先有個全方位的訓練，之後如果想在管理上有所發揮，可以申請到發行部或廣告部門工作，然後再去瞭解產品發行後，如何將其變成利潤，思考如何建立一個有效的平台，讓物品交易、流通，假如對Personnel有興趣，也可以去經歷，像我們報社的許多一級主管都是從編輯部出身的。如果經過這樣的訓練，而個人也有這樣的認知，願意付出，願意多努力一點，目標是一定可以達到的。

二、改變產品力，提升銷售力

專訪前城邦集團總經理　何飛鵬

我認為雜誌的經營環境是與時俱進的。在新的變化裡，如果有的困境的話，應該是來自於主要的熱門的市場，在這個市場的激烈競爭下，小品牌會變得很難生存。雜誌嚴格來說是一個專業化的經營，過去是一個人有理想，慢慢地去做，可能就可以成功，但現在光是這樣是不夠的，還必須加上專業的經營。專業化的經營就是要有規模經濟，如果一個人辦一份雜誌，很難有規模經濟。如果是有規模經濟的公司，公司的成功並非靠老闆的英明，而是靠組織規模的嚴謹和健全。因此，我想基本上經營要能夠成功，結果就是要有規模經濟和結構性的經營。

組織規模結構大吃小

針對分眾市場的結果，讀者的這塊餅是會愈切愈小的，但是在分眾市場下的某一種特定領域，你大概不容易去擴大這個市場的結構，例如，原來的Target Audience是五十萬人，要透過什麼方法變成一百萬人，我認為這是一個社會大眾推動的結果，你很難用一個公司去教育消費者，改變消費習慣，你只能依照市場的需求，去做市場能接受的東西，然後透過你的努力，也許讓市場稍微大一些，但如果你經營的是一個大眾追逐的領域，那是會自然成型的。舉個美容瘦身的例子，幾年前重視這塊領域的人很少，現在談美容瘦身就不一樣了，因為社會的發展走到這裡，你只能依社會的發展來做該做的事。台灣的困難在於人口結構很少，總人數不多，分到分眾就更少了，所以，每一個分眾要變成有價值經營的市場，難度就很

高。我再舉一例，台灣有這麼多的農業人口，如果你嘗試要辦一份給農民看的專業雜誌，我認爲不容易找到足夠的市場規模，可是如果你在中國大陸，要辦一份給農民看的專業雜誌，它可能有一百萬本，因爲整個人口結構不一樣；所以以台灣的二千三百萬人來說，會讓很多雜誌無法生存。我再舉一個例子，在美國的專業攝影雜誌，可能超過十本以上，可是在台灣要能夠面對大眾經營，給攝影發燒友看的雜誌，我認爲是沒有的，原因在於它的Niche Market很小，所以會面臨經營的困難。而現在雜誌面臨的問題是什麼？過去是一個小眾，一個愛好者，他經營一個小領域，他就會得到足夠的市場，可是現在是結構性的公司，大的團隊，不斷的往下經營，所以會Reach到各種小領域，所以如果一個在小領域辦雜誌的人，如果經營到市場還不壞的話，大公司遲早會來。因爲大公司會發現這個小領域也可以經營，而這個結構性的大公司，它有大的組織團隊，有好的行銷手法，豐富的資源，資金的深度也夠深，所以獨立的小公司，基本上是比較難以和大公司抗衡。

因爲雜誌是類型和類型的競爭，像《壹周刊》打的是大眾類型的市場，所以會打到《時報週刊》，而專業雜誌如《商業周刊》，多少會受到一些影響，但基本上，這兩者還是屬於不同的領域，所以雜誌的好處就是它有定位的問題，它在每一個Segment都有一群讀者，然後針對它的Target Audience，辦一份他們想要看的雜誌，所以這中間還是會有落差的。

相互競和可能性不高

在雜誌的領域中，以結構性而言是不會出現競合的可能，因爲沒有這樣的誘因能夠導出這樣的狀況，如果說有兩份雜誌，他們是很好的朋友，互相幫忙，也許是有可能的，但結構上如《商業周

刊》和《時報週刊》，我認爲不容易做到這些事，當然如果在某個程度上的資源互換，譬如說，將彼此的訂戶資料開放給對方，讓他來爭取他的訂戶，這是有可能的，但是，結構上的支援是不容易的。

對於《壹周刊》來台灣帶來一陣羶色腥的風潮，是不是有所謂的企業責任或社會責任，我倒是有不同的看法。每一個出版人或是每一個雜誌的經營者，當然有他的理念和他想傳播的想法，而這個理念也是來自於他對那個類型的理解，舉例來說，你認爲《花花公子雜誌》的價值觀是什麼，如果衛道人士要來批評它，我就覺得不公平了，因爲這份雜誌是辦給成人看的，成人有這個需求，它提供解決方案，這有什麼不對，當然如果它賣給小孩子來看，這就是另外一回事了；其次，每一個雜誌的社會責任是根據定位而來，例如，要辦一份音響的雜誌，要如何把它辦到最好，要如何推廣某一種專業或某一種嗜好，盡心地服務它的讀者，這就是它的社會責任。再譬如《壹周刊》，它是一份社會大衆的新聞刊物，如果是新聞刊物，社會有多複雜，新聞刊物就有多複雜，否則它不足以回應這個社會的複雜性，所以應該這樣說，刊物的好與壞，應該來自於它對內容的負不負責，而不是它內容的範疇，如果刊物內容完全亂寫，完全不負責任，我認爲這樣的刊物是不道德的，不應該的，是違反新聞原則的，如果它寫的是真的呢，這個社會有各種的法律來規範它。說句老實話，《壹周刊》如果報導錯誤，你可以去告它，你可以求償，你只要告倒它，它一定賠你錢，所以有各種法律責任去監督它，有各種道德責任去規範它，所以我認爲雜誌要負的責任就是對和錯。而不應該將所謂的社會教育、生活水準的責任加諸在雜誌身上。說老實話，我們都是媒體工作者，你覺得媒體有這麼棒嗎？媒體能改變這個社會嗎？說老實話，媒體人是最投機的，或者是最無奈的，就是社會講黑的，他不敢講白的，你能獨排衆議說他是白的？除非你有百分之百的證據，因此媒體只能依附著社會的潮

流，所以《壹周刊》的羶色腥，是來自於社會的羶色腥，我不認爲《壹周刊》有增加社會的羶色腥，因爲它該負的責任就是對跟錯。我說句老實話，如果它對，我認爲它就是盡到了媒體的責任，所以我是比較務實的說，因爲媒體沒能力負那個責任。所以媒體的責任，就是將事實傳達給社會，但媒體能負的責任很少。因此最負責任的媒體工作者是承認你的無能，並把你的責任限制在追查是否眞實和客觀的面向上，這才是最務實的。

市場是最嚴格的檢查

其實市場就是對媒體最嚴格的檢查，爲什麼？如果你報導的事情，市場不接受，你就會被市場唾棄，如果你報導的事情被市場接受，當然你說市場都喜歡羶色腥，但我卻不這樣看，因爲我認爲不應對人類太沒有信心，我承認那是人類天性的一部分，但有誰能改變這個社會，政治人物能嗎？大勢所趨，沛然莫之能禦。

雜誌媒體廣告市場的經營，原理只有兩件事：你的產品力，你的銷售力。一本雜誌廣告賣得好不好，只有這兩件事，產品力指的是你的Circulation，你的Hit Rate，譬如說你有十萬份，你就有十萬份的產品力，十萬份會有十萬份的產品價格，現在廣告講的是它每頁的成本，或是它每頁到達的成本，如果從價格去回算的話，它跟一萬份的價格是相近的，當然越大的雜誌，它的產品管理力越好，因爲廣告客戶在分配預算的時候，是由上往下分，由最大的挑起，除非他負擔不了，那他只能挑比較便宜、產品力沒那麼大的雜誌。基本上最大的產品力，有最大的發行量，就會分到最大的餅，這是獨一無二的產品力發展的邏輯，但如果兩家雜誌的產品力一樣，那剩下的是什麼，就是由你團隊的銷售力來決勝負，因此在雜誌的廣告只有兩件事：改變你的產品力，提升你的銷售力。銷售力是指Sales Force，你

的銷售團隊是不是有好的經營能力，能不能訓練好的Sales，Upgrade他們的Sales Force，就是這兩件事，我認為是最重要的。

新科技對出版的影響來自於幾個層面，新科技其實已經成功地改變了出版流程中的很多部分，例如在排版與製版的部分，這個進步幫助它更有效率，成本更低，或產品品質更好。新科技也正將出版從傳統的Hard Copy變成現代數位出版，人類從實體Hard Copy的出版品，轉到數位出版品的過程，現在已經實際發生在我們生活中，應該這樣說，過去百分之百都是透過實體的出版品，來作為主要傳播的工具，可是現在的數位出版已經占有一小塊領域，雖然它現在還是Hard Copy的補充形式，但是未來有可能會變得愈來愈大，試想三十年後，我們下一代根本就是活在Internet和電腦的世界裡，他可能根本不需要Hard Copy，整個的出版形式會完全的改變，我們看到了這樣的可能，而且是已經存在了。

網路對於出版的影響非常大，我以《大英百科全書》為例，它在很多年前就已經不出Hard Copy的版本了，因為他們認為原來的版本不好用，除了美化你的客廳，在其他部分並不方便，但是在網路上的搜尋卻非常方便，更新也容易，傳輸也快速，所以在Internet或數位出版這塊領域，網路有比傳統更Powerful的一面；其次，在銷售的領域中，為什麼Amazon這麼厲害，為什麼傳統的書店有困難，因為傳統書店的空間再大，都會有它的局限，可是如果是網路書店，書櫃是沒有極限的，因為它是靠網路搜尋，所以你的存書可以是二十萬本，可以是二百萬本，是不會有困難的，在這個部分，也出現傳統與數位結構性的不同。

在過去的出版領域中，從大型的公司，到中型公司，到小型公司，再到個人工作室，是一個等比的分配，也就是說，很大的公司可以存在，中型公司可以存在，到小型公司可以存在，個人工作室都可以存在，但我認為未來中間會不見了，如果走到大規模經營的

路子，那是愈大規模愈強，因為營運結構能夠找到最好的優勢，所以中型公司和小型公司只能選擇兩條路，一條就是退出市場，回到工作室，一條就是把自己變成大公司；因為如果用生產線來競爭的話，那一定是大公司厲害，然後小公司或個人工作室會非常多。我舉一個例子，如果有一種類型的出版品，是來自於某一個人的特殊研究和特殊的能力，他才能出版那種特性出版品，那麼這個工作室就會存在。譬如說你對台灣的自然生態最有研究，你拍遍了台灣生態所有的圖片，你可以編無數台灣自然生態的書，這時候大公司進來是沒有優勢的，因為東西在你身上，如果站穩這樣的核心力量，你可以由個人工作室到小型公司、中型公司甚至大型公司，所以如果你跨入這個領域，站穩這個類型的競爭力，你就可以生存。所以到最後只會剩下大型公司和小型的個人工作室，小型的工作室必須要有一個特殊的核心工作能力，如果有一個專業團隊能做這件事，那就算大公司想做，他也得要找你，這樣你就站穩市場了。

組織運作要靠系統

　　我必須強調，老闆的英明和組織的英明是兩回事，在發展的過程中，如果老闆的英明沒有辦法轉換為組織的英明的話，組織的發展就一定會有極限。我時常提到，五億元的營業額是台灣出版公司的一個天塹，許多以老闆英明為要件的老出版社，營業額停在五億邊緣多少年了，為什麼過不去？因為他是靠老闆的英明在做事，如果能轉化為組織的英明，那麼五億元的限制就不會存在。城邦就是個明顯的例子，我們從合併的第一年做一億多，第二年做三億，第三年做五億，第四年做六、七億，第五年做到九億，去年做十億，五億的門檻對我們而言是不存在的，因為說句老實話，我們從頭到尾，就是Build Up在一個可以發展的組織，而不是靠誰的英

明。組織主要是要靠制度的，需要分工建置，設立制度，然後靠制度來擴張，而不是靠老闆的英明來擴張，簡單的說，它是靠系統在運作。

要從事出版或雜誌，第一個一定要對內容有興趣，因為內容本身就是個複雜的分類，例如說大分類可以有文史哲，但是其實有更多的分類，所以我的看法是應培養各種不同的興趣，對進入出版業是很重要的，所以一定是培養一種興趣或是培養多種興趣，然後從第一種興趣，做到第二種興趣，然後到第三種、第四種，成就出一個興趣廣泛，類型複雜的出版人，所以從專業的類型出發，擁有你的核心能力是很重要的。舉我個人的例子，我做出版從管理出發，這是我會的事，我常說出版的成敗或輸贏，取決於一件事，是你懂得多，還是我懂得多。隨便講，如果我們要做園藝這個領域，懂得多的人贏，懂得少的人輸，懂得多就是你要鑽研得深，要有深入，要有研究，要有意見。基本上，對你感興趣的某些類型知識用心鑽研，然後瞭解比別人深刻，這是進入出版的一個要件，因為沒有人是都懂的，一定是從一種懂到兩種，懂到三種，出版這個行業我常說一句話來比喻，那就是社會有多複雜，出版就有多複雜。由於出版是記錄社會累積的知識，所以作為一個出版人的第二件事，就是必須要培養一定程度的知識，但是更重要的是，你要有觀察社會複雜度的好奇心，你要對每一件事情都有興趣，希望去瞭解，因為你在記載社會的進步，這和媒體的工作是相近的。換言之，除了有專業知識之外，對其他的事也不應拒絕，我想廣泛的好奇心是重要的。第三件事是在出版行業中，還有很多複雜的專業在裡面，譬如說編輯有專業，行銷有專業，印刷有專業，視覺有專業，所以培養這幾項的專業知識也是很重要的；當然這些專業知識，部分學校也會教，可是可能有許多比較實際的經驗，是要從做中去學習的，另外就是要有好的文字素養，你的中文要好，或是你的英文要好，因

為知識是要靠語文去承載的，如果沒有很好的語文素養，是不容易把事做好的，最後美學的素養也很重要，有美學素養的人一看就會知道，這個設計、這個Layout是不是好的，這就要靠自己去體會，去學習對每一種視覺有感覺。

以實務經驗測試市場品味

做媒體人，做出版人，你不能對知識有價值觀，例如《完全自殺手冊》被社會攻擊得很厲害，說這本書很不應該，但是如果有一個人，他活在世界上很痛苦，他想死沒路子，我認為他有這個選擇權去選擇他想做的事，那麼《完全自殺手冊》不是一個最好的Solution嗎？所以你用大眾的價值觀去判斷這件事，我認為會有問題。我認為把對的產品賣到不對的人手上是有罪的，例如把成人書賣給小孩，是不對的，所以書要分級，要限制、輔導出版，我認為這些都是對的，但不是說這本書不能出版。

我們公司一年出版一千種商品，代表我們每一天都要出版三種商品，你大概沒有看過品目這麼複雜的經營模式，舉例而言，汽水公司生產汽水，各種品類加在一起大概不出二十種，可是出版是每天都有一件新商品，每一件新商品都有一個完整的生命週期，你會看著它從規劃、生產、製造、完成、上市，然後行銷、結案，你有非常豐富的經驗來測試社會的品味，非常有趣，所以一個好的出版人，一定是一個最瞭解社會品味，並且以實務經驗來測試市場的品味的人，這是我作為一個出版人的樂趣。

三、數位化電視帶領無線電視台突圍

專訪前台灣電視公司總經理　鄭優

營運收入大不如前

　　無線電視台經營目前面臨的最大的困難，在於整個電視市場的生態，積極的說，有線電視在台灣的發展過程非常特殊，像日本、韓國、美國和歐洲等地，都還是由無線電視台來執業界的牛耳，只有台灣不一樣，有線電視從1993年開始合法化之後，有線電視在廣告市場的占有率才逐年增加。

　　我們可以1999年921大地震作為一個分水嶺，在921大地震之前，無線電視台的廣告占有率，還超過五成，921大地震之後，無線電視台的廣告就跌到五成以下，現在廣告大概只占有二成八，這在世界上是很少見的，也就是說台灣一年的廣告總量大概是二百八十億元，有線電視就占其中的二百億，無線電視台只有其中的八十億，而且是由四家來平分，以韓國為例，三家無線電視台的廣告占有率就有九成，而日本也有九成左右，所以如果無線電視台的營運收入要Cover成本，在市場生態的控制下是非常困難的。就以台視為例，在經過努力整頓之後，也是在損益平衡的邊緣掙扎，而無線電視台中較好的，應該要算民視，原因是民視八點檔的戲劇節目，經過長久的耕耘，已經站穩腳步。因此在這種情況下，大家等於展開了一場零和的遊戲，那一家收入比較多，相對表示其他家的收入比較少。

　　從另方面來說，早年在老三台（台視、中視和華視）的時候，在和廣告廠商的關係上，無線電視台是居於絕對優勢，這和早年平

面媒體的情況相似，廣告代理商拿著一大堆的廣告，搶著要登上有限的版面，現在就完全不同了，以前是賣方市場，現在是買方市場，交易條件完全是根據AC Nielsen，而且廣告客戶對收視階層和收視觀眾的背景，都還有許多要求；譬如說化妝品的客戶，就會要求觀眾的年齡從十五歲到四十五歲，也有的要求一定要女性，或是某種的社會經濟地位，像目前一檔的價錢是二萬六千四百元，客戶還會要求要有多少的收視率和固定的保障，所以客戶要求的條件愈來愈嚴苛，不但如此，客戶對收視點還採取事後評估，也就是說，客戶不是根據節目的收視率，而是根據廣告的收視率來算，類似這樣的計算方式，在世界各國也是很少見的。

另外就是要數位化的問題，數位化從成本的角度來看，當然是一個投資取捨的問題，政府在政策上要求在2006年要能達85%以上的普及率才不會收回頻道，對我們來說，一方面是配合政策，一方面我們也要考慮到投資能否回收的問題。因此，如果投資很多，卻無法回收，對我們的營運會帶來一個更大的衝擊。

無線電視被有線化

但從比較正面的角度看，這也是突破目前困境，取得轉機的一個很好的時間點，因為無線電視經營的狀況會這麼悽慘，與無線電視被有線化有很大的關係。大家都知道，有線電視本來應該是一種社區化經營的系統，也就是屬於一種社區的電視台，但以目前台灣的狀況來說，已經將有線電視台變成一種全國性的電視台，因為目前的有線電視台都是定頻，而其普及率和無線電視台也沒有什麼差距，這也就變成有線無線連成一線，台灣整個的電視生態就是至少七、八十個頻道大家來競爭，而有線電視又形成一個家族，而無線電視台則只有單一的頻道，特別是早年大家看無線電視台，只要裝

天線就可以看到，而現在都會地區社區公共天線早就被有線電視的纜線所取代，例如現在我們的訊號必須要經過地方系統台，才能將畫面送入家庭，因此一般的家庭就被迫裝設有線電視，才能夠看到無線電視台的節目，這也是造成無線電視台經營困難的一個基本原因。

現在四家無線電視台再加上公視，一共有五家無線電視台，在數位化之後，我們的頻道是一變三，目前公視是一變二，加起來一共有十四個頻道，如果能夠根據觀眾的需求，好好的來組合頻道內容的話，我們具有每個月不需要收收視費的優勢，這對很多家庭來說，還是有相當大的吸引力；另外就是對一些注重小孩子教育的家長，也是希望能看無線電視台的好節目，因此，無線電視台對他們也是具有很大的誘因。只要無線電視台頻道建構的好，基本上會讓相當一部分的民眾選擇只看無線電視台數位平台的節目，相對來說，有線電視台的普及率自然就會下降，這對我們來說就是一個很好的轉機，因為將來電視機的數位功能增加了之後，就會有更多的觀眾選擇看無線電視台的節目，那麼有線電視台的效果也會因此下降，自然就會有相當的廣告再回流到無線電視台，因此，一些品質不好的節目，自然就面臨淘汰。

建構數位節目平台

目前的五家無線電視台是一種既競爭又合作的關係，我們需要建構一個平台來規劃節目內容，將來如果有必要，我們四家或五家無線電視台可能會共同投資來成立一個數位平台的營運公司，這樣可以化解各家電視台營運的衝突，因為如果各自發展，數位平台的節目勢必會造成互相重疊，例如不能每一家數位電視都做購物頻道，這樣就是把國家的公共財作為了商業營利的用途，這是不可以的，因此如果成立一家公司營運，把節目內容做有效的區隔與規

劃，是很可能走的一條路。

　　我們為了推廣無線數位平台，讓一般觀眾都能接受，現階段就推機上盒，我們五家無線電視台會用共同的模式來加以推廣，例如2004年的奧運，四家無線電視台聯合轉播奧運，也是推廣機上盒一個很好的時機。未來幾年，一些國際重大運動賽事，我們也會朝著共同合作的方向來努力，服務國內的觀眾。

　　現在已經有一種無線和有線變成兩大集團互相競爭的態勢，因為過去在無線電視台方面可以說是無所作為，根本不把有線電視台當成一回事，因此有線電視就開始以蠶食的策略，把整個電視市場給鯨吞了，使我們目前落成現在的悽慘局面，這不僅對電視台的經營不好，對整個社會來說也不好，因為無線電視台是社會的一個公共資源，不論如何，一個商業電視台有其商業經營考量，但是公共服務還是必須要負擔。另外，還有一個更嚴重的問題，就是大家都競相用很低的價格製作節目，你可以看見各台談話性節目一大堆，我認為許多節目內容都是撕裂族群，莫此為甚，這是最嚴重的，用低成本來製作一些對社會不見得是有意義的節目，對國家社會來說有什麼好處？

　　韓國現在三家無線電視台的戲劇節目，有九成的廣告市場占有率，所以一小時的戲劇節目，可以用十萬美金來投資製作，現在台灣一小時的八點檔戲劇節目，也只能有八十萬台幣的製作費用，拿八十萬和三百多萬來比，簡直是天壤之別。還有日本，日劇每小時的製作費用平均是四千萬日幣，相當於台幣一千一百萬，這更沒有辦法比，為什麼我們台灣只能花八十萬？因為我們現在的廣告收益就是這麼一點點，我們一個小時滿檔才一百五十八萬元，而且還要用其他的時段來補，大家都沒有利潤，自然就沒有辦法去投資，坦白說，以目前這樣的電視生態和台灣觀眾的口味，做節目一定會虧損，所以我認為政府主管部門，應該深入思考過去二十幾年來，政

府推動自由化、國際化的政策，有些產業是全球競爭的，政府根本可以不管，但是有一些涉及到比較Local的、有經濟規模的產業，政府是應該事先規劃好的，否則原先是希望透過自由競爭，讓社會資源做更有效的運用，結果沒想到都在進行惡性競爭，到最後其實是一種社會資源的浪費，對國家也沒有好處。

國外做法可為借鏡

在過去十年，韓國產品在國人的印象中，品質是很差的，可是現在大家都認為韓國的產品，品質都很好，對韓國的文化和國家形象而言，都有了一百八十度的轉變，為什麼？關鍵就在於韓劇。台灣要讓國際社會來認知我們，我們的東西就應有這樣的品質，所以我認為政府一定要能夠掌握到問題的核心，這樣才能夠達成目標，不然空口說白話是沒有用的。電視產業如果好好發展，它的附帶效益是很大的，所以我們要走對道路。

我看到無線電視台的新聞，是跟著有線電視台在走，有線電視台的新聞，每小時不斷的輪播，所報的一些新聞，如果從我們新聞判斷、專業角度或是傳統的價值來看，不能夠稱得上是新聞，結果竟然有線電視不斷的在報導，甚至還會派出SNG車現場連線，如果有線電視為了爭取收視率而這樣做也就罷了，無線電視台竟也跟在後面，循著他們的邏輯在做新聞，這是很不可思議的事情，所以我和新聞部的同仁再三強調，無線電視台要有無線電視台的格局，在新聞取捨的規範上，一定要謹守正統新聞的價值，而什麼是正統的新聞價值，那就是當你新聞播出以後，這些新聞是會讓一般社會民眾感到興趣，而且樂於知道的訊息，而不是老報導一些殺人放火的個案，而把它刻意的誇大、渲染。尤其是台視一天只有四節新聞，我們有比較充裕的時間來做整理，應該好好的把新聞內容做好，可

是我覺得很遺憾，好像台灣一般的觀衆對於這點不是很在意，有時候，我們減少羶色腥的新聞，減少一些殺人放火的報導，很奇怪的是收視率不升反降，當然這是台灣目前的現實與無奈，現在大家看新聞好像都是用看綜藝的心情去看，而不是想要從新聞中去獲取一些新的資訊，大家仔細看就可以發現，我們的新聞和先進國家新聞無線電視台的內容和處理，有著很大的一段距離。

網路早已進入一般的家庭，在以後的電視中可以一邊看電視，一邊上電腦，我們可以同時看兩個螢幕，另外還可連接手機和其他的行動通訊。基本上，在收視的方面，無線電視台和網路，彼此存在一種拉扯的關係，也可以說是一種競爭的關係，但是從另外一個角度來講，網路的發展對無線電視而言，也會是有一種互補的作用和功能，例如我們將來要做互動的話，可能一方面要透過電信，一方面也要透過網路來進行互動，所以互動在數位化電視中也是十分重要的一環，互動的成果，就是要借重網路和電信才能具體有效。

環境、策略與組織的關係

管理學者錢得勒的名言：「環境改變，策略就要改變，策略改變，組織就要改變」，所以組織精簡，組織扁平化是必然的趨勢，以台視來說，已經做了組織變革的一些規劃，只是看要在什麼時間點去實施，譬如說現在頻道增加了，在頻道的效益還沒有出來之前，對於人事儘量採取有效的控管，例如用專案小組的方式運作，這樣可以保持一定的彈性，但是追根究柢還是在人事成本控制的原則之下，此外組織的調整就必須更有彈性了，不能像過去那樣一成不變，將來人力的原則是在精簡的狀況下，必須要能充分的運用，不能像過去一個蘿蔔一個坑，現在或以後的情況，可能是一個蘿蔔兩個坑，也就是說一個人要去負擔兩個工作，這也是將來必須走的

趨勢。

人才培養與育成教育

任何行業都必須培養人才，以無線電視台來說，新聞編探、節目製作等等，都必須依照各單位的專業去培養自己的人才，因爲台視的歷史比較長，有些比較老化的現象是無可避免的，但是就電視產業來說，就是要不斷去運用新的設備和科技產品來產製節目，那麼同仁就勢必要安排在職訓練，強化自己的專業職能，如果眞的無法趕上現代化的腳步的話，就必須要面對被淘汰的可能，在數位化之後，除了傳統的廣告業務，將來勢必還會有很多新的業務出現，例如，透過互動或是其他像MHP（Multimedia Home Platform，多媒體家庭服務平台）業務，除了提供娛樂功能之外，類似購物頻道這樣的情況，它所提供的商機也是很大的，過去我們所說商品的通路，都是一些實體的通路，將來就可以透過螢幕直接將產品Show到家中，像這樣的經營形態，就勢必要有很多的人才加入，因此公司就要不斷的培訓和挖掘各方面的人才。

對無線電視經營有興趣的學生，應該把相關專業技術能力加以培養，甚至操作技巧都應該多加熟練，再利用寒暑假的時間去媒體實習，如果把這樣一個基本的觀念和知識都準備好，有機會多看、多聽，如果有機會到電視公司，就應該多利用機會學習，做線上的一個實際的演練，我認爲都不是那麼困難的事情，但我認爲最重要的還是態度的問題，就是不要怕多做事，人家說多一事，長一智，能夠有多的機會多做一些事，其實是讓自己有更多培養自己實力的機會，有做過自然就會有經驗，也就會具備這方面的能力，而吃虧就是占便宜，如果能保持這樣良好的工作態度，我想在各行各業中，都不用擔心不會出人頭地。

四、4C時代──有線電視的決戰時刻

專訪前東森媒體集團副總裁　趙怡

法令與政策的過度干預

目前有線電視產業發展的最大危機與障礙，在於法令與政策的過度干預。在法令方面，市場被強制分割成極為零碎的區塊，產業界很難形成規模經濟以提升效率，強化體質；允許外國資金的比例過低，遲遲無法吸引境外經營者帶著先進的技術與管理知識來投資；有線電視跨入電訊事業的經營路障重重，導致快速發展的時機已過，而電訊業者卻輕易跨入視訊與多媒體等等傳統廣電媒體的服務領域，形成政府在規管上的雙重標準。另一方面，政府在對待有線電視事業的態度上亦顯得過於「嚴苛」，例如不計營運總成本，卻統一訂定收視費率上限且多年未曾調整即為顯例。以上種種法令與制度的侷限，使得台灣有線電視產業的發展出現嚴重的遲滯現象；虧損累累的業者不僅無心，恐也無力提升節目的內涵層次，致令消費者所能享受到的服務與收視品質大受影響，連帶也使國內有線電視業界的整體形象持續不振，其處境亦難以獲致應得之關照與同情。以上種種現象適足以形成一輪惡性循環，其對未來台灣總體電視產業之發展產生極為不利的影響。

一般而言，政府高度介入傳播相關事業的理由之一，為媒體的運作牽涉到公共利益與社會責任。但是今日的傳播事業除仍為一社會公器之外，亦屬現代產業之一種，尤以近數年來大部分的媒體也和其他私有企業一樣，必須面對永續經營與自負盈虧的壓力。因此，政府在規管傳播媒體之餘，必須思考如何振興產業，以助其蓬

勃發展。事實上，唯有整體產業有了出路，個別企業才有獲利之可能；唯有興旺鼎盛的企業才會引來傑出的人才，製造優質的產品與服務。這不正是廣大消費者最高的期望嗎？經驗告訴我們，在一個同時政策開放、法令鬆綁的市場環境中，一定看得到企業的活力；而與此同時，一個規則確立、秩序井然的市場環境，也必能激勵整體產業與時俱進。

綜而言之，國內有線電視事業普遍經營不易，自有其「先天」與「後天」的負面因素。而眼下局面更因受到「市場秩序」與「產業發展」之兩極化期待心理相互衝撞而顯得矛盾益深，糾葛益烈。

事實上，市場秩序的建立及運行是維護社會正義與公平交易法則之必要手段，而產業的健全發展更是企業成長、品質提升、創意勃發、服務改善的最佳保證。兩者同屬消費者權益的範圍，並無先後輕重之分。反倒是，任何一項興革之舉措若是失之偏頗，斷無成功之理。

歸納有線電視目前所遭逢的挑戰為：(1)競爭激烈，小小的台灣有十多家的有線電視業者，競爭策略相仿，爭食有限的廣告大餅；(2)市場規模太小，難以形成規模經濟，資金投入回收不易，難以在收視品質與節目內容上加以提升，提供更好的服務；(3)境外高品質的影音節目大量進口，造成節目自製比例難以提高，無力培植更多的資深從業人員，並將產品行銷海外；(4)相關法令規章制定的精神與內涵前後不一，主管機關不是從產業輔導，而是從產業管制角度來制定政策，造成產業發展的障礙；(5)因應全球數位化發展浪潮所衍生的產業升級挑戰，硬體建設需要龐大的資金，造成營運成本的增加；(6)中華電信MOD、多媒體影音發展、無線電視數位化對有線電視業者帶來跨業競爭的衝擊；(7)有線電視產業並非百分之百普及，業者形象不良也造成產業發展的限制。

面對這樣的生態與環境變化，有線電視業者實苦撐待變，難以

擬定具有差異化的競爭策略，獲取應有的利潤。

百家爭鳴對台灣有線電視經營的影響

百家爭鳴、競爭激烈所產生的正面的影響有：「言論自由市場因此而開放」、「造成文化創意發展的勃發」、「因競爭而不致造成收視費的上漲」等。

負面的影響則為形成流血競爭，抑制產業的正常成長，因為競爭策略常要以壓低成本為考量，因此重播率過高，商業色彩過濃，稀釋了內容（節目）與服務品質，甚至大量充斥色情、暴力與血腥的內容。

舉一個激烈競爭所造成的實例，即為每年上演的「頻道大戰」與「斷訊風波」。

從政府政策與法規的角度來看，1999年「有線電視法」與「衛星廣播電視法」修正案在立法院通過，解除了有線電視跨業經營電信事業的禁令，也開放報紙事業與無線廣播電視可以跨業經營，台灣的傳播媒體逐漸邁向整合。

2003年6月2日，掌管美國媒體管理的聯邦通訊委員會（FCC）放寬對媒體的限制，撤除禁止媒體集團在同一地區擁有報紙和電視台的限制，條文中也將媒體集團的全國涵蓋率從35%放寬到45%，並放寬可以經營報紙、電台與電視台。由此可知，無論觀諸國內或國外市場生態，解除政府管制，放寬業者經營限制實為時勢所趨。

行政院新聞局也曾在2003年1月15日研議有線電視經營區域調整的問題。因為有線電視近似水電瓦斯、公共運輸等公共事業，具有自然壟斷的特質，現行的規範有改善的空間。主管機關新聞局計以兩年時間將自1993年所作成「一區不得超過五家」的規定改為「一區一家」的原則，並將現有的四十七區整併為十八區，再調整為四

區,最後朝向全台不分區爲目標。

媒體產業競爭態勢爲「贏者全拿」

國內有線電視產業價值鏈,最上游爲衛星上鏈業者,其次爲頻道業者,接下來爲中游的多系統整合經營者(MSO),下游則爲系統台,最後再將諸如有線電視、寬頻上網及數位機上盒等各項服務提供給消費者等不同分工的業者所組合。

全球現已邁向電信(Communication)、資訊(Computer)、有線電視(Cable)及內容(Content)的4C整合時代,如何在此一整合潮流中站穩腳步,尋找新利基,是有線電視業者面臨最重要的課題。

台灣有線電視產業發展的前景爲:(1)在加入WTO後,媒體產業競爭態勢爲「大者恆大」,能發揮資源綜效者「贏者全拿」;(2)媒體產業進入跨媒體、跨產業、跨國界與分衆收視切割的時代;(3)電視業者透過付費頻道提供加值服務,來創新營收;(4)透過文化延伸及穿透性,將經營範圍擴展到全球華人媒體市場;(5)提升媒體商品效益,研發衍生性商品增加收益。

對於系統業者之經營來說,由於各區競爭的環境差異甚大,文化與地理的特色導致各區系統在頻道選擇上有些微的差距,以此兩客觀條件作爲衡量的標的,便能衍生出多套不同的差異化策略。分析其策略成功的因素,則必須運用資金與人力,強化以下三大部分:(1)工程技術的專業能力;(2)頻道、節目的規劃能力;(3)業務推廣的行銷能力。

對於頻道業者的經營來說,在市場占有上,業者必須運用自製、購片及代理等三種途徑,明確地掌握收視對象,提供專業化的分衆節目。業者若想在分衆的市場上取得較高的市場占有率,必須強化以下三個部分:(1)節目自製能力;(2)掌握影片通路,降低購片

成本；(3)運用行銷技巧推出具市場競爭力的產品組合。

　　而在整合與聚合的過程中，有線電視業者也運用垂直整合與水平整合的方式來擴大經營規模，增加競爭優勢。垂直整合的做法主要為藉多角化的經營，降低經營成本，藉節目的共同製作，增加軟體設備的交流，並消除原本在產業價值鏈上、下游間的議價成本。至於水平整合的部分，分為同區整合與跨區整合，同區整合為在目前的四十七區中，將各區中不同的業者，整合為一家獨占的局面；跨區整合為同一業者在不同的經營區分別投資有線系統，成為多系統經營者。

　　在科技匯流的趨勢下，沿用傳統的傳媒表現型態與產業類別來區分媒體已不合時宜，在相關法令鬆綁後，跨業經營已成為產業發展的新趨勢。而有線電視業進入電信市場可為以下幾種模式：(1)提供雙向之數據資料傳輸服務；(2)與電信網路接續業者互相競爭；(3)提供網際網路服務；(4)提供有線電視電話服務；(5)提供無線通訊服務。

　　以東森媒體集團為例，近五年的經營目標為：(1)成為台灣最大的MSO並提供全方位的視訊服務；(2)建設全島光纖同軸混合網路；(3)成立多媒體中心：網路建設中心、節目製作中心、系統管理中心、衛星接收中心、超級頭端、衛星上鏈中心；(4)整合有線電視與電信事業；(5)經營寬頻網路加值服務、衛星事業及衛星通訊；(6)成為3C產業策略聯盟的跨業經營者。

　　以東森電視台來說，東森電視台前身力霸友聯全線於1991年7月成立，最初只是一家跑帶公司，1995年跨入衛星頻道的經營，目前擁有七個電視頻道，經營新聞台、電影台、綜合台、幼幼台、洋片台、戲劇台、新聞S台，成為頻道家族，並代理MTV音樂頻道，也轉投資超級電視台。

　　東森集團並於2000年著手投資網路、報紙、廣播等不同的媒

體，建構新聞大編輯台，進行業務整合行銷等資源整合策略。

而自2004年始，東森進一步藉由媒體平台提供新聞、娛樂內容和型錄購物等服務，並將原有的產品內容加值開發，擴展成為有如迪士尼、時代華納等集團的大媒體娛樂集團。

在競爭者的部分，強調能「隨選隨看」的中華電信MOD數位互動電視於2004年2月4日正式開播，推出十一台基本頻道，以基隆與台北縣市等地區為首播涵蓋範圍。中華電信MOD的每月基本收視費為二百元，推出之初規劃可收視台視、中視、華視、民視及公共電視五家無線電視台，以及客家、大愛、人間、華藏衛視、華視教育頻道和澳洲ABC等共十一個頻道。而除了基本頻道之外，隨選視訊提供計次、計時或套裝、包月等選擇的電影、連續劇、MTV等內容。未來，更能依個人喜好，加入理財、遊戲、卡拉OK、線上學習、電視線上購物等多元服務。

台灣有線電視媒體策略聯盟的可行性

有線電視市場的發展「合久必分，分久必合」。觀諸近十年來的市場變化，似乎是依循著由「競爭」到「談和」，由「談和」到「合併」的市場規則，儘管有公平交易法的規範，但業者為求生存，也不得不不斷地從市場占有率上來做突破。

從系統業者來看，兩大集團東森與和信在競爭後也有合作之舉，而部分的獨立業者則組成獨立聯盟，形成新的競爭集團，也是另一種形式的合併。而因為廣電法中對經營規模有所規範，因此預估有線電視市場在經歷近兩年的合併與盤整後，目前的競爭態勢將持續維持一段時間。

從頻道業者來看，頻道業者間的聯盟原有其困難度，不過，在競爭激烈的情況下，部分業者進行水平整合，部分業者亦進行垂

直整合。在整合的例子上，如在業務與節目製作能力上見長的「超視」與市場占有率高的「東森集團」合作。

「全球化」策略是未來有線電視市場發展的重要關鍵，運用「一套產品，多重行銷」的方式，爲企業創造更多的附加價值，是爲重要的發展策略。

以東森電視爲例，東森電視台除長期與鳳凰衛視、朝日新聞策略合作，提供新聞、幼教與戲劇性節目外，以東森美洲台服務北美華人，並持續與大陸及海外華人地區共同打造媒體平台，透過雙方的合作，持續製作優質的節目。

以美洲市場爲例，2003年7月東森電視台與美國直播衛星電視業者EchoStar（涵蓋戶數達八百五十萬戶）簽約合作，藉其直播衛星讓東森國際頻道在北美落地。東森美洲衛視的直播衛星訂戶在2003年8月達到七千一百戶。此外，東森電視與大陸四家電視台合作，組裝節目成爲東森大陸台，在北美地區播出，服務亞裔收視戶。

網際網路問題氾濫不亞於電視

以報業經營爲例，《中國時報》與《聯合報》及晚近進入市場的《蘋果日報》都是以經營社會新聞起家，等報紙擁有一定的市場占有率後，才能朝向綜合性的大型報發展。而相對於報紙，電視內容尺度管制較嚴，政府與社會各界約束業者的力量也相對較大些。

不過，在自由市場機制運作下，收視率的高低成爲廣告收益的指標，倘使市場機制如此，倘使觀眾並未厭惡、排斥現今電視節目的內容（甚至節目內容的低俗恰好符合觀眾口味），如此要改變煽色腥的內容，似乎是不可能的。

在政策面上，政府自1998年起，依「有線廣播電視法」第四十一條規定積極推動電視節目分級制度，具體做法爲指定時段及

鎖碼播送，並同時協調交通部完成定址鎖碼技術法制作業，降低特定節目被未成年人任意視聽之機率。2001年1月1日起，所有經由有線電視系統播出的節目，都一律以定址鎖碼技術播出，平日收視限制級節目的收視戶，必須與提供視訊服務的有線電視公司接洽安裝定址解碼盒才能收看。

近來，曾有學者倡議，在數位化的過程中藉set-top-box（數位機上盒）的科技，運用頻道分組收費的機制，進一步落實鎖碼制度，不過，由於有線電視機上盒的推廣受阻，有線電視頻道分組收費制度也一直難以推展，以致節目內容管理遲遲無法運用科技來加以改善。

不過，從根本面──節目內容來看，鎖碼可以過濾色情卻未必可以過濾暴力或血腥；可以約束節目卻未必可以約束新聞，因此，有關煽色腥節目內容的管理仍需回歸媒體的自律與他律一途。

從另一個角度來看，觀諸921大地震、SARS流行、重大社會事件發生及對政治人物官箴的監督等重大社會議題，有線電視反而表現出其正面的功能。事實上，近年普及率亦高的網際網路相關問題氾濫的情況並不亞於電視。

獨立頻道的經營備感艱辛

1996年到1997年，無線電視廣告營收增加了新台幣六億元，1998年更大幅成長了三十三億元，不過這是因為無線電視台第四台──民視開播所創造的業績。而自1998年到2000年，無線電視的廣告營收不但趨緩，甚至出現了負成長。並且，無線電視台的廣告刊播方式不如有線電視的彈性，有線電視業者運用921大地震、國內經濟的不景氣、廣告主預算減少等等因素影響，及相對較為便宜的有線電視廣告逐漸取代原本由無線電視寡占的局面。目前有線電視的

市場占有率（等同於收視率）高於無線電視，約為72：28。

因受到收視率的高低、廣告主、廣告代理保證的媒體購買模式，以及頻道集團擁有較多的節目可以補檔次等經營條件影響，讓諸如超視新聞、春暉國片、年代體育等獨立頻道的經營備感艱辛，使得如TVBS、東森、三立、八大、緯來等家族頻道則趁勢崛起。

從1999年到2000年的「收視占有率」和「廣告占有率」比較來看，新聞類型的頻道廣告營收占有率最高，其次為綜合類型頻道，若再加上西片及國片類型頻道，已占整體廣告市場的70%以上。

有線電視未來的發展必須看數位影音的發展而定，其中，set-top-box（數位機上盒）的發展居關鍵的地位，倘若set-top-box的推展有問題，則有線電視的市場占有率擴展亦有問題，廣告收益連帶無法突破，產業升級就會有問題。

依現有的情況來看，廣告的餅不夠大，僧多粥少，廣告預算不夠分，有線電視的經營實面臨很大的困境；同時，主管機關限制費率上限，造成數位化推展不易，節目自製品質難以提升，連帶就影響收視者的權益，實為惡性循環。

除了廣告收入之外，近年開創的電視購物，以電視、網路、型錄、購物報、廣播整合行銷，也為電視公司創造相當大的營收。舉例而言，東森電視自1999年12月21日投入電視購物後陸續成立購物一、二、三台，單單2000年5月份的年中慶業績即達二十五億元，估計全年的營業額將達三百八十億。

根據「廣播電視法」的規定，電視購物所占比例不能超過頻道數的一成，若依目前有線電視將近一百二十個頻道來計算，合法範圍內約可容許十二台經營電視購物。東森電視集團預計將於2005年將再推出兩個購物頻道，強化占有率。而包括統一集團、富邦集團、微風廣場也都將進軍電視購物。

資訊科技對有線電視產製具影響力

資訊科技對有線電視所帶來的影響主要有兩方面：「產製成品較有效率」及「提升輸出品質」。

若從技術面來看，資訊科技對有線電視的衝擊有：(1)有線電視產業強調科技技術，最新的科技迫使有線電視產業將傳送系統數位化；(2)在影像品質提升的同時，音樂品質也同步獲得提升；(3)數位壓縮技術使得頻道數目增加，提供更多的服務內容，節目的鮮明度也會因此增加；(4)Cable Modem比起電話上網線路的速度更快。

除了電視台必須全面轉換成數位系統及訊號外，其他的數位改革也會影響電視產業。例如，互動電視，透過互動電視，以後的閱聽人的消費特質加重，可以直接在電視上購物、處理金融業務，也可以進行線上遊戲，而電腦與電視的匯流也正迅速進行中，舉例來說，Web TV即為整合電腦與電視的新科技。

目前，網路商品化的能力仍然不足，因此在競爭力上尚不構成太大的影響。舉例來說，ET-Today一個月營收不到一千萬，東森電視七個頻道總營收卻可達三億多，平均一個台就有五千萬，稍作比較即可分曉。而從使用者習慣來看，電視的影音輸出品質較好，屬於全家觀賞性質，是網際網路所難以取代的。

傳統的傳播專業轉為市場行銷導向

環境變遷對有線電視組織變革的影響為：「數位科技發展減少人力需求」、「競爭更趨激烈」、「合併風潮興起」等。而影響主要在「內容產製過程」與「資料的整合運用」等方面。而觀諸傳播產業的發展，近年的變化為：由傳統的傳播專業轉為市場行銷導向，亦由過去的專注於製造產品，轉向在關注市場經營及價格制度上。

　　再談到傳播管理人才的培養，我認為儘管各大學為企業的主要人才來源，不過，傳播學界對於產業經營管理的著墨不深，甫畢業的學生尚需經過業界的訓練方才符合人力市場的需求。

　　以東森為例，東森集團提供獎學金，採用建教合作的方式，或提供新進人員職前訓練、線上人員在職進修，甚至派遣業界人員進入校園開設相關課程，提前培養合適的人才。

五、活動力、影響力、消費力

專訪前台北之音代總經理　梁序倫

聲音媒體的特質

　　電台是一個賣聲音的媒體，聲音媒體是什麼？我覺得它是娛樂環境的本質和感情，它是娛樂業最重要的東西，也就是大家所謂Content，Content是無價的，在電台做節目，賣的就是想像，當想像加上感情融合之後，你就慘了。我有個朋友最近瘋狂地迷上了養折耳貓，我說，你完了，因為你去想像，當你買了貓之後，你就會加入感情，養一隻貓可能只要三萬塊錢，可是牠一旦生病起來，你可能會覺得比自己生病還痛苦，這就是娛樂業的本質。

　　廣播的特色就是聽到同一首歌，你聽到的感覺和我聽到的感受就不會一樣，因為想像的成分不同，這個聲音媒體該怎麼經營，就是從這個角度切入，知道自己該做什麼音樂。再從經營面去看，例如說現在台北之音有兩個頻道，都把它定位為流行音樂頻道，Hit FM定位在十三至二十九歲，屬於比較年輕的音樂頻道，台北之音的年齡定位在二十五至四十五歲的族群，在規劃的過程中，我們認為十三至二十九歲的人，有個非常大的特質，十三歲的人一出生就有Internet，這一群人是感官的，不聽大道理的，因此Hit FM會告訴你在這頻道所有的Content都是最新、最流行、最好的，而你的Target會決定媒體的走向，因此Content和製作都會朝著這個方向走，Hit FM的Target就很清楚了，所以學生族群是我們最重要的主力，為此我們做了很多的規劃；另外台北之音的聽眾層是二十五至四十五歲，這些白領上班族群有個特質，這個年齡層經過台灣娛樂的轉換

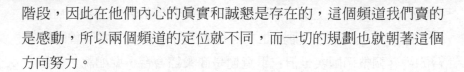

階段，因此在他們內心的眞實和誠懇是存在的，這個頻道我們賣的是感動，所以兩個頻道的定位就不同，而一切的規劃也就朝著這個方向努力。

重新定位目標明確

台北之音於民國91年5月1日轉型，但在民國89年公司面臨了很大的問題，當時台北之音收聽率極差，但是管銷極高，而且一直虧損，從經營上來看，這是負向的。雖然現在也已經不止是媒體，應該是所有的產業都一樣，那就是Winner Take All，如果不是Winner，根本不可能有機會。其實在思考轉型的前期，原本規劃定位爲商業綜合台，就和飛碟一樣，台北之音一開始在所有的民營電台中是很優秀的，第一年就賺了兩個資本額，而且大受歡迎，當時做了很多別人沒做過的事，開始很紅、很受歡迎的時候，做了很多的投資，但也印證了我的一個邏輯，那就是經營一個事業，如果一開始就很好的話，一定會有問題，因爲你會覺得無所不能，什麼都可以做，也什麼都會做。台北之音早期就是那樣，到後來飛碟起來了，飛碟在創設的過程中接收了新黨的一些電台，從聯播網的形式開始做，走的是名嘴，所謂的商業綜合台一開始是如此，名嘴一來就拉動它的收聽率，台北之音就下去，飛碟就上來了。但幾年後，飛碟也面臨同樣的問題，因爲分眾市場來臨了，如果媒體定位不清就會不知道屬於你的Target在哪，現在是飛碟定位的問題，News98是飛碟的，但News98的定位就很清楚，它就是吃泛藍的這一塊聽眾，跟泛綠的寶島心聲一樣的邏輯。我們是流行音樂台，相較於他們就簡單得多了，但是有可能我們的聽眾是同一群人，只是他們的收聽狀況不同而已。

思考轉型是因爲財務的壓力，因爲電台每個月的管銷這麼高，

而Income這麼少，這是不成比例的，這兩個頻道裡，Hit FM就很穩，因為Target清楚，而台北之音是商業綜合台，在當時曾經將電台的內容調整過兩次，但它畢竟還是商業綜合台，譬如說，這個名嘴走了，我們還要繼續找名嘴，那時苦苓和蔡康永都在這做很久，但並沒有幫助，聽眾只有一雙耳朵，在同一時間，它只能聽一台，所以在民國90年底就開始思考轉型，思考台北之音該要做一個什麼樣的電台，在這過程中其實是有幾種選項的：新聞台、音樂台還是原來的商業綜合台，到最後還是選擇了音樂台，這是有原因的，第一，Hit FM的經驗是成功的，我們對於音樂的know-how是比較足夠的，第二，是分眾市場的來臨，不可能有那麼多的談話性節目，因為大家會受不了，第三，音樂台的好處是它會隨著時代的進步而改變，閱聽眾的習慣也跟著改變，早期的聽眾是上下班聽、開車聽，現在是上班聽，當然這也是拜網路之賜。再來是音樂台輕薄短小──成本低，過去製作一個名嘴節目，需要控音師及至少兩位企製，現在改成音樂台後，找了一群對音樂很有概念的人，在錄音間自己控制，這個成本差別很大。最後是Content不同，我們賣的是歌曲、音樂，是經過市場歷練過後所留下的東西，總比賣名嘴好，因為名嘴再好，但如果名嘴走了，聽眾就跟著走，所以忠實度是不夠的，我們思考的結果是，音樂是比較對的。

接下來思考的問題是經營的內容，我們本來就在經營十三至二十九歲的聽眾族群，回到本質面去思考，大台北究竟有什麼特色？因為台北之音是一個中功率的台，它的覆蓋只有大台北地區，我們發現大台北地區占了台灣三分之二以上的消費力，而在這個地區有哪個年齡層占有三分之二的消費力？當然是上班族。而二十五至四十五歲的人該給什麼樣的音樂，可以跟Hit FM的年輕音樂有區隔，但又能符合他們所要的，於是就回到一開始講的概念：真實與誠懇。其實在台灣音樂發展的黃金歲月的經驗跟他們是Match的，

因此我們就決定要做全台灣最專業的音樂經典電台,所以主軸就出來了。白領族群有個特色,他們要High Quality,所以所有鋪陳的東西都要表現出High Quality。印象中,那時只播出1985年至1997年的歌,甚至限制台北之音五年內的歌不播,因為這五年的區隔要留給Hit FM,於是一開始唱片公司新歌專輯的廣告都不收。當然時代會改變,後來在唱片公司做出一些歌手,例如張清芳、哈林等人,他們的歌是專門做給四、五年級的人聽的,這種定位清楚的藝人或唱片的廣告,我們就會收。調整的過程是辛苦的,當時台北之音的收聽率在大台北地區只有2%,排名應該是十幾名了,因此在經營策略上我們做了一些有趣的事,如跟便利商店談合作,現在全家便利商店在大台北地區約有六百五十家,二十四小時都定頻台北之音,一開始我們採取互惠的形式,你下廣告,我也多送一些廣告,這樣一來開始注意的人就多了,就算全家便利商店有六百多家,每家每天來客數有一百多人,基本上每個人停留兩分鐘,所以一個月內會接觸到台北之音的人就有這麼多;另外和台北捷運合作,我們用自有的資源,找年輕偶像錄製如搭捷運不吃口香糖的宣傳廣告,因為每天有上百萬人搭捷運,而這些努力慢慢去做成效就會出來了,所以收聽率從4%,到6%,到現在的9%。

小而美真快活

台北之音目前有一套完整的策略在進行,因為台北之音賣的是想像和感情,在兩個頻道的經營理念中,他們是一個永續經營的循環,換言之,在十三至二十九歲的時候聽Hit FM,等進入社會後會聽台北之音,我們的策略就是如此,在規劃中我大概分成兩塊,譬如說,我們和Wave Radio一直是在互相競爭的,但Wave Radio是中廣且是全區的,而Hit FM只是三個小功率的電台合在一起,但我們

的收聽率比它高，我一直認為媒體的經營只有九個字：活動力產生影響力，產生業務力。經營一個媒體如果能有活動能力，自然活動多了，影響力就有了，在外面有了影響力，業務就自然進來了，這是有邏輯的。另外在電台的經營上有另外六個字，那就是「小而美真快活」，這是和香港的同業學來的，小而美是走精兵，當我剛來台北之音的時候，這裡有一百二十多位員工，第一個任務就是要裁員，因為我誰都不認識，但是經過一段時間後，我發覺這些同事的本質都很好，責任並不在他們的身上，所以我們從一百二十多人，到民國91年的時候，全台只有六十一人，現在因為業務較好，所以有七十多人，全部都是走精兵，以降低管銷的費用，寧可將管銷費用花在員工的獎金鼓勵上，這樣才會讓公司存活。

在我的經營理念中，台北之音是一個聲音娛樂媒體，凡跟聲音有關的，我們都要注意，所以在轉型之初，規劃我們的頻道是音樂頻道，音樂是我們的Major Content，但因為我們的對象是上班族，所以我們就加入很多上班族所需要的資訊，讓我們的Content更能貼近生活，因此最近就加入了旅遊資訊，因為音樂是讓你Relax的，這會讓我們電台的Content跟人家不同，而在Hit FM則是做比較國內旅遊的東西，因此我們可以很清楚的知道我們的對象，例如學生族群。

音樂是區域性的，不是地區性的，因此在三年前我們加入了「全球華語歌曲排行榜」，它是由中國大陸和東南亞、新加坡、馬來西亞和香港等幾個地區的電台結合起來做的排行榜，到目前為止，這個排行榜的幫助非常大，藉由這個排行榜，我們可以做很多事，我先加入這個排行榜的區域性組織，然後再推一個亞洲重要指標性音樂電台策略聯盟，目前已經有五十幾家電台，所以我們每個月都會推出歌曲的亞洲首播，其實這就是一個間接性業務的邏輯，因為我們是一個音樂電台，所以我希望最好的歌、最好的藝人都能到我的電台，因為團結力量大。我常舉例說，如果我們想找麥克傑

克遜為台灣的Hit FM錄一段音，他會問說台灣在哪裡、Hit FM是什麼，但是如果透過我們這個策略聯盟，結合一百家華語音樂電台，可能麥克傑克遜會為了他的唱片銷路，自己出錢錄音都不一定。

華語音樂的未來市場

去年我就做了一些跟大陸合作的規劃，因為流行音樂是打區域戰，今天我們藉由這樣的關係來擴大影響力，如果唱片公司的歌手，不論東洋西洋，只要在台灣宣傳，第一個通告都是上Hit FM，因為這是他的指標，唱片公司下廣播的廣告預算，八成都會下在這裡。目前台灣還有優勢，因為現在所有的流行音樂，以華語而言台灣都是第一站，但是這種情況三年內會改變，所以我們今天把Content做出來，不過我們是結合大家的力量，因為我有主導權，而且把力量結盟在一起，我會得到更多的Content，但三年後當華語音樂轉到大陸之後，也會有第一手的資料，那是一個循環的邏輯。

我們會結盟大陸二十二個最好的專業音樂電台都Local，創造一個Network出來，現在要落實並出資成立一個中央廚房的概念，這是第一步，可能只有我們二十三家，可是當你第二步要加入的電台，可能出資金額就要增加，因為我們的影響力出來了。其次，我們在各地辦活動，我們要做Management，我們要找唱片公司來，有興趣你也簽，但是所有的Promotion活動我們辦，如果在大中華地區二十三個音樂電台打一個歌手打不紅，那是我們太遜。這是下一段我們在推的部分。

因為台北之音一路走來都是針對白領族群，所以今年演唱會一定要做，但是做了之後，市場並不會只在台灣，這個Package是可以行銷到亞洲的。但很多東西總是得回到本質，每年總是有很多聽眾從聽流行音樂，或許是因為年齡的關係，也要轉型，因此去年就請

我們中台灣電台的一個節目「校園青春錄」來規劃製作，邏輯很簡單，就是每週六開三個小時介紹一個學校，例如東海大學成立於民國幾年……，幫學校做廣告，因為這些Target是我們所需要的，到目前為止在中部地區有七十五所學校和我們有合約，高雄二十五所，其次要做兩件事，第一是要將全台灣的學生電台全部串連起來，我可以跟你建教合作，學生電台最大的問題就是沒有人聽，連學生都不聽。學生為什麼不聽？因為裡面沒有Content，所以我們可以幫你做，跟你合作，而且還教你怎麼定頻，政大之聲在政大，學生不聽，商家更別提，可是你有頻率，是小功率電台，那是有一套經營Model的，所以我們現在正準備安排三十所學校辦座談會，我們是一個實戰成功的電台，我們來教你如何做好。

學生白領分進合擊

大眾媒體來自於小眾媒體，所以各家在搶分眾市場的時候，不要以為你被稀釋，其實不然，例如說我是音樂電台，這是我的特色，如果不這樣，全家便利商店不會跟我合作，因為他不會要一個一直在講話的電台。我要組校園顧問團，把學校中的活躍分子找來作為我們的顧問，也許每天開六個Break給學生，由同學來介紹自己學校的校園動態，我們會得到最新的know-how，其實學生才是市場的主力。

本地市場合作不易

我認為公司在財務狀況好的時候，要勇於去購買，以為了將來投資。等到時機不好的時候，第一是你已經沒有錢去做，第二是看到了商機，可是沒力去做。電台在二年前就開發了一套計畫，台灣有很多大賣場，他們需要音樂，可是定頻對他們很難，於是我們的

節目可以讓它同步,在廣告的時候,只有播放賣場的廣告,我們幫他談音樂著作權,這樣市場就開始了,他們可以得到賣場的音樂和廣告,電台也可以有收入和Image。在媒體產業中,本地媒體合作是很不容易的,台灣本島太小,大家都有個自己的利基,也會有很多領域的重疊,有這種關係的時候就有大小,就會有強弱,所以平台是不易建立的。目前來說只有中廣,其他的電台都談不起來。

電台為什麼會善用網路,把很多的資金都投資在網路上?台灣的地區再好,中功率的電台還是有區域限制,但我們現在每天有八千人由海外上網聽我們的電台,這是有未來前景發展的,我的想法是,在將來建立網路電台是可行的,在網路上Free Member要儘量拉,每Log In一次我就給你一個點數,等到紅利存到一定部分就可以換東西,Value Member的養成需要一定的時間,但一旦養成習慣之後,你來到我的首頁很容易,出去就不容易,而且還可以由同學的口傳播出去。

我認為廣播不會消失,因為聲音媒體有它的特質在,電視沒有人有時間一天二十四小時坐在那看,當你有時間的時候,會看你想看的,所以沒有一家電視台的收視率平均可以過一,但電台不同,聽我們電台的時間平均是六至八小時,我們針對上班族設計了一套軟體,讓上班族可以很輕易的收聽,網路化是未來的取向,是一個Trend,是無法避免的,而且網路會根據你的生活化一路做調整,例如從傳統相機到數位相機,到現在連手機都要有照相功能,所以這是無法避免的,你必須迎上前去接受它,運用它。

沒有能不能,只有要不要

學生最大的問題就是畫地自限,會膽怯不敢跨出去,如果學生要進入廣播這個領域,第一個是要多聽,這是分眾市場,所以可以

學習的很多，所以在學校中有很多技術性的原則性理論要多聽、多瞭解、多去操作，第二個很重要的是同學要懂得毛遂自薦，你想成為傳播業的人，要懂得行銷，做事要有宣傳，而有這種特質的人，後來多能嶄露頭角，所以人生沒有什麼能不能，只有要不要，想做傳播但卻連自己都銷不出去，怎麼做傳播？因此同學應該勇於表達自己，並多聽廣播，培養自己的知識和能力。

六、整合行銷開創網路未來

專訪前中時網路科技公司總經理　姚頌伯

　　中時電子報的母體是《中國時報》，《中國時報》在台灣的媒體界，特別是在報紙的領域中，一直是一個領導品牌，這些年來Internet的變動非常快速，以中時電子報Content Provider的角色來說，中時電子報如何改變過去報紙呈現的那種刻板的表現方式，調整自己的步伐，面臨新的挑戰是很重要的，尤其是在1994年至1995年，應該算是Internet開始在市場上翻天覆地的時代，網路在市場上所扮演的角色越來越重要，自然要面對的問題也一定很多。

　　我是從事財經資訊開始的，在當時財經資訊這塊領域是能夠賣錢的，但重要的是你要賣的資料，一定要是別人想要看的、想要擁有的資訊，換言之，如果別人不要看或不需要的資訊，想要賣也賣不出去，因此，販賣資訊必須要從Nice to Have到Must Have，也就是說，我們在網站上看到很多八卦的、有趣的新聞，這類東西的確有人在看，老實說，還有不少人在看，但是能不能賣錢，就看消費者願不願意花錢了，但是財經資訊就有人願意花錢去購買，因為在商場上需要大量的資料和訊息，這些人不論是進出股市或是投資，如果每個月只要花幾千美金，就可以買到有助於他們投資的相關資訊或情報，對他們來說，只花這些錢是非常合算而且有效益的。

內容、載具、功能

　　資訊在技術性和取得性上，可以造成不同方式的價值轉移（Value Shift），以電子媒體來說，最重要的幾個部分就是：

1.Content（內容）。

2.Carrier（載具）。

3.Function（功能）。

　　網路的空間是無限大的，不像報紙會有版面篇幅的限制，不但要Physical的Paper，還要有Distribution，而且Space是有限的，但是在Internet的時候，以上三者通通放在一起，此時載具就發生了相當大的功能，甚至包括了無線上網，而且它的空間是無限大的，但是在應用這一部分最重要也是最Powerful的就在於它的Search Engine（搜尋引擎），就是因為這個新結構，讓我們在網路經營上產生了相當大的影響。因為在網站上逛的讀者，只要找到搜尋引擎，就可以略過其他的入口，直接到他們有興趣的新聞或有關的內容網頁部分，而且透過目前精細且特殊的功能設計，搜尋引擎還能夠將點閱人的特殊閱讀興趣或點閱習慣加以整合、分析，因此，只要經過幾次的上網查詢，網站的管理人就能知道點閱人的閱讀興趣或是習慣，而能針對網友個人喜好提供資訊。所以，搜尋引擎的功能是非常Powerful的。

　　《中國時報》一向對我們的內容很自豪，這些資產都為中時電子報的經營，帶來了正面的影響，但是，也造成很大的危機和挑戰。根據AC Nielsen調查台灣上網族群顯示，中時電子報在許多單項都是冠軍，如Viewer的收入是最高的，教育程度是最高的，而年齡層也是最高的，70%是白領階級，在Internet的History也是最久的。從特性來看，他們使用電子商務並不很踴躍，分析發現有個共同的特徵──時間對這些人而言是非常重要的，他們並不想浪費太多的時間在網路上，所以在上網使用電子商務時都非常快速，因此造成我們在做廣告和電子商務時，有一定的中心目標和對象。基本來說，只要Target對，電子商務的經營就不會太困難，所以自去年第

四季開始，都是在盈餘的狀況。但問題的癥結在於我們最近為了改版，做了很多次的Focus Group，發現許多年輕的讀者，對於內容網站都只看放在前面的新聞，這顯示出年輕人有幾個危機，第一就是現在他們都不看新聞網站，但仍有看報紙的習慣，雖然看報的比例相較於過去要少了很多，但是基本上還是有的，當問到同學新聞是從哪裡看的時候，他們的回答是隨便在首頁上看看，因為每一家入口網站的首頁上都會放新聞，如果學生只看這裡的新聞，而不來我們中時電子報，那是不是說不給這些入口網站新聞，就可以維護我們Content Provider的地位？這是不對的，因為你不提供給這一家，他們就會去看別家的。

搜尋引擎取代媒體角色

其次，這些年輕同學沒有新聞的品牌概念。他們不覺得《中國時報》的新聞與《聯合報》和《蘋果日報》的新聞有什麼差別。除非，少數想要看觀點的人，尤其是政治上觀點的人會比較注意，而這些人就是現在中時電子報的讀者。他們每天都會上網看我們的社論，看我們的評論和觀點，我們海外讀者滿多的，特別是北美一帶，占我們總Viewer的百分之十幾，在這一部分就看出中時電子報的權威和品牌地位，可是年輕族群常看的新聞就是在Yahoo、MSN聊天的地方，一打開就有二、三條新聞放在那裡，基本來說他們只要看幾條新聞就夠了，如果看到有興趣的新聞，就會進去或是用Search Engine，所以我強調搜尋引擎是很Powerful的，因為Search Engine已經取代了媒體的地位，如果沒有品牌忠誠度，只要到Search Engine按下一個主題，就會跑出來一大票的新聞，在這些新聞中，就不會去Click是《中國時報》還是《聯合報》發的新聞；另外他會很注重標題的文字，在這裡有另一種挫折產生，由於我是屬於閱讀

《中國時報》很習慣的讀者，會很自然的認為，報紙的文章本來就應該是這樣寫，但是如果拿來和別的網站的新聞寫作方式相比，會發現標題是最文謅謅的，因為中時電子報的內容都由《中國時報》轉檔過來，這些都是報紙上的語言，但如果拿《中國時報》的寫作語言和《蘋果日報》的比較，會發現很不一樣，因此在標題的Eye Catching部分，在年輕人的族群裡我們會輸，所以這些就是現在面臨的危機。

商品與廣告內容連結

我們對三十歲以下的閱聽人調查，都是這樣的Behavior，這些人很快就會變成三十五歲、四十歲，難道就一直鎖定在這精華族群嗎？從現在來看，精華族群是不錯的，因為他們就是社會的高層，所以中時電子報的廣告都是金融的，或是汽車的廣告最多，也確實較有效果，反而3C的產品很少，年輕人會用到的東西，在中時電子報的廣告相對來說就很少，不只是中時電子報，所有世界上一流的Content Provider都會碰到同樣的問題和挑戰，因為Online User沒有品牌忠誠度，又碰到Search Engine取代大家對於新聞需求的尋找度，資訊本來浩瀚無涯，而且Search Engine愈做愈好，現在的Search Engine是智慧型的，以前用Keyword來做Search，現在可用一個概念來Search，而且Search出來的資料在二、三次以後，它還會很精細的利用相關係數，去主動搜尋與所要文章內容的相關性，如此一來誰還要報紙，誰還要新聞網站？所以也就把整個商務的模式，引導到這個上面去。像現在美國的網路廣告，預定在9月、10月開始在台灣做推銷，這不像我們的業務員要出去賣網站的Banner要多少錢？他們賣東西廣告的第一個概念是，商品跟廣告的內容會連結起來，譬如像Yahoo，平常就有專人在做網路使用者行為的統計與分析，

再將統計與分析的結論跟商務掛勾，譬如說你平常會買數位相機，會看哪類新聞，當新聞叫出來的時候，他就會去Push這類的新聞，現在的網路廣告就是用Content Match的方式來做，這種方法是很Dynamic的，定價就是用拍賣方式，他們的商業模式非常驚人，譬如做手機的會去找手機商，跟他說現在網頁上在做關聯性的廣告，請你標廣告，不管是Nokia、Sony、三星或西門子，只要你是出錢最高的，當你Push到人家相關網頁的時候，你的廣告就在前面，用拍賣Internet上面的廣告，然後給他一個很聰明的機制平台，到市場用這種標價的方式運作，然後給像我們這種的Content Provider簽約，再把廣告Push進來，他們是經過一頁看這個廣告點進去的，然後Search Engine公司再跟我們分帳，這些東西變成你的內容是要如何去設計，是要Data Base放得多，還是設計什麼樣的機制，才能夠順應現在新的營業模式，來產生最大的收益。

Content Provider一定要認知到這幾個趨勢，再從趨勢做改造，我回過頭來看什麼是《中國時報》、中時電子報的優勢？我想最大的優勢有二，一個就是Promotion的優勢，我們是個跨媒體的集團，在宣傳上能夠互相配合，如此利多比較大，所以自己的報系都可以宣傳；第二，我們的編輯團隊是很強的，所以我們要把好的東西組起來，開始把族群放大，但同時不能失去原來基本教義派，雖然現在的基本教義派並沒有讓我賺大錢，但現在的收入可以互相平衡，所以這個絕不能放掉。

所以我們要在保住基本盤的前提之下，運用我們的編輯團隊和跨媒體的行銷來開拓其他的版圖，尤其是那種非常明顯區隔的版圖，舉例來說，現在要跟《時報周刊》一起合作做一個Campaign，是要做一個Cover Girl，也就是選那些校園美女，在暑假的時候用網路報名，然後被選上了可以到《時報周刊》當Cover Girl，這誘因還滿大的，我們跟中天也商量到時候一起來辦，這樣就可以吸引一些

平常不看中時電子報的人來，因為我們有平面媒體在Promotion，所以帶進來的人潮可以強化原來我們所缺少的這一塊，但是Campaign做二、三個月之後，這批人有可能會走，所以一定要留下名單，做好CRM客戶關係管理，也就是Data Base的探勘與分析。目前中時電子報有五十萬個會員，我們要從IT上面來把所有的資料做歸整，因為這些是將來生存的命脈，就是Data Base要完全，尤其所謂的中網平台，裡面還有一塊是互動行銷，因為網路是跟會員互動很好的機制，加上電話，慢慢再加上一些活動，而每一次的互動，一定要對Data Base有一個更深的認識，每一次的互動都不要浪費，用這種方式拓展所謂非基本盤的客戶，另外積極拓展女性族群，也是很重要的。

非線上廣告大幅成長

網路廣告在去年約占了我們的80%，其他20%就是從一些非專業性的內容授權，所謂非專業性是指像我們的即時新聞，我們每天給入口網路幾條，比如公司的Intranet上面，給你們幾條新聞然後收多少錢。今年我們的2004年線上廣告的比例，會降到70%或是更少，也就是說，我們的線上廣告今年已經比去年成長45%左右，也就是成長了46%，但對整體而言的百分比，還從80%降到70%，可見非線上廣告的成長是100%或更高，如此可以看出它的趨勢。那非線上廣告包括哪些呢？今年做最強的就是整合行銷，舉兩個例子，所謂的整合行銷就是以網路為主，實體平面跟電子結合的活動，譬如我們辦了一個台北101大樓的e攝影展，我們在網路上辦一個數位的攝影展，限制必須要是數位的攝影，我們跟台北101商借免費的場地，也找了贊助有Yahoo、HiNet、BenQ，這樣就有了幾百萬，扣掉成本，然後用網路報名，事實上就賺了不少錢，這種活動今年有好幾個。我們可以和珠寶廠商聯合，把名貴的首飾放在她們身上，並

且可以利用Yahoo拍賣機制，另外我們剛拿到文建會國家公益獎的贊助等等；另外像要做形象的，如富邦文教基金會這類，就包含整合行銷的部分，我們Team做這很有經驗，不過這些整合行銷也要包括編輯部分，正好這些東西都不是Yahoo、PChome所能夠做的，只有類似《中國時報》才可以，所以這是我們的利基，第二個就是我所講的女人、少女的這些，在這個Channel裡我們會加強報導跟媒介化的東西，同時要跟Yahoo、HiNet等來合作，帶進共同的利益，我們必須認清現在社會新的潮流與現實，沒有特別誘因或是活動，年輕人是不會上中時電子報的，要去Cover我們不容易Cover的群族，而合作對象必須是要像Leader，而且他們的人也有比較好的Personal，這樣互相的信任的做，就可以去做比較好。

至於Business Model的轉變，如果廣告照傳統的方法來做是有瓶頸的，因為在Internet上面廣告客戶要求效果，他們會進來看流量，來消化他的廣告量，所以跟電視廣告是一樣的，如果收視率不夠，答應給客戶的點數就跑不完，像去年的12月份，就碰到這類嚴重的問題，不是沒生意而是上面的流量消化不掉，但後來我們做了一些特別措施，加上今年選舉的熱潮，第一季的Page View差不多就Double起來了。但如果Page View沒有突破的話，永遠會有瓶頸，所以Content Match這種Search Engine式的廣告，對我們來說是另外一劑的解藥，因此我們現在花很多的功夫在研究Search Engine，而且和Search Engine的公司合作，因為對做那些入口網站和Search Engine的廠商來說，他沒有專業來發展Content，但還是需要，也就是說在這個新的遊戲規則裡，我用新的遊戲規則，來讓Content的價值做最大的發揮。

網路與電視競合的開始

對網路來說電視是最大的對手，但電視絕不會是一個分隔的市場，從MOD、數位電視來說，事實上用電腦也可以看電視，也可以上電腦查詢，而這二者一定要尋求最佳的整合點，大家都還在Try and Error，但是以Internet來看Content，最大的競爭一定是電視，但是將來不會是有你無我、有我無你，因爲電視的內容與網路的Content，很多都可以呈現在電視上，所以應該是個競合的開始。

管理是非常重要的，嚴格講Digital只是工具，所以在用一個全世界發展最快的工具來處理一個傳統概念的時候，管理就占一個非常重要的位置，第一，你要有遠見，必須知道現在的趨勢往哪走，隨時都在觀察，因爲只要一落後就失去先機，所以管理對一個新的趨勢的掌握，在新的領域裡愈形重要。同時也培養自己的整合能力，包含對成本的概念在內。其次，一定要有協調能力，對於一個經理人來說，很重要的工作就是對內及對外的協調，所以在學校的時候便應該要有自覺，如何去培養自己的能力，再來就是對於知識的廣度和知識的管理，對年輕人來說，如何應付現在及未來的挑戰，都是不可缺少的，我認爲在就學期間必須要時時刻刻自我充實。另外如果有志想要進入Internet這行業的人來說，最重要的事，就是要多上網，你必須是一個Heavy User，這樣才能知道問題究竟出在哪裡，才能察覺出在線上的讀者需要什麼，才能做出符合他們需要的Content，其次就是要能掌握趨勢，要能擁有a lot of know-how，這樣在迎接快速發展的IT產業中，才能不被淘汰，且還能夠淘汰別人。因此，如果有興趣進入這個領域的學生，在學的時候就應該要多聽、多看、多上網，以培養和這個行業的親近度。

🔊))) 附錄二　廣電三法合併修正案

　　電信、傳播與網路之匯流趨勢，正影響新世代之傳播技術發展、價值觀及生活方式，查現行規範我國廣播電視產業之廣播電視法律，係以媒體屬性做縱向分類，分別依無線電波頻率、有線線纜或衛星頻率等傳輸形態，採取個別立法體例而制定，分屬「廣播電視法」（無線）、「有線廣播電視法」及「衛星廣播電視法」等三法（以下簡稱廣電三法）。

　　廣電三法之立法意旨雖皆明確，然其因制定時期先後不同，致有管理規定寬嚴不一之情形，如無線廣播、電視之個別股東持股有一定比例之限制，有線及衛星產業則無；無線廣播、電視之節目、廣告依規定須事前送審，有線及衛星產業則無等等。現行「廣播電視法」自1976年公布施行，迄今已近三十年，未做大幅度修正；「有線廣播電視法」制定於1993年，並於1999年「衛星廣播電視法」制定公布時，同時修正，為使法律規範與時代併進，現行廣電三法實有通盤檢討並力求周延之必要。

　　從媒介整合觀點，有所謂3C或4C概念，未來有線或無線傳輸網絡，更將整合成一大型資訊科技平台，現有以媒體屬性作為分類架構之傳統廣播電視產業，正面臨轉型與整合之挑戰。行政院新聞局為大眾傳播事業之輔導與管理機關，面對國內外廣播電視產業之快速發展趨勢，經審慎研析後，認為有將之調整為以功能性分類之橫向媒體產業架構之必要。整體而言，廣電三法採合併修正之政策背景，乃在於有效因應廣播電視傳播環境問題之變化特質，提升寬頻視訊產業之國家競爭力，建構一個公平之競爭環境，規範法理之統一與定位，以及契合民主社會發展與數位科技之趨勢。而其目的，

即在整合現行廣電三法，重整其架構，期能有效因應數位科技之發展，創造公平之產業競爭環境，並增加國家之知識經濟實力。

面對前述問題，我們發現，如仍按照現有廣播電視產業領域之法令為處理對策，將無法有效地解決問題，有必要超越原有施政體系之框架，做綜合性之因應，因此，建立一個整合性的，以功能性做分類之法律是需要的，也是未來的趨勢。有鑑於本次廣電三法整併攸關我國廣電媒體之進展，新聞局於2002年5月成立廣播電視法修法小組，歷經學者專家諮詢會議、各部會研商會議及公聽會二十餘場，擬定修正條文。核其修法之基本精神（或核心價值）約可分述如下數項：

1. 正視媒體之產業本質。為促進產業之競爭與發展，因應全球化之趨勢，政府應以扶植、鼓勵競爭方式來代替原有不合時宜之管制。據此，宜刪除原有對無線廣播電視產業個別股權持有之比例限制、放寬外國資本之引進，讓廣電媒體產業能由無線、有線、直播衛星及網路產業共同來參與市場競爭。
2. 媒體同時也是一種文化產業，應予以特別保護。如何保護本國文化、鼓勵媒體在本土文化上之創意，並將產品推廣到國外，應於條文中妥為規劃。
3. 廣播電視傳播媒體為一特許業，如頻率使用之特許，線纜鋪設之特許。傳播媒體之社會責任應與其特許性質相配合，政府於必要時得徵收其資源，並要求業者回饋社會。
4. 媒體與一般產業仍屬有別，經營者藉此對大眾發送訊息，對社會之言論、文化與倫理規範等均產生一定之影響，不能放任市場自由發展，應防範少數團體或個人對媒體之壟斷。

如前所述，傳播科技發展一日千里，當前科技匯流之趨勢，已對廣播電視事業產生不可忽視之影響；再加上數位傳播科技快速之

演進，跨國合作以及資訊自由化之需求層面擴增，廣電三法之規定牽動我國廣電媒體政策之推行。面對傳播發展諸多面向相互影響之情境，為充分掌握廣電媒體發展之趨勢及脈動，並期符合1980年代以來傳媒發展之三大面向：媒體「匯流」（convergence）、「全球化」（globalization）及「解除管制」（deregulation），新聞局以上述修法精神為主軸，由科技匯流面、產業秩序面及社會規範面等三面向構思合併修正廣電三法。在科技匯流面之重點，包括引進並區分傳輸平台及營運平台概念、確立製播分離原則、增訂跨業經營規範、調整產業間數位之落差等；在產業秩序面，則有確立頻譜規劃原則與指配方式、規範產業壟斷及不公平競爭之行為、營造公平競爭環境、維護本土創意產業、落實媒體自律等；最後，在社會規範面之規定重點，則有貫徹媒體近用權、培植多元文化、妥善規劃節目及廣告服務、保護消費者權益等。

綜合以觀，此次廣電三法之整合及修正，即在朝向促進媒體產業發展、營造公平競爭環境、維護多元文化、保護消費者權益等政策目標做努力。

本次「廣播電視法」、「有線廣播電視法」及「衛星廣播電視法」合併修正草案，共分四章，計一百二十條，其修正要點如次：

1. 第一章為總則，就平台服務業、頻道經營業有關經營許可、營運管理、節目及廣告管理等共通事項予以規範，其主要內容如下：

   (1)為維護媒體專業自主空間，政府、政黨、選任公職人員及政黨黨務工作人員不得經營廣電媒體，及其投資之限制。（修正條文第四條至第七條）

   (2)為維護媒體產業之自由競爭，避免意見市場被少數集團所壟斷，對於單一媒體及同一集團跨媒體經營之占有率予以

限制。（修正條文第八條）

(3)為促進公共電視發展、提升廣播電台節目品質，平台服務業、頻道經營業每年應提撥一定金額，交由財團法人廣播電視事業發展基金運用。（修正條文第九條）

(4)籌設許可之核配原則增納公開招標制度。（修正條文第十五條）

(5)平台服務業除自建傳輸平台外，經中央主管機關許可，亦得以非自建之方式播送節目、廣告。（修正條文第二十二條）

(6)為解決平台服務業與頻道經營業間之爭執，保護消費者權益，增訂中央主管機關進行調處之機制。（修正條文第三十五條）

(7)統一現行無線廣播電視與有線廣播電視、衛星廣播電視對於廣告時間之差別規定。（修正條文第四十三條）

2.第二章為分則，分別就無線平台服務業、有線平台服務業、衛星平台服務業及頻道經營業之個別屬性進行管理，主要內容如下：

(1)依其媒體屬性之不同，並考量廣電事業國際化之趨勢，對於外國人投資分別做不同之限制；另為避免外國人投資對於國家安全、公序良俗產生不利影響，中央主管機關得審酌其投資予以准駁。（修正條文第五十一條、第六十五條、第八十八條及第九十三條）

(2)為健全整體產業發展，增進公共福利，中央主管機關於必要時，有調整電波頻率重新分配之權利。（修正條文第五十三條）

(3)為保障客家、原住民族語言、文化，中央主管機關得指定有線平台服務業播送客家語言、原住民族語言之節目。

（修正條文第七十五條）

(4)為使消費者有更多之收視選擇機會，有線平台服務業應於數位設備普及後，將基本頻道分組；其分組規劃，由中央主管機關公告之。（修正條文第八十條）

(5)配合有線平台服務業經營區域之擴大及電信事業跨業經營之趨勢，有線平台服務業收視費用改由中央主管機關審議。（修正條文第八十一條）

3.第三章為罰則，配合相關條文之修正及增訂，區別違犯情節並考量懲罰實效，重整相關罰則規定，並引進記點制度，以落實管理機制。（修正條文第一百條至第一百十二條）

4.第四章為附則，主要內容包括：

(1)為對未來新興廣播電視業務加以管理，明定他類廣播電視平台服務業之營業項目，將非屬無線廣播電視、有線廣播電視及衛星廣播電視形態，且應納入管理之其他廣播、電視業務予以規範。（修正條文第一百十三條）

(2)配合廣播電視節目供應事業不再列為本法之管理對象，訂定對於錄影節目帶管理之過渡條款，以資適用。（修正條文第一百十五條）

附錄三　通訊傳播基本法

中華民國九十二年十二月二十六日制定十七條
中華民國九十三年一月七日公布

第一條　（立法目的）

為因應科技匯流，促進通訊傳播健全發展，維護國民權利，保障消費者利益，提升多元文化，特制定本法。

第二條　（名詞定義）

本法用詞定義如下：

一、通訊傳播：指以有線、無線、衛星或其他電子傳輸設施傳送聲音、影像、文字或數據者。

二、通訊傳播事業：指經營通訊傳播業務者。

第三條　（通訊傳播委員會之設置）

為有效辦理通訊傳播之管理事項，政府應設通訊傳播委員會，依法獨立行使職權。

國家通訊傳播整體資源之規劃及產業之輔導、獎勵，由行政院所屬機關依法辦理之。

第四條　（通訊傳播監督管理基金之設置）

政府應設置通訊傳播監督管理基金，以支應通訊傳播監理業務所需各項支出。

第五條　（以人性尊重及多元文化願景為目標）

通訊傳播應維護人性尊嚴、尊重弱勢權益、促進多元文化均衡發展。

第六條　（通訊傳播新技術及服務之發展）

政府應鼓勵通訊傳播新技術及服務之發展；無正當理由，

不得限制之。

通訊傳播相關法規之解釋及適用，應以不妨礙新技術及服務之提供為原則。

第七條　　（避免因不同傳輸技術而為差別管理）

政府應避免因不同傳輸技術而為差別管理。但稀有資源之分配，不在此限。

第八條　　（互通應用為通訊傳播技術規範及相關審驗工作之原則）

通訊傳播技術規範之訂定及相關審驗工作，應以促進互通應用為原則。

第九條　　（保障消費者權益為通訊傳播事業之職責）

通訊傳播事業對於消費之必要資訊應予公開並提供公平合理之服務，以保障消費者權益。

第十條　　（通訊傳播稀有資源之分配及管理原則）

通訊傳播稀有資源之分配及管理，應以公平、效率、便利、和諧及技術中立為原則。

第十一條　　（政府促進網路互連之義務）

政府應採必要措施，促進通訊傳播基礎網路互連。

前項網路互連，應符合透明化、合理化及無差別待遇之原則。

第十二條　　（政府促進通訊傳播接近使用及普及之義務）

政府應配合通訊傳播委員會之規劃採必要措施，促進通訊傳播之接近使用及服務之普及。

第十三條　　（績效報告及改進建議）

通訊傳播委員會每年應就通訊傳播健全發展、維護國民權利、保障消費者利益、提升多元文化、弱勢權益保護及服務之普及等事項，提出績效報告及改進建議。

改進建議涉及現行法律之修正者，通訊傳播委員會應說明

修正方針及其理由。

前項績效報告、改進建議，應以適當方法主動公告之並送立法院備查。

第十四條　（遇天災或緊急事故發生得採取必要應變措施）

遇有天然災害或緊急事故或有發生之虞時，政府基於公共利益，得要求通訊傳播事業採取必要之應變措施。

第十五條　（政府參與國際合作之任務）

為提升通訊傳播之發展，政府應積極促進、參與國際合作，必要時，得依法委託民間團體辦理。

第十六條　（通訊傳播相關法規之修正）

政府應於通訊傳播委員會成立後二年內，依本法所揭示原則，修正通訊傳播相關法規。

前項法規修正施行前，其與本法規定牴觸者，通訊傳播委員會得依本法原則為法律之解釋及適用；其有競合者，亦同。

第十七條　（施行日）

本法自公布日施行。

參考書目

中文部分

王士峰、王士紘（1993）。《企業管理》。台北：五南。

王常瑛（2000）。〈數位電視地面廣播產業的發展與重大影響議題之探討〉，《產業論壇》，2000年7月。

王逸麟、鄧雅文（2009）。〈電子雜誌發展趨勢與營運經驗——以《科學人》為例〉，《中華民國出版年鑑》。上網日期：2010年3月10日，取自http://info.gio.gov.tw/Yearbook/98/c3.html。

王鳳英（2008）。〈擁擠的雜誌架——便利商店的進攻行銷策略〉，《中華民國出版年鑑》。上網日期：2010年3月12日，取自http://info.gio.gov.tw/Yearbook/98/c3.html。

台北市數位行銷經營協會（2012）。〈2012上半年台灣網路廣告市場量超過53億〉，《動腦雜誌》，上網日期：2013年5月27日，取自http://www.brain.com.tw/News/NewsPublicContent.aspx?ID=17831。

世新大學（2012）。《傳播資料庫——2012媒體風雲排行榜》，上網日期：2013年8月15日，取自http://cc.shu.edu.tw/~cjc/downloads/news/2012comdata1011128.pdf。

朱延智（2002）。《企業危機管理》。台北：五南。

朱延智（2002）。《遠景基金會季刊》，第5卷，第4期，頁111。

朱砡瑩（2000）。《我國有線電視費率管制之研究》，國立政治大學廣播電視研究所碩士論文。

江靜之（1998）。《從「區位理論」探討衛星/有線電視對無線電視之影響》，輔仁大學大眾傳播研究所碩士論文。

行政院（2011）。《2011中華民國年鑑》。台北：行政院。

行政院（2012）。《101年個人家戶數位機會調查報告》。台北：行政院。

行政院主計總處。上網日期2013年5月29日，取自http://www.dgbas.gov.tw/mp.asp?mp=1。

行政院新聞局（2001）。行政院新聞局年鑑。

何伯陽（2001）。〈數位電視標準，政策思變〉，《工商時報》，2001年5月25日，13版。

何志平（2012）。〈2011年台灣報紙出版業概況〉，文化部（編）《2012出版年鑑》，頁133。台北：文化部。

何昭芬（1995）。〈台灣葛蘭素成功改造的例證——高春湄的管理變革〉，《中衛簡訊》，114期，頁38-42。

吳定（1984）。《組織發展理論與技術》。台北：天一圖書公司。

吳佩玲譯（2001）。〈管理無法避免的危機〉，《危機管理》。台北：天下遠見。

吳進生（2009）。〈二〇〇八年台灣的雜誌在創新求生存〉，《中華民國出版年鑑》。上網日期：2010年3月10日，取自http://info.gio.gov.tw/Yearbook/98/c3.html。

宏將傳媒（2013）。《2013年媒體產業升級》，上網日期2013年5月27日，取自http://www.mediadrive.com.tw/Viewpoint/MD_VP201211.pdf。

李永得（2001）。〈新世紀公視願景〉，收錄於財團法人公共電視文化事業基金會（編），《公共電視發展與未來國際研討會——大會手冊》，頁綜1-4。

李玟譯（1997）。《電子媒體視聽率調查》。台北：廣電基金。（原書 Buzzard, K., 1992, *Electronic Media Ratings: Turning Audience into Dollars and Sense*. Boston: Focal Press.）

李哲宇（2012）。〈2012年第二季潤利艾克曼公司媒體大調查報告〉，《廣告與市場》，上網日期：2013年5月27日，取自http://www.rmb.com.tw/images/html/downloadfile/%E7%AC%AC%E4%BA%8C%E5%AD%A3%E5%AA%92%E9%AB%94%E5%A4%A7%E8%AA%BF%E6%9F%A5(%E5%B7%B2%E4%BF%AE%E6%AD%A3).pdf。

李銓（1993）。〈全面品質管理用於高等教育之初步工作：多元品質概念的澄清〉。1993年全面品質管理研討會，民國82年8月。台北：全面品質管理研討會論文集，頁285-295。

李銓、盧俊成、蔡家文（2002）。〈知識管理在學習型組織及組織學習過程中角色之探討〉，2002中華決策科學研討會，民國91年6月。台北：

交通大學，頁276-284。

李麗傳（1991）。《護理行政與管理》。台北：華杏。

杜新偉（1999）。《組織變革中員工反應態度的調查研究——以中華電信公司民營化變革爲例》。國立中山大學人力資源管理研究所碩士論文。

彼得·聖吉原著（1990）。《第五項修練》（*The Fifth Discipline: The Art and Practice of the Learning Organization*）。

林彥錡（2013）。《觀看電視時使用行動裝置互動行爲之研究——以新聞節目爲例》，大同大學工業設計研究所碩士論文。

林淑惠（2011/9/29）。〈無線電視數位化 商機130億〉，《工商時報》，上網日期：2013年5月27日，取自http://nccwatch.org.tw/news/20110929/97216。

林照眞（2008）。〈人力緊縮與在職訓練對報業長期發展的潛在影響〉，《中華民國出版年鑑》。上網日期：2010年2月8日，取自http://info.gio.gov.tw/Yearbook/97/2-5.html。

明居正（1998）。〈危機管理實務〉（上），《人事月刊》，第26卷，第6期，頁12-15；〈危機管理實務〉（下），《人事月刊》，第27卷，第1期，頁14-19。

邱強（2001）。《危機傳播——公共關係與語藝觀點的理論與實證》。台北：五南，頁55。

邱毅（1998）。《學校行政領導理論與實務》。台北：五南，頁388。

金石堂年度雜誌分類排行。

洪善群（2012）。〈2011年雜誌出版業市場概況〉，文化部（編）《2012出版年鑑》，頁76。台北：文化部。

胡衍南（1996）。〈雜誌陪你過暑假——簡介雜誌市場現況〉，《出版情報》，99期，頁8-10。

胡瑋珊、陳琇玲譯，華茲·韋克等原著（2002），《願景地圖》。台北：經典傳訊。

翁秀琪、陳世敏（1989）。《國小、國中和高中學生的公視收視行爲、滿意程度和休閒活動區隔化分析》。台北：廣電基金。

孫本初（1996）。〈危機管理策略之探討〉，《人事月刊》，第22卷，第6

期，頁17-29。

徐平（1997）。〈利用網路技術接受新的教育形式〉。當代管理研究台灣
　　經濟研究院IBIS產經資料庫。

徐聯恩（1999）。〈成功的組織改造策略〉，《中華管理評論網路期
　　刊》，第2卷，第3期，頁21-31。

動腦編輯部（2013/3/1）。〈2012年台灣總廣告量下滑3%〉，《動腦雜
　　誌》。上網日期：2013年 5月 30 日，取自http://www.brain.com.tw/
　　News/NewsContent.aspx?ID=18257。

張玉山（2005）。〈台灣廣播發展歷程〉。《中華民國廣播年鑑2003-
　　2004》，頁24-29。台北：行政院新聞局。

張玉山（2005）。〈台灣廣播發展歷程〉。《中華民國廣播年鑑2003-
　　2004》，頁424-29。台北：行政院新聞局。

張宏源（1999）。《媒體規劃策略與實務》。台北：亞太圖書。

張宏源（2001）。《媒體識讀：如何成為新世紀優質閱聽人》。台北：亞
　　太圖書。

張宏源、黃致穎（2008）。〈台灣電視價值產業鏈〉，《96年電視
　　事業（含無線、衛星及有線）產業調查研究》，行政院新聞局
　　出版。上網日期：2010年5月14日，取自http://info.gio.gov.tw/
　　ct.asp?xItem=46357&ctNode=4131。

張建清（2000）。〈利用網際網路作知識管理〉，《經營決策論壇》，22
　　期。取自http://www.gss.com.tw/EIS/22/eB7-2.htm。

張詠琦、陳韻宇（2013）。〈2012全年廣告量分析報告〉，《凱絡媒體
　　週報》，677期，頁8-12。上網日期:2013年5月27日，取自http://www.
　　magazine.org.tw/ImagesUploaded/news/13629887443710.pdf。

梁世武、郭魯萍（2001）。〈收視率調查與電視廣告的販售〉，收錄於郭
　　良文（編），《台灣的廣告發展》，頁95-126。台北：學富文化事業。

莊克仁（1998）。《電台管理學：ICRT 電台策略性管理模式》。台北：正
　　中。

莫季雍（2001），〈評估公共電視節目：以收視狀況分析衡量閱聽眾〉，
　　「新視野──公共電視的發展與未來國際研討會」引言論文。

許士軍（1997）。《管理學》。台北：東華。

許世軍、洪春吉（1997）。《相同職位階層在不同產業間之領導型態與企業文化之比較》，社會科學的應用與中國現代化研討會，東華大學主辦，1997年4月22-27日。

許佩雯（2001）。〈網路廣播電台的經營與組織〉，《廣電人》，78期，頁52-57。

郭良文（2009）。〈傳統報業面對網路新聞之挑戰〉，《中華民國出版年鑑》。上網日期：2010年2月8日，取自http://info.gio.gov.tw/Yearbook/98/c2.html。

郭進隆譯（1994），《第五項修練：學習型組織的藝術與實務》。台北：天下出版。

陳孝凡（2002），〈迎接數位新時代，先換數位電視機〉，《中國時報》，2002年6月1日，26版。

陳秀雯（2007）。〈九十五年雜誌業市場概況——樂活、享樂e化世界觀〉，《中華民國出版年鑑》。上網日期：2010年3月24日，取自http://info.gio.gov.tw/Yearbook/96/3-1.htm。

陳定國（1981）。《企業管理》。台北：三民書局。

陳信元（2008）。〈民國九十六年台灣出版產業總覽〉，《中華民國出版年鑑》。上網日期：2010年2月7日，取自http://info.gio.gov.tw/Yearbook/97/1-1.html

陳冠鳴（2001）。〈談網路廣播的願景之前(上)〉，《廣電人》，75期，頁4-7。

陳春富（2008）。〈我國廣播產業發展優劣勢分析〉，《96年度廣播事業產業調查研究》。上網日期：2010年4月18日。取自http://info.gio.gov.tw/ct.asp?xItem=47970&ctNode=4131。

陳炳宏（2001）。《傳播產業研究》。台北：五南。

陳炳宏（2012）。〈舊聞新知：台灣媒體產業的今昔與未來〉，《拓展臺灣數位典藏計劃》，上網日期：2013年08月24日，取自http://content.teldap.tw/index/blog/?p=3698。

陳貞期（2003）。〈提升企業競爭力的第一步——內容管理〉，取自http://www.iiiedu.org.tw/knowledge/knowledge20030331_1.htm。

陳楚杰（1993）。《護理行政管理》。台北：國立護理學院。

陳澤美（2009）。〈九十七年報紙出版業概況〉，《中華民國出版年鑑》。上網日期：2009年11月8日，取自http://info.gio.gov.tw/Yearbook/97/1-1.html。

彭玉賢（2000）。〈美國節目收視調查方法〉，公共電視岩花館。取自http://rnd.pts.org.tw/p2/000726-2.htm。

黃玉禎（2012）。〈最冷的景氣 最紅的生意〉。《商業周刊》，1299期，2012年10月15日。

黃西玲（1998），〈由美國大公司的合併看媒體的壟斷問題〉，《掌握資訊──談媒體經營與問題》。台北：正中。

黃昆輝（1988）。《學校行政──理論與應用》。台北：五南。

黃新福（1992）。《危機管理之研究：從組織層面來探討》，政治大學公共行政研究所碩士論文。

黃雅琴（2005）。〈台灣廣播產業環境概況〉，《中華民國廣播年鑑2003-2004》，頁55-58。台北：行政院新聞局。

黃雅琴（2008）。〈廣播產業之年度發展現況比較〉，《96年度廣播事業產業調查研究》。上網日期：2010年4月18日。取自http://info.gio.gov.tw/ct.asp?xItem=47970&ctNode=4131。

黃葳威（1999）。〈虛擬閱聽人？從回饋觀點分析台灣地區收視／聽率調查的現況──以潤利、紅木、尼爾森台灣公司為例〉，《廣播與電視》，14期，頁25-61。

黃蓓伶（2009）。〈九十七年雜誌市場概況：2008轉型中台灣雜誌產業──這是最壞的時代，也是最好的時代〉，《中華民國出版年鑑》。上網日期：2010年3月10日，取自http://info.gio.gov.tw/Yearbook/98/c3.html。

楊玫（2008）。〈雜誌分眾市場的經營──淺析閱讀慾望〉，《中華民國出版年鑑》。上網日期：2010年3月23日，取自http://info.gio.gov.tw/Yearbook/97/3-3.html。

楊璧瑜（2012）。〈線上購物之現況與未來趨勢〉，商業服務業資訊網，上網日期：2013年5月29日，取自 http://ciis.cdri.org.tw/irr/content.aspx?sid=0C194614057799853805。

經濟部智慧財產局（2013）。〈中華民國台灣中功率調頻廣播電台協會

函〉，上網日期：2013年5月27日，取自：https://www.google.com/url?
　　sa=t&rct=j&q=&esrc=s&source=web&cd=1&ved=0CC4QFjAA&url=htt
　　p%3A%2F%2Fwww2.tipo.gov.tw%2Fdl.asp%3FfileName%3D86a2f007-
　　aa98-431f-815b-677b28943ecd.doc&ei=WgGjUYXBEMnylAXCoo
　　D4Aw&usg=AFQjCNH0dDGt7yYi3u9UWYy_I1FIhHuwIA&sig2=_
　　OEIXFlipLoSTRfqyiXAzw。

葉耀琦（2009）。〈台灣雜誌業經營新模式探索〉，《中華民國出版
　　年鑑》。上網日期：2010年3月12日，取自http://info.gio.gov.tw/
　　Yearbook/98/c3.html。

榮泰生（1991）。《行銷管理學》。台北：五南。

趙寧（2002）。《媒體管理與市場調查》。台北：風雲論壇出版社。

劉幼琍、蔡琰（1995），〈電視節目品質與時段分配之研究〉，《廣播與
　　電視》，2卷，1期，頁89-123。

劉駿州（2001）。〈數位電視經濟與營運策略分析架構初探〉，「新視野
　　──公共電視的發展與未來國際研討會」引言論文。

滕青芬（2000）。〈回顧1999年台灣地區雜誌市場〉，《中華民國89年出
　　版年鑑》。台北：行政院新聞局。

蔡念中、張宏源、莊克仁（1996）。《傳播媒介經營與管理》。台北：亞
　　太圖書。

蔡念中主持（2008）。《96年廣播產業調查研究》。台灣經濟研究院。
　　上網日期：2010年4月3日，取自新聞局網頁http://info.gio.gov.tw/
　　ct.asp?xItem=47970&ctNode=4131。

蔡念中等人（2008）。《96年度廣播事業產業調查研究》。台灣經濟
　　研究院。上網日期：2010年4月18日。取自http://info.gio.gov.tw/
　　ct.asp?xItem=47970&ctNode=4131。

蔡淑瑜（2001）。《有線電視產業因應分級付費制度策略之研究》，國立
　　政治大學廣播電視研究所碩士論文。

蔡繼光（1999/9/8）。〈電子報衝擊報業生態〉，《聯合報》，10版。

增永久二郎（2000）。《危機處理實戰對策》。台北：三思堂文化事業有
　　限公司，頁16。

鄭自隆、蔡念中、陳清河、張宏源、漆梅君（2008）。〈科技決定論！？

台灣電視產業的問題與因應〉，《96年電視事業（含無線、衛星及有線）產業調查研究》，行政院新聞局出版。上網日期：2010年5月14日，取自http://info.gio.gov.tw/ct.asp?xItem=46357&ctNode=4131。

鄭自隆、蔡念中、陳清河、黃兆仁等人（2008）。《96年電視事業（含無線、衛星及有線）產業調查研究》，行政院新聞局出版。上網日期：2010年5月9日，取自http://info.gio.gov.tw/ct.asp?xItem=46357&ctNode=4131。

鄭家鐘（1997）。〈超競爭報業的挑戰〉，《動腦雜誌》，255輯。

鄭嫺慧（1997）。〈多功能的網際網路——網路廣播新興媒體〉，《資訊與電腦》，202期，頁133-134。

賴永忠（1992）。《台灣地區雜誌發展之研究——從日據時期到民國81年》，政大新聞所碩士論文。

賴祥蔚（2000）。〈從李豔秋砲轟吳宗憲事件再談收視率的百年迷思〉，《廣電人》，66期，頁36-37。

霍士富編譯，郭秩德校訂（1996），《危機管理與公關運作：理論、實務與實例》。台北：超越企管出版。

戴維爾（Jard DeVille）著，葉日武譯（1993）。《新時代的領導風格》（*The Psychology of Leadership*）。台北：中國生產力中心。

薛榮英、王佩恩（1998）。〈1997台灣雜誌市場回顧與展望〉，《廣告雜誌》，80期，頁148-149。

謝安田（1992）。《企業管理》。台北：五南。

謝安田（1992）。《管理的力量》（初版）。台北：聯經出版社。

鍾蔚文、汪琪、沈清松（1989）。《台灣地區資訊化歷程與文化變遷之研究》，行政院國科會委託專案研究報告。

簡志信（1998）。〈雜誌走向集團化、國際化〉，《動腦雜誌》，262期，頁50-51。

關尚仁（1996）。〈台灣地區廣播事業之現況及未來展望〉，《廣電人月刊》，15期，頁9-13。

關尚仁（2001）。〈串連數位媒體平台〉，《廣告雜誌》，124期，頁82-93。

瀧澤正雄（1995）。《企業危機管理》。台北：高寶國際有限公司，頁

參考書目

48。

蘇衡（1986）。《傳播研究調查法》。台北：三民。

蘇鑰機（1997）。〈欣賞指數可補足收視調查之不足〉，《傳媒透視》，2月號，頁12-13。

鐘裕堯（2003）。〈知識管理淺談-2〉，取自http://www.iiiedu.org.tw/knowledge/knowledge20030228_2.htm。

英文部分

Agocs, Carol (1997), Institutionalized resistance to organizational change: denial, inaction and repression. *Journal of Business Ethics, Vol. 16*, pp. 917-931.

Amaratunga, Dilanthi & Baldry, David (2002), Performance measurement in facilities management and its relationships with management theory and motivation. *Facilities, Vol. 20*, p. 334.

Ang, I. (1991), *Desperately Seeking the Audience*. London: Routledge.

Ashford, S. J. (1988), Individual strategies for coping with stress during organizational transitions. *Journal of Applied Behavioral Science, Vol. 24*, pp.19-36.

Asprey, Len & Middleton, Michael (2003), *Integrative Document & Content Management: Strategies for Exploiting Enterprise Knowledge*. Hershey, PA : Idea Group Pub.

Bailey, K. M. (1996). Working for Washback: A Review of the Washback Concept in Language Testing. *Language Testing, 13*(3), 257-279.

Bland, M. ALAN (1998). Management-data-gathering system for gathering on clients interactions between the servers, clients during real use of a network of clients and answers.

Boiko, Bob (2001), *Content Management Bible*. Publisher: John Wiley & Sons.

Booth, S. A. (1993). *Crisis Management Strategy: Competition and Change in Modern Enterprises*. Routledge, London.

Callan, V. J. (1993), Individual and organizational strategies for coping with

377

organizational change. *Work and Stress, Vol. 7*, pp. 63-75.

Carnall C. A. (1990). *Managing Change in Organizations*. New York: Prentice Hall Inc.

Carney & Jorden (1993). Public Relation Theory II"

Coombs (1999). *Managing Organizational Complexity: Philosophy, Theory and Application*. Information Age Publishing.

Costley, Dan L. & Todd, R. (1987). *Human Relations in Organizations*. West Publishing Company.

Duck (2009). "Managing Change". *Harvard Business Review*.

Dutton, J. E. (1986). Communicating Through Crisis: A Strategy for Organizational Survival. University of Texas-Pan American.

Drucker, P. F. (1993), *Post-Capitalist Society*. New York: Harper Business.

Ellmore, R. T. (1991), *National Textbook Company's Mass Media Dictionary*. Lincolnwood, IL: National Textbook Company.

Fearn-Banks, K. (1996). *Crisis Communication: A Casebook Approach*. N.Y.: Routledge.

Fishman, D. A. (1999). *The Handbook of Crisis Communication*, p.160. Wiley-Blackwell Publishing Ltd.

Fried & Brown (1974). *Energy Crisis*, p.674. United States Government Printing Office, Washington.

Hamel, G., & Prahalad, C. K. (1995). *Competing for the Future*. Harvard Business School Press.

Hammer, M., & Champy, J. (1993), *Re-engineering the Corporation*. New York: Harper Business.

Hemphill, J. K., & Coons, A. E. (1957), Development of the leader behavior description questionnaire. In R. M. Stodgill & A. E. Coons (Eds.), *Leader Behavior: It's Description and Measurement*. Columbus: Bureau of Business Research, College of Commerce and Administration, Ohio State University.

Hermann, C. F. (1972). *International Crisis: Insights from Behavioral Research*. New York: Free Press.

Hersey, P., & Blanchard, K. H. (1988), *Management of Organizational Behavior: Utilizing Human Resources* (5th Eds.). Englewood Cliffs, NY: Prentice Hall Inc.

Hodge, B. J., & Johnson, H. J. (1970), *Management and Organizational Behavior: A Multidimensional Social Approach*. N.Y.: John Wiley & Sons.

J. G. Hunt, D. M. Hosking, C. G. Schriesheim, and R. Stewart (eds.), *Leaders and Managers: International Perspectives on Managerial Behavior and Leadership*. Elmsford, NY: Pergamon Press, pp. 45-62.

Jacobs, T. O. (1970), *Leadership and Exchange in Formal Organization*. Alexandria: Human Resource Research.

Jago, A. G. (1982), Leadership: Perspectives in theory and research. *Management Science, Vol. 28*, p. 315.

Janda, K. F. (1960), Towards the explication of the concept of leadership in terms of the concept of power. *Human Relations, Vol. 13*, pp. 345-363.

Katz, D., & Kahn, R. L. (1978), *The Social Psychology of Organization*. New York: Willey.

Kotter, J. P., & Schlesinger, L. A. (1979), Choosing strategies for change. *Harvard Business Review* (March).

Leavitt, H. J. (1965), Applied organizational change in industry: structural, technological and humanistic approached. In James G. March (ed.), *Handbook of Organizations* (Skokie, III: Rand McNally), pp. 1144-1168.

Maslow, A. H. (1969), Theory Z. *Journal of Transpersonal Psychology, Vol. 1*(2), pp. 31-47.

Middlemist, R. D., & Hitt, M. A. (1981). *Organizational Behavior: Applied Concepts*. Chicago: Science Research Associates.

Milburn, T. W. (1972), *Studies in Crisis Behavior*. The Hebrew University of Jerusalem.

Mitroff, I. I. (2001). *Managing Crises Before They Happen: What Every Executive and Manager Needs to Know about Crisis Management*. Publisher: Amacom.

Nijhof, W. J. (1999), Knowledge management and knowledge dissemination.

In Academy of *Human Resource Development 1999 Conference Proceeding's, Vol. 1*, pp. 479-487. Arlington VA: Academy of HRD.

Otto Lerbinger (1997). *The Crisis Manager: Facing Disasters, Conflicts, and Failures*. Routledge Communication Series, London.

Potter, W. J. (2001), *Media Literacy*. Thousand Oaks, CA: Sage.

Pederit, S. K. (2000). Rethinking resistance and recognizing ambivalence: a multidimensional view of attitudes toward an organizational change, *Academy of Management Review, 25*(4), pp. 783-794.

Rauch, C. F., & Behling, O. (1984), Functionalism: basis for an alternate approach to the study of leadership. In J. G. Hunt, D. M. Hosking, C. A. Schriesheim & R. Streward (Eds.), *Leaders and Managers: International Perspective on Managerial Behavior and Leadership*. Elmsford, NY: Pergamon Press.

Redmond, James & Trager, Robert (1998), *Balancing on the Wire: The Art of Management Media Organizations*. Coursewise Publishing Inc.

Reilly, R. T. (1987). *Book Reviews: Public Relations in Action*. Prentice-Hall Inc., New Jersey.

Robbins, D. H. (1994). *Review of European Community & International Environmental Law*, Volume 3, Issue 1, pp. 26-35.

Robbins, S. P. (1997). *Organizational Behavior: Concept, Controversies, and Applications*. Prentice Hall International.

Rockley, Ann, Kostur, Pamela & Manning, Steve (2003), *Managing Enterprise Content: A Unified Content Strategy*. New Riders Publishing.

Rosenberg, N (1993). Systems of Innovation: Technologies, Institution and Organizations, Routledge, Milton Park, Oxon.

Rosenthal, R. (1989). *Contrasts and Effect Sizes in Behavioral Reaserch: A Correlational Approach*. Cambridge University Press.

Sissors, Jack Z., & Bumba, Lincoln (1994), *Advertising Media Planning*. Lincolnwood, IL. USA.

Stogdill, R. M. (1974), *Handbook of Leadership: A Survey of the Literature*. New York: Free Press.

Surmanek, Jim (1993), *Introduction to Advertising Media : Research, Planning, and Buying*. Baker & Taylor Books.

Sutton, Michael J. D. (1996), *Document Management for the Enterprise: Principles, Techniques, and Applications*. New York : John Wiley & Sons.

Tannenbaum, R., Weshler, I. R. & Massarik F. (1961), *Leadership and Organization*. New York: McGraw-Hill.

Tepper, B. J., Eisenbach, R. J., Kirby, S. L., & Potter, P. W. (1998), Test of a justice-based model of subordinates resistance to downward influence attempts. *Group and Organization Management, Vol. 23*, pp. 144-160.

Weick (1988). Sensemaking in Crisis and Change: Inspiration and Insights. Blackwell Publishing Ltd and Society for the Advancement of Management Studies.

Weiner, R. (1996), *Webster's New World: Dictionary of Media and Communication*. New York: Simon & Schuster, Inc.

Yukl, G. A. (1994). *Leadership in Organizations*, Edition, 3. Publisher, Prentice Hall, p.182.

國家圖書館出版品預行編目（CIP）資料

媒介管理 / 陳萬達著. -- 二版. -- 新北
市：揚智文化, 2013.11
面； 公分. --（新聞傳播系列）

ISBN 978-986-298-117-7（平裝）

1.傳播管理 2.傳播產業 3.臺灣

541.83   102021050

新聞傳播系列

媒介管理

作　　者／陳萬達
出 版 者／揚智文化事業股份有限公司
發 行 人／葉忠賢
總 編 輯／閻富萍
特約執編／鄭美珠
地　　址／22204 新北市深坑區北深路三段 260 號 8 樓
電　　話／(02)8662-6826
傳　　真／(02)2664-7633
網　　址／http://www.ycrc.com.tw
E-mail ／service@ycrc.com.tw
I S B N ／978-986-298-117-7
初版一刷／2004 年 10 月
二版一刷／2013 年 11 月
定　　價／新台幣 450 元